JN239767

開拓社
最新 **英語学・言語学** シリーズ **1**

監修 加賀信広・西岡宣明・野村益寛
岡崎正男・岡田禎之・田中智之

生成統語論の 成果と課題

極小主義アプローチと比較統語論

斎藤 衛 ［著］

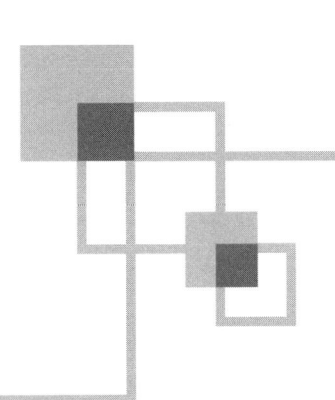

開拓社

「最新英語学・言語学シリーズ」の刊行にあたって

　20 世紀後半の言語学研究を振り返ってみると，大きな流れとして，チョムスキー革命による生成文法理論の登場と，その対極に位置づけられる認知言語学の台頭が挙げられる．前者は普遍文法の解明を目標に掲げ，言語の形式的な側面を自然科学的手法で明らかにしていくのを特徴とするのに対して，後者は生成文法の抽象化，形式化の傾向に反対し，言語は人間の知覚や身体経験に根差したものであるとするテーゼの下，主に言語の意味的側面の解明に注力してきた．この 2 大潮流は 21 世紀に入っても基本的に変わることなく，生成統語論はミニマリスト・プログラムを深く追究することで「進化的妥当性」の問題にまで踏み込みうる新たな段階を迎え，一方，認知言語学は機能論や語用論を包み込んで，構文・談話・テキスト等の実証的な分析を拡大深化させてきている．

　さらに，言語研究は様々な分野において，独自の展開を見せてきている．音韻論研究は生成理論的パラダイムの下で様々な理論的展開を経験するとともに，近年は隣接部門とのインターフェイスの研究で実質的な成果を得はじめている．また，統語・意味・音韻とならんで言語システムの重要な一部門をなすレキシコンにおいても研究の精緻化がますます進み，形態論の分野では分散形態論の評価を含め，広い範囲で理論的見直し作業が行われている状況がある．歴史的な研究においては，伝統的な文献学の豊かな研究成果を踏まえた上で，統語・意味・音韻のそれぞれの領域において通時的言語データを理論的に分析する試みが盛んに行われるようになっている．さらに，今世紀に入って新たな展開をみせつつある類型論研究，モンタギューに始まり，動的意味論や談話表示理論などに受け継がれている形式意味論研究，電子的言語資料の蓄積・整備とともに目覚ましく発展しつつあるコーパス研究などについても，その動向を見逃すことはできない．

　このような状況にあって，本シリーズは，各分野における 20 世紀後半の研究を踏まえつつ，今世紀に入ってそれぞれの研究がどのように展開し，これまでどのような研究成果が得られ，また今後期待されるかについて，実証的かつ論理的に詳述することを目指している．ねらいとしては，言語研究の

現状を幅広く概観するとともに，今後の研究動向についての展望を示すことで，理論言語学のさらなる発展につなげたいというところにある．

　本シリーズは 22 巻からなっており，各巻は比較的少人数（1 人から最多 4 人）の担当者により執筆されている．執筆者は，それぞれの専門分野の単なる紹介に終わることなく，執筆者独自の問題意識をもってその分野の中心的課題に切り込み，自らの分析・見解も含め，縦横に議論を展開している．また，研究対象としている言語は（類型論などの一部の巻を除き）主に英語と日本語であるが，できるだけ日英語比較の観点を取り入れることにも努めている．本シリーズが英語学・言語学に興味をもつ多様な読者の期待に応えられるものになっていることを願いたい．

　最後に，本シリーズは平成の時代に企画され，令和を迎えてからの刊行となったが，この新しい時代にも言語研究が一層進展し，新しい可能性を切り拓く研究分野として次世代に引きつがれていくことを期待したい．本シリーズがその一助たりうるのであれば，望外の喜びである．

監修者一同

は じ め に

　本書は，2021年春期の東京言語研究所における講義（生成文法 II）に修正を加え，書き下ろしたものである．Chomsky (2008, 2013) などで展開されている極小主義統語論は，2つの要素 α, β から構成素 $\gamma = \{\alpha, \beta\}$ を形成する「併合」を軸として，γ の性質を決定するラベル付け理論と派生の単位を定めるフェイズ理論を中心に構成されている．本書の目的は，この2つの下位理論を概観し，文法現象に見られる日英語の相違を検討しつつ発展させることにある．第2章から第4章は，ラベル付け理論の紹介，第5章ならびに第6章は，多重主格主語，自由語順などの日本語の特徴の分析にあてられている．第7章では，フェイズ理論を概観し，第8章と第9章では，主格島条件 (nominative island condition) 効果の有無などの日英語の相違を取り上げる．

　本書で提示する日英語比較統語論に関する仮説は，ほぼすべてをコネティカット大学言語学科，慶應義塾大学言語文化研究所，南山大学言語学研究センターにおける講義やワークショップでも発表している．また，仮説の一部は，メリーランド大学，台湾国立清華大学，韓国東国大学校，高麗大学校，アリゾナ大学，香港中文大学のコロキュアムにおいても発表する機会を得た．折々の場面で多くのコメントを個人的にもいただいており，すべての方々のお名前を挙げることはできないが，とりわけ，北原久嗣氏，ノーム・チョムスキー氏，村杉恵子氏には，長期に亘り，本書で報告する研究全般について励ましと有益な示唆をいただいた．また，本書の執筆にあたっては，村杉恵子氏，木津弥佳氏と西岡宣明氏をはじめとする3人の監修者の方々に原稿にお目通しいただき，有益なコメントをいただいた．この場を借りて，お礼を申し上げる．

目　　次

第1章

序

　統語理論は，過去 70 年に，言語現象に対するより根本的な説明を追究しつつ，めざましい発展を遂げてきた．文法は，長らく規則の体系であると考えられてきたが，文法規則が表す一般化を説明すべき対象として，原理とパラメターの理論が Chomsky (1981) により提案された．Chomsky (1986a) に端を発する極小主義アプローチは，この理論をさらに発展させ，言語が言語として成立するために最低限必要なメカニズムにより，原理群によって説明されてきた現象を捉え直そうとする試みである．Chomsky (2008, 2013) などで提示されている極小主義理論では，句構造の生成は，2 つの要素 α, β から構成素 $\{\alpha, \beta\}$ を形成する「併合」により，フェイズを派生の単位としてなされる．

　(1) を例にとって，併合とフェイズの役割を具体的に見よう．

2

(1)

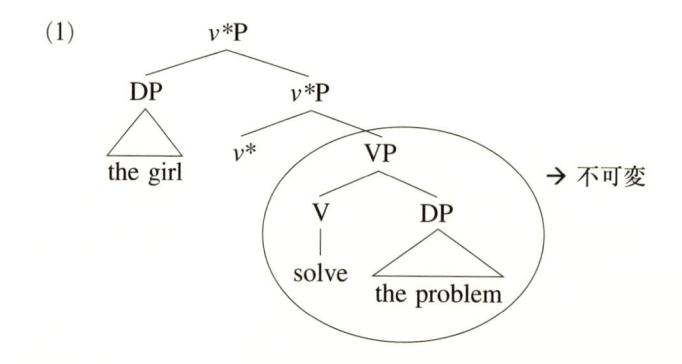

この構造は，下から，{the, problem}，{solve, {the, problem}} という形で，順次併合を適用することにより形成される．派生は，フェイズ (CP, v*P) ごとに行われ，(1) は v*P の例である．フェイズが完成した時点で，フェイズの主要部とエッジのみがその後の派生に関わることができ，補部は不可変となる．この仮説は，フェイズ不可侵条件 (Phase Impenetrability Condition, PIC) として定式化された．また，その効果は，フェイズの完成とともに，その補部が解釈部門に転送され，結果として，補部に解釈の変更を伴う操作を適用し得ないとすることにより説明される可能性も検討されてきた．古典的な原理とパラメターの理論においては，移動や一致に見られる様々な局所性を説明するために複数の原理が提案されたが，フェイズ理論は，これに統一的な説明を与える．さらに，Quicoli (2008) などでは，照応形束縛の局所性もフェイズ理論から導く提案がなされている．

Chomsky (2013) は，解釈部門が，併合によって形成される $\gamma = \{\alpha, \beta\}$ の性質に関する情報を必要とするとし，併合に伴うものとして γ のラベル付けを行うアルゴリズムを提案している．例えば，{solve, {the, problem}} は，(1) に示したように，名詞句ではなく動詞句として解釈されなければならない．ラベル付けの理論は，併合によって形成された句の性質を決定し，さらに，名詞句の分布，移動の義務的適用，移動に対する制限などに，ラベル付けの可否による説明を与える．

併合，フェイズ，ラベル付けにより構成される極端に簡素な理論は，統語理論の科学としての発展を明確に示すが，同時に，この理論の下で言語間変異をどのように捉えるかという重要な研究課題を提示する．日英語比較統語論の研究は，日英語の共通性に関する研究を基盤として，説明すべき相違を

明らかにしてきた．日本語のみで観察される自由語順や多重主語などがその
代表的な例である．また，Kuroda (1988) を始めとして，日英語の文法的
相違を一致のメカニズムから導こうとする研究が推進されてきた．本書は，
併合，フェイズ不可侵条件，ラベル付けが，日英語において差異なく適用さ
れることを仮定して，日本語の特徴を ϕ 素性一致の欠如に基づいて説明しよ
うとする試みを記したものである．

　本書は，ラベル付けに関する第 2 章〜第 6 章とフェイズを扱う第 7 章〜
第 9 章によって構成されている．ラベル付け理論は，X′構造や移動の性質
に説明を与えることを目的としている．第 2 章では句構造，第 3 章では義
務的な移動や許容されない移動を取り上げて，ラベル付け理論の背景を明ら
かにする．その上で，第 4 章で，ラベル付け理論が，句構造や移動に関す
る問題をどのように解決するのかを見る．

　第 5 章では，多重主語，自由語順，特有の性質を示す複合動詞，多様な
名詞修飾節，項省略といった日本語文法の特徴を取り上げ，ラベル付けに基
づく分析を提示する．Chomsky (2013) は，併合が，(2a) に示すように主
要部と句に適用される場合には，主要部が γ のラベルになる，すなわち，γ
の性質を決定するとしている．

　　(2)　a.　$\gamma = \{X, YP\}$
　　　　b.　$\gamma = \{XP, YP\}$

また，(2b) に示す 2 つの句の併合については，一定の条件の下で γ のラベ
ル付けが可能であるとする．例えば，時制文 $\gamma = \{DP, \{T, v^{(*)}P\}\}$ では，ϕ
素性一致により DP と T が ϕ 素性を共有しており，γ は $<\phi, \phi>$ とラベル
付けされる．第 5 章の提案は，ϕ 素性一致を欠く日本語では，接辞文法格
や述部屈折が「反ラベル付け要素」として，句をラベル付けにおいて不可視
的にするというものである．例えば，(3) のラベルは，XP が不可視的とな
ることから，YP が決定する．

　　(3)　$\gamma = \{XP\text{-格}, YP\}$

この提案をもって，日本語における時制文のラベル付けのみならず，上述し
た日本語の文法的特徴が説明されることを示す．

　第 6 章では，第 5 章の提案の帰結を検討し，また，提案をより原則的に

4

することを試みる．Kuroda (1988) は，英語は θ 規準を遵守し，θ 役割と
項が 1 対 1 の関係にあるのに対して，日本語では，1 つの θ 役割が 2 つの
項に与えられうることを示している．1 節では，この日英語の相違が，ラベ
ル付けのメカニズムから導かれることを論証し，θ 規準を完全に文法理論か
ら除去することを提案する．2 節では，日本語において，接辞文法格と述部
屈折が，なぜ反ラベル付けの性質を有するのかを問う．Chomsky (2015)
は，ラベルを供給することができない弱主要部の存在を提案しているが，こ
こでは，日本語の接辞文法格と述部屈折が弱主要部であるがゆえに，反ラベ
ル付けの効果を示す可能性を追究する．3 節では，日本語における多様な名
詞修飾節の分析で問題となる {修飾句，被修飾句} のラベル付けについて，
より一般的に論じる．

　第 7 章は，フェイズに関する議論の導入部分である．その後の議論の基礎
として，Chomsky (2005) のフェイズ理論，そして，照応形束縛の局所性
をフェイズ理論から導くことを提案した Quicoli (2008) の分析を概観する．

　第 8 章は，Quicoli の分析を発展させることを目的とする．Quicoli は，
CP および v*P をフェイズとして，フェイズの完成とともに，フェイズ主要
部の補部がアクセス不可能になるという標準的なフェイズ理論を仮定してい
る．しかし，Chomsky (1981) は，(4) の対比が示すように，補文におけ
る一致の有無により，補文主語の束縛領域が異なることを指摘している．[1]

(4) a. *John believes [$_{CP}$ that [$_{TP}$ himself is qualified]].

　　b. John prefers [$_{CP}$ for [$_{TP}$ himself to be nominated]].

この事実は，単に CP と v*P を一様にフェイズとする分析では，捉えるこ
とができない．本書では，Chomsky の考察に基づいて，(5) に示すように，
フェイズの定義を φ 素性一致に言及する形に修正することを提案する．

(5) a. T, V はそれぞれ C, v* から φ 素性とともに，フェイズ主要部と
　　　しての性質を受け継ぐ．

　　b. フェイズは，上位のフェイズが完成した時点で解釈部門に転送
　　　され（または，PIC により）アクセス不可能となる．

---

[1] (4a) の '*' は，当該の例が文法的に不適格であることを示す．

さらに,(5)が,日英語双方における照応形束縛の局所性をより正確に捉えるだけではなく,Hornstein (1999) による制御の移動分析とフェイズ理論の矛盾を解消することを論じる.

　第 9 章では,(5)が,日本語の分析において長らく問題とされてきた現象に説明を与えることを示す.まず,使役文の一見矛盾する性質を取り上げる.日本語の使役文は,英語と同様に補文を伴うことが,Kuroda (1965a) 以降,広く仮定されてきた.英語では,(6) に見られるように,照応形束縛の局所性も予測通りに観察される.

(6)　*Mary made John nominate herself.

然るに,対応する日本語使役文が文法的であることが,Kato (2016) によって指摘されている.この観察は,日英語の使役文が異なる構造を持つことを示唆するが,1 節では,照応形束縛の局所性に関する日英語の対比が,構造の違いを仮定することなく,(5)により正しく予測されることを示す.2 節では,移動残留部のさらなる移動に関する日英語の相違について考察する.(7)の派生が示すように,英語では,NP 移動の残留部を,A′ 移動によりさらに上位に移動することが可能である.

(7)　a.　John wonders [$_{CP}$ [$_{TP}$ is [$_{AP}$ how likely [$_{TP}$ Mary to win the race]]]].

　　b.　John wonders [$_{CP}$ [$_{TP}$ Mary is [$_{AP}$ how likely [$_{TP}$ ___ to win the race]]]].

　　c.　John wonders [$_{CP}$ [$_{AP}$ how likely [$_{TP}$ ___ to win the prize]] [$_{TP}$ Mary is ___]].

一方で,類似する残留部移動が日本語では許容されないことが,Hoji, Miyagawa and Tada (1989) により指摘されている.残留部移動の可否に関する Kitahara (2017) の分析を仮定しつつ,この日英語の相違も,(5)により説明されることを論じる.

　フェイズに関する第 8 章〜第 9 章の結論は,日英語の表層的な相違が,φ 素性一致の有無から直接導かれるということである.(5)に示したフェイ

6

ズの定義は普遍的であるが，日本語では，φ素性一致を欠くがゆえに，照応形束縛の局所性や残留部移動の可否において，英語とは異なる現象が観察される．第5章〜第6章で議論するラベル付けに関しても，日本語におけるφ素性一致の欠如が重要な役割を果たす．英語では {XP, YP} 構造のラベル付けにおいてφ素性一致が不可欠であるのに対して，日本語では，接辞文法格と述部屈折が代わりにその役割を担う．また，その結果として，日本語の文法的特徴が導かれる．第6章2節において，接辞文法格と述部屈折が弱主要部であるとする仮説を検討するが，その方向性が正しければ，日本語に特有のラベル付けメカニズムは存在しないことになる．ラベル付けのメカニズムそのものは普遍的であり，日本語にも英語にも同様に適用される．そして，日本語の文法的特徴は，弱主要部としての文法格と述部屈折を有する，あるいは多用することに帰せられる．

第 2 章

句構造と X′ 理論

　我々は，言語表現をその構造に基づいて理解する．以下の名詞句を例に
とって，この点を確認しよう．

(1)　太郎の部屋の掃除

(1) は多義的である．構造が (2a) であれば，「太郎の部屋」が「掃除」の内
項（意味上の目的語）となり，(1) は，太郎の部屋を掃除することと解釈さ
れる．

(2) a.

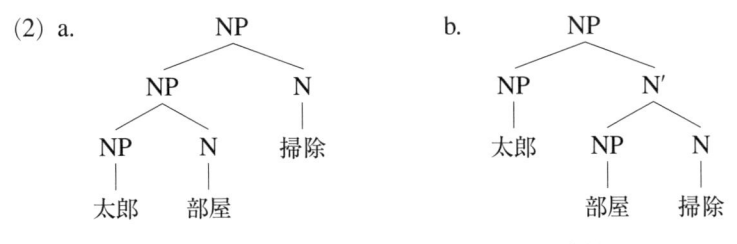

(N = Noun（名詞），NP = Noun Phrase（名詞句））

一方，(2b) の構造では，「太郎」と「部屋」がそれぞれ「掃除」の外項（意味
上の主語）と内項（意味上の目的語）であり，解釈は，太郎が部屋を掃除す
ることとなる．[1]

---

[1] (2b) の N′ は，名詞「掃除」が内項「部屋」を取ることにより形成される名詞句である．

　文が構造を持つことも広く仮定されている. 例えば, (3a) の構造は, し
ばしば (3b) のように提示される.

　(3) a.　Mary lifted the chair.

　　b.

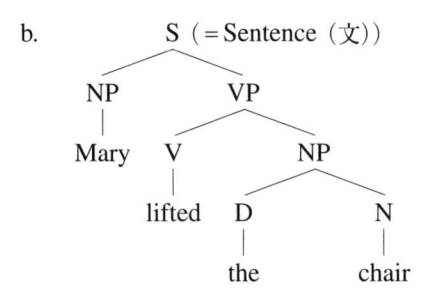

　　(V = Verb (動詞), VP = Verb Phrase (動詞句), D = Determiner
　　(限定詞))

この文構造は, 過去70年の研究を通して精密化されており, 本章ではその
一部を紹介する. また, Chomsky (1970) が句構造の一般理論として提案
した X′ 理論にも触れる. この理論は, Chomsky (1995a) に端を発するそ
の後の研究においては, 句構造形成の理論が説明すべき事項を明確に示す役
割を担うことになる. 1節では, (3b) が含意する主語と目的語の構造上の
非対称性を, Lasnik (1976) の束縛原理 (C) を用いて確認する. Chomsky
(1957) には, その後の研究の基礎となる英語時制の分析があるが, 2節で
は, その概要を紹介しながら, 時制を文構造の中に位置付ける. 3節は,
Chomsky (1970, 1981) の X′ 理論に焦点を当てる. 1980年代における理論
の検証過程を概観し, さらに, 理論が提示する新たな研究課題にも言及する.
4節と5節では, 自動詞に非能格動詞と非対格動詞の2種類があるとする非
対格仮説, そして主語の名詞句が VP 内で意味解釈を受け, 主語の位置に
移動するとする VP 内主語仮説を取り上げる. 最後に, 6節では, これらの
仮説に基づいて, 動詞を V と v に分離する Chomsky (1995b) の分析を紹
介し, 現在の統語論研究において広く仮定されている文構造を提示する.

さらに外項「太郎」を加えた名詞句を NP と表記するため, これと区別して N′ と表記する
が, いずれも「掃除」を中心とする名詞句である.

1.　主語と目的語の非対称性

　(3b) では，主語と目的語が階層的に異なる位置に生起する．目的語が動詞とともに述部の VP を構成するのに対して，主語は述部とともに文を形成する．この主語と目的語の非対称性を反映する例として，以下の名前と代名詞の同一指示に関するパラダイムがある．

(4) a.　John loves his mother.　(John = his, 可)
　　b.　He loves John's mother.　(He = John, 不可)
　　c.　John's mother loves him.　(John = him, 可)
　　d.　His mother loves John.　(His = John, 可)

(4a, c, d) は，代名詞が John を先行詞とする解釈を許容するが，(4b) ではこの解釈が不可能である．特に注目すべきは，(4b) と (4c) の対比である．この 2 例は，主語と目的語を入れ替えただけであるが，後者においてのみ，John と代名詞の同一指示が可能である．

　Lasnik (1976) は，名前と代名詞の同一指示に関する広範なデータを検討し，後に Chomsky (1981) において束縛原理 (C) と命名される以下の原理の原形を提案した．[2]

(5)　X が Y を c 統御する時，Y は X の先行詞にはなり得ない．

「c 統御」は，以下のように定義される．

(6)　X が Y を *c 統御する* =定義 (i)　X ≠ Y，かつ X が Y を含まず，
　　　　　　　　　　　　　　(ii) X を直接支配する節点が Y を支配する．

この定義を以下の構造を用いて説明しよう．

---

[2] Lasnik の提案の画期的な点は，同一指示現象に関する原理を，同一指示が可能である場合ではなく，不可能である場合を示す形で定式化したところにある．(5) の定式化は多分に略式であり，束縛原理 (C) に関する詳しい議論については，本文に挙げた参考文献に加え，Chomsky (1980) などを参照されたい．また，「c 統御」は，Lasnik (1976) の分析を発展させ，より広く同一指示現象を検討した Reinhart (1976) が提案した構成素間の関係である．

(7)

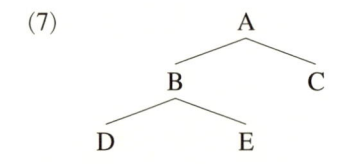

　まず,「支配する」は,「含む」と同義である. A は B, C, D, E を, そし
て, B は D, E を含んでおり, したがって, 支配している. また,「直接支
配する」は,「直接含む」と言い換えられる. A は, B, C を直接支配して
いるが, D, E については, 直接には支配していない. この用語説明をふま
えて, (6) を (7) に適用してみよう. C は D を c 統御する. C を直接支配
する節点は A であり, A は D を支配するからである. 一方, D は C を c
統御しない. D を直接支配する節点は B であり, これは C を支配しない.

　「c 統御」の定義に基づいて, (5) が (4) のパラダイムをどのように説明
するかを見よう. (4b) と (4c) の構造をそれぞれ (8a) と (8b) に示す.

(8) a.　　　　　　　　　　　　　b.

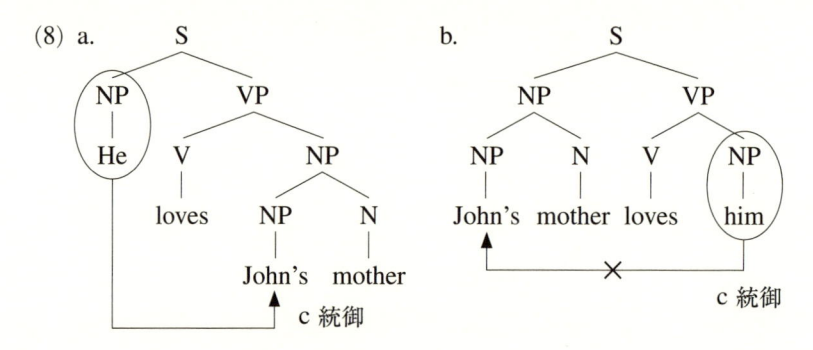

(8a) では, 名詞句である代名詞 he が John を c 統御している. したがっ
て, (5) により, John は he の先行詞になりえず, 同一指示の解釈が得られ
ない. 一方, (8b) では, him は John を c 統御しない. 名詞句 him を直接
支配する節点は VP であり, VP は John を支配しない. よって, (5) は,
(4c) における John と him の同一指示を許容する. (4a), (4d) について
も, 代名詞が John を c 統御せず, 同様に同一指示が可能であることが正し
く予測される.

　(8a, b) の樹形図において重要な点は, 目的語を含むが, 主語は含まない
VP の存在である. この VP があるために, 主語の代名詞が目的語内の

John を c 統御するのに対して，目的語の代名詞は主語内の John を c 統御しない．このように，(4) のパラダイムは，動詞と目的語が述部の VP を形成し，主語と述部によって文が構成される (3b) の構造を支持する証拠となる．(5) の束縛原理 (C) と (3b) の構造により，(4) の現象が説明されるのである．主語と目的語の非対称性を表す構造は，他の原理との組み合わせで様々な現象に説明を与えるが，これは次節以降に紹介する現象とその分析からも確認していただけるものと思う．

2.　時制の表示と移動

　本節では，(3b) の構造をより精密にしていくために，時制が文構造においてどのように位置付けられるかを見ていく．(9) は，未来時制を含む例である．

(9) a.　John will walk to school.
　　b.　John will not walk to school.

未来を表す will は，主語と動詞の間に，また否定辞 not がある場合には，not は，時制と動詞の間に表れる．したがって，(9) の構造は，以下のように考えることができる．

(10)

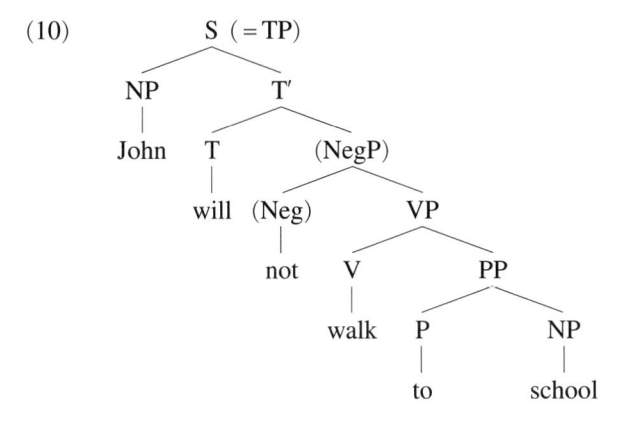

　　(T = Tense（時制），TP = Tense Phrase（時制句），
　　Neg = Negation（否定），NegP = Negation Phrase（否定句），
　　P = Preposition（前置詞），PP = Prepositional Phrase（前置詞句））

12

　一方，現在と過去を表す時制（T）の要素は，独立語ではなく，(11) に例示するように，接尾辞である．

(11) a.　John walk-s to school.

　　 b.　John walk-ed to school.

日本語においても，「食べ-る」（非過去），「食べ-た」（過去）のように類似する現象が観察される．しかし，現在や過去の時制も，未来の will と同じく，統語構造上は独立した要素であることが仮定されている．この仮説を支持する強い証拠としては，Chomsky (1957) がその骨格を提示した英語否定文，疑問文，動詞句省略文の分析をあげることができる．本節では，この分析の概略を見ていくことにしよう．

　過去を表す要素が未来の will と統語構造上同じ位置にあるとすれば，(11b) の構造は (12) であると考えられる．

(12)

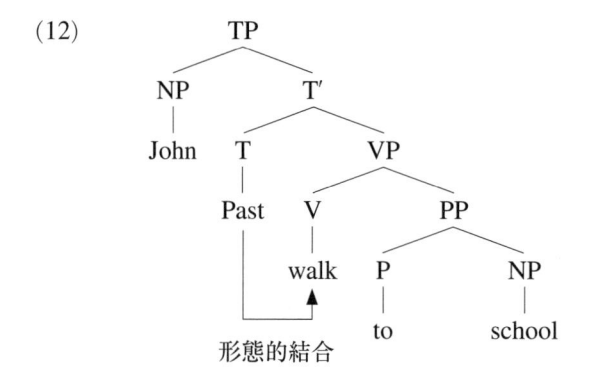

過去を表す Past は接辞であり，音声部門で独立した語として機能し得ない．そこで，接辞の時制と動詞を一語とする必要が生じ，その方法としては，形態的結合と動詞の時制への移動という 2 つの可能性がある．(12) の場合に適用される前者から見ていこう．形態的結合とは，統語構造完成後に，音声部門に構造を送る過程において，接辞を隣接する要素に結合し，その一部とする操作である．(12) では，動詞接尾辞である Past が隣接する walk に結合し，walked という語が形成される．

　形態的結合は，隣接条件に従う．したがって，時制と動詞の間に否定辞が介在する (13b) の構造には適用し得ない．

(13) a.　John did not walk to school.

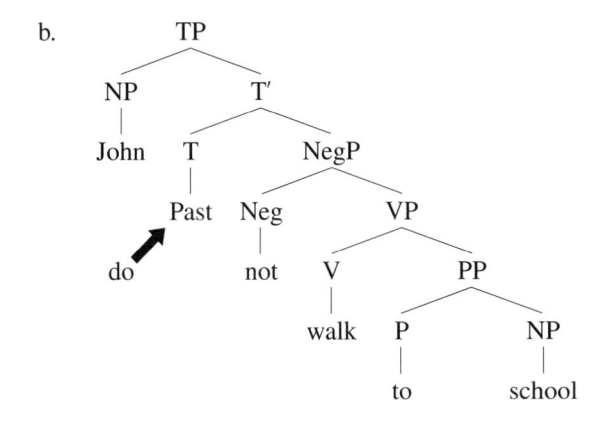

このような場合には，孤立した接辞を救済するために，英語に特有の操作として，動詞 do が T の下に挿入される．'do-support' と呼ばれる現象である．結果として，(13a) では，過去時制が do＋Past という形で do に結合し，did として表される．

　do の挿入は，疑問文においても観察される．(14b) は，主文疑問文が，時制を文頭に移動することにより派生されることを示す．

(14) a.　John will walk to school.
　　 b.　Will John walk to school?

この場合，時制はどの位置に移動するのだろうか．補文の構造を例にとって，考えてみよう．(15) に示すように，補文は，that や whether のような補文標識 (complementizer) により導入される．

(15) a.　Mary thinks [that John will walk to school].
　　 b.　Mary wonders [whether John will walk to school].

補文標識を伴う補文の構造は，(16) であると考えられる．

14

(16)

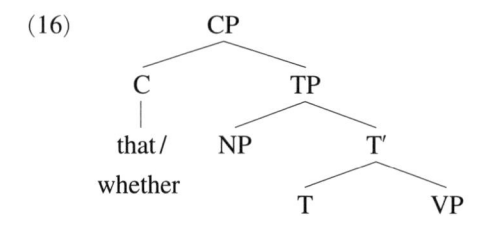

(C＝Complementizer（補文標識））

主文にも C が生起しうるとすれば，(14b) の will は C の位置に移動していると分析できる．

　主文疑問文が時制を C に移動することにより形成されることを仮定して，過去時制を伴う疑問文の派生を見よう．

(17) a.　Did he walk to school?

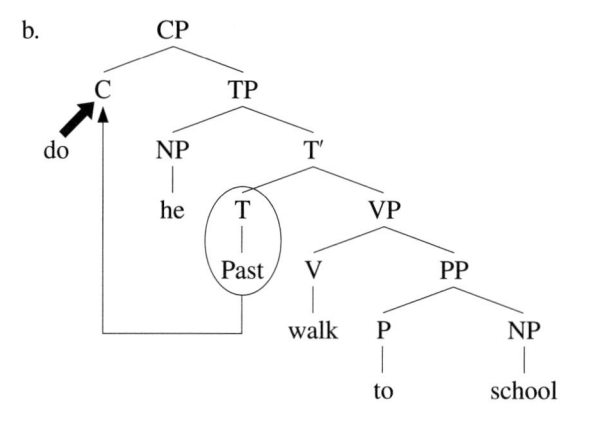

(17b) が示すように，時制 Past が C に移動したことにより，主語が時制Past と動詞 walk の間に介在し，形態的結合の隣接条件が満たされない．結果として，Past は動詞の接尾辞として表れることができず，孤立する．否定文の場合と同様に，救済手段として do が挿入され，(17a) が派生される．

　do 挿入の最後の例として，(17a) に対する答えについて考えよう．肯定的な答えとしては，(18a) に対しては (18b)，(17a) に対しては (19) が自然な表現である．

(18) a. Will he walk to school?

　　 b. Yes, he will.

(19) 　Yes, he did.

(18b), (19) は, 動詞句 VP が省略された文である. (19) の構造を以下に示す.

(20)

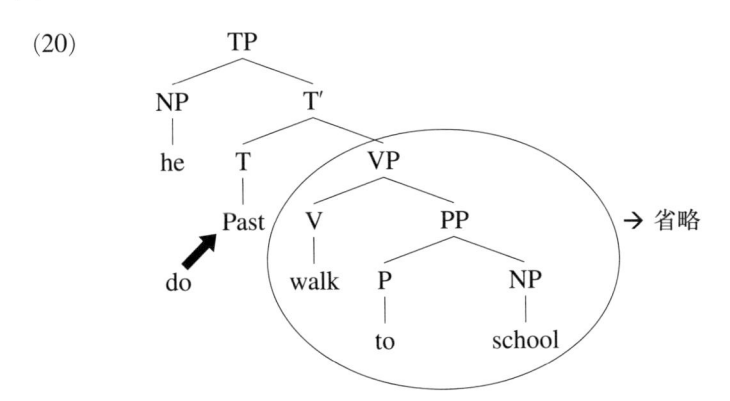

(20) では, 隣接条件とは関係なく, VP 省略により, 接辞 Past が結合できる動詞がそもそも存在しない. この場合も, 孤立した Past を救済するために do が挿入され, (19) が派生される.

　本節の冒頭で, 接辞である時制と動詞を一語とする方法として, 形態的結合に加え, 動詞の時制への移動があることに言及した. 時制への移動は, 完了の have や進行の be などの助動詞のみならず, 主動詞の be にも適用される. 主動詞 be に関する事例を見ていこう. もし, 時制と主動詞 be に形態的結合が適用されるならば, (21a) の否定文は, (21b) になることを予測するが, これは事実に反する.[3]

(21) a. Mary is a linguist.

　　 b. *Mary does not be a linguist.

　　 c. Mary is not a linguist.

否定文においては, (21c) に見られるように, be 動詞は否定辞に先行して

---

[3] 前章でも述べたように, '*' は, 当該の例が文法的に不適格であることを示す.

表れる．この事実は，主節疑問文において時制が C に移動するように，be
動詞が時制 T に移動することを示す．(22) が (21c) の構造である．

(22)

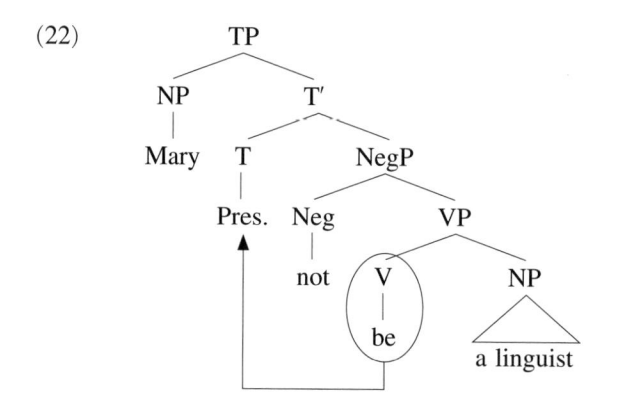

be + Pres. は，この場合，3 人称単数現在の is として表れる．

　主節疑問文にも，be の移動が反映される．(23b) に示すように，時制は，
すでに移動した be を伴って，C に移動する．

(23) a.　Is she a linguist?

b.

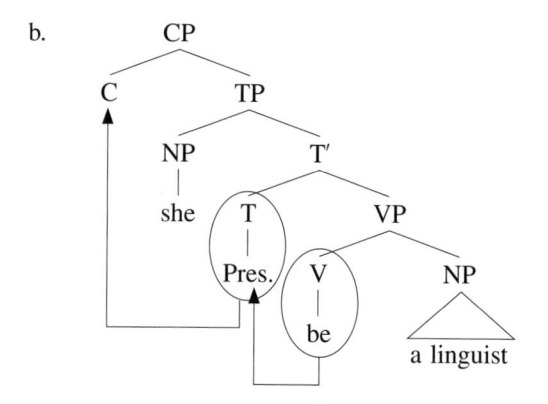

結果として，(21a) に対応する疑問文 (23a) においては，be が文頭に表れ
る．また，(23a) に対する答えである (24a) には，be 動詞が残る．

(24) a.　Yes, she is.

b.

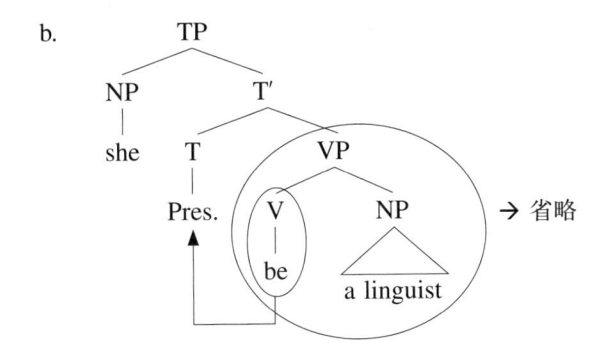

これは，(24b) が示すように，be 動詞が時制 T に移動した結果，省略される VP の外に位置するためである．

　本節では，Chomsky (1957) を基礎とし，広く受け入れられている否定文，疑問文，VP 省略文の分析を概観した．この洞察に富む明晰な分析は，時制を統語的に独立した要素であると仮定することによって可能になっている．例えば，最初から walked を単一の要素であるとした場合には，肯定文と否定文を統一的に捉えることはむずかしい．この分析は，現在でも，時制の独立性を示す最も強い証拠の 1 つである．

3.　句構造規則と X′ 理論

　文，そしてより一般的に言語表現は，構造に基づいて解釈されるが，どのような構造も文法的に許容されるわけではない．Chomsky (1957) は，句構造規則を用いて，英語において可能な構造を記述した．句構造規則とは，以下のようなものである．

(25)　a.　VP → V　(NP)
　　　 b.　PP → P　NP
　　　 c.　N′ → N　(PP)
　　　 d.　NP → (NP)　N′

例えば，(25a) は，VP が必ず V を含み，加えて目的語の NP を含むことができることを表す．しかし，ヒトの統語構造に関する知識が，句構造規則によって構成されているとは考えにくい．(25) だけでなく，例えば，(26)

のような規則も，句構造規則としては問題がない．

(26) a.　VP → NP　N　PP
　　 b.　PP → PP　N

幼児が母語の統語構造に関する知識を句構造規則の形で習得するのであれ
ば，(26) の規則をもつ言語が存在しても不思議ではない．ところが，現実
には，そのような言語は存在しない．

　自然言語の構造は，句構造規則というメカニズムが許容するよりもはるか
に制限されたものであり，一定の型に従うようである．この事実を捉えるた
めに提案されたのが，Chomsky (1970, 1981) の X′ 理論である．X′ 理論
は，句構造が一般的に以下の型を持つとする．

(27)

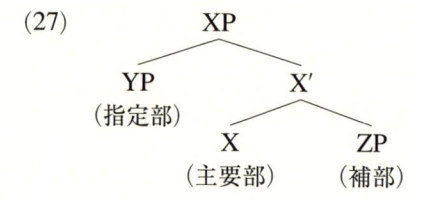

(27) において，X，Y，Z は N, V, P, T, C などの範疇を表す変項である．
X を N，Y を N，Z を P とすれば，名詞句の構造である (28a) が得られる．

(28) a.　　　　　　　　　　　　　　b.

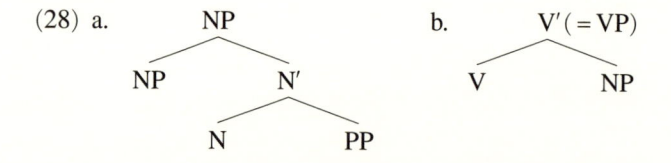

また，X を V，Z を N とすれば，(28b) の動詞句の構造になる．本節では，
X′ 理論を概観し，この理論が提示するさらなる研究上の課題を明らかにする．

　X′ 理論は，句構造規則に比べて抽象的であるが，同時に，自然言語におい
てなぜ一定の句構造のみが観察されるのかという問いに具体的に答えるもの
でもある．また，言語間変異も限られた範囲内でのみ観察されるが，この事
実にも説明を与える形で定式化しうる．以下の日英語の対を比べてみよう．

(29) a.　[VP eat an apple] … V–NP

　　 b.　[VP りんごを 食べ（る）] … NP–V

(30) a.　[NP John's [N′ trip [PP to Korea]]] … NP–N', N–PP, P–NP

　　 b.　[NP 太郎の [N′ [PP 韓国へ] の 旅行]] … NP–N′, PP–N, NP–P

　　　　　（日本語では，P＝Postposition（後置詞），

　　　　　PP＝Postpositional Phrase（後置詞句）である.）

(30) は，日英語双方において，名詞句の主語が，名詞句の述部をなす N′ に先行することを示す．しかし，X′ 内の主要部 X の位置に日英語間の相違が見られる．(29) では，VP 内の主要部 V が，英語では補部に先行し，日本語では後続する．(30) は，N′ 内の主要部 N，そして PP 内の主要部 P についても同様の対比が観察されることを示す．日本語の句構造の型は，(27) と少しだけ異なる (31) であると考えられる.

(31)

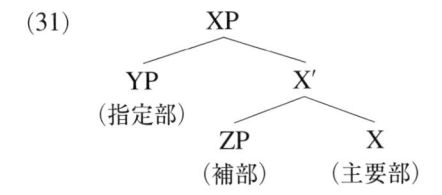

(27) と (31) は，句構造の型は基本的に普遍的であるものの，主要部の位置に関しては選択の余地があることを示唆する．ここに，英語のような主要部前置型言語と日本語を例とする主要部後置型言語が存在するとする言語間変異に関する仮説が成立する．

　X′ 理論は当初から有力な仮説として注目されていたが，1970 年代，1980 年代の句構造分析の発展により，その経験的妥当性が確認されていくことになる．特に重要な句構造分析としては，Stowell (1981) の CP 仮説や Fukui and Speas (1986)，Abney (1987) の DP 仮説がある．この 2 つの仮説について，順次見ていこう．

　これまでの議論では，(32a) の文構造を仮定してきたが，これも 1980 年代の研究によって明らかにされてきたものである．

20

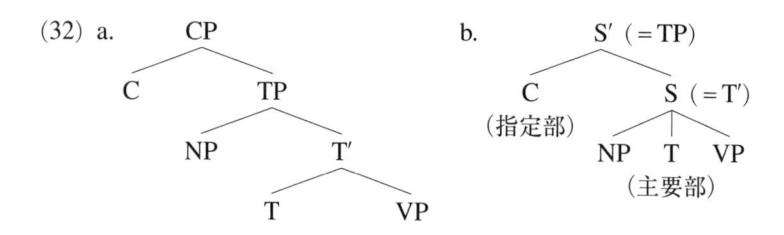

(32) a. CP
C   TP
NP   T′
T   VP

b. S′ (= TP)
C (指定部)   S (= T′)
NP   T   VP (主要部)

Chomsky (1981) では, (32b) の文構造が仮定されている.[4] この文 (= S) の構造は, (27) の X′ 構造に合致しない. 主要部 T は補部に先行しなければならないが, (32b) では S の中央に表れている. Chomsky (1981) は, これを問題として残しつつ, 暫定的に (33) に示す句構造規則だけは仮定しなければならないとしている.

(33) S → NP T VP

(32b) の構造については, C を指定部とする分析にも疑問が生じる. 英語では, (34) に示すように, Wh 句は文頭に移動するが, その移動先は C の位置であると仮定されていた.

(34) Which book did Mary buy ___ ?

この仮定の下では, 指定部は句が生起する位置であることに鑑みて, C を指定部とする分析は妥当であると考えられる. しかし, C は, 補文標識の that や whether の位置でもあり, 補文標識は句ではない. 補文標識の位置としては, C は指定部ではなく主要部であると考えざるを得ない. (32b) の C は, 主要部と指定部の矛盾する性質を併せ持つ.

 この問題の解決に向けて, 大きな一歩を踏み出したのが Stowell (1981) である. Stowell は, C が主要部であることを主張し, いくつかの証拠を提示している. ここでは, 日本語の句構造に基づく議論を紹介しよう. 日本語の X′ 構造 (31) は, 指定部 – 補部 – 主要部の語順を含意する. もし Chomsky (1981) が仮定するように C が指定部であれば, C を含む日本語の文構造は, (35a) でならなければならない.

---

[4] Chomsky (1981) は, T を I(nflection), C を COMP と表記している.

(35) a.

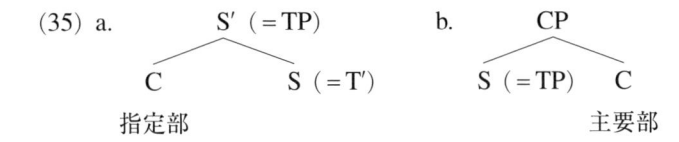

したがって，C である補文標識は，補文の文頭に位置することが予測される．一方，Stowell (1981) が主張するように C が S（＝TP）を補部とする主要部であるとすれば，日本語の構造は (35b) となり，補文標識が補文の文末に位置することが予測される．そして，事実は，明確に C を主要部とする仮説を支持する．(36)，(37) が示すように，that に対応する「と」，whether に対応する「か」は，文末になければならない．[5]

(36) a.　太郎は [花子がそこにいた と] 思っている．
　　b. *太郎は [と 花子がそこにいた] 思っている．
(37) a.　太郎は [花子がそこにいた か] 知りたがっている．
　　b. *太郎は [か 花子がそこにいた] 知りたがっている．

このように，C を主要部とし，補文を CP とする Stowell (1981) の CP 仮説は，日本語の補文構造により裏付けられる．

Stowell (1981) は，C を主要部として，(38a) の構造を提案したが，これを受けて，Huang (1982) や Pesetsky (1982) は，TP の構造を再考して，主語を T の指定部に置き，VP を T の補部とする (38b) の構造を提案した．

(38) a.

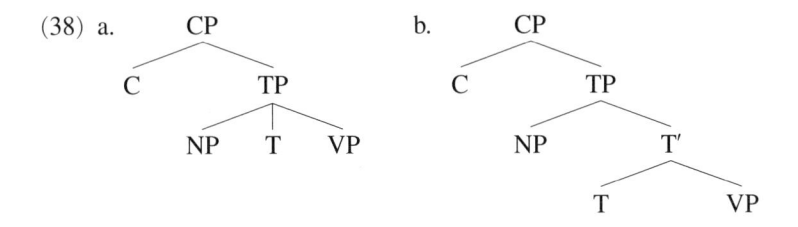

(38b) は，(38a) と異なり，X′ の型に合致する．Chomsky (1986b) は，さらに，Wh 句の移動先を C ではなく，CP 指定部として，CP 仮説を完成さ

---

[5]「か」は疑問の補文標識であり，whether とは異なり，wh 疑問文でも生起する．また，「と」は，厳密には，that に対応するものではなく，異なる性質を持つ．日本語補文標識の性質については，Saito (2012, 2015) を参照されたい．

22

せる．(34) の構造は，以下のように分析される．

(39)

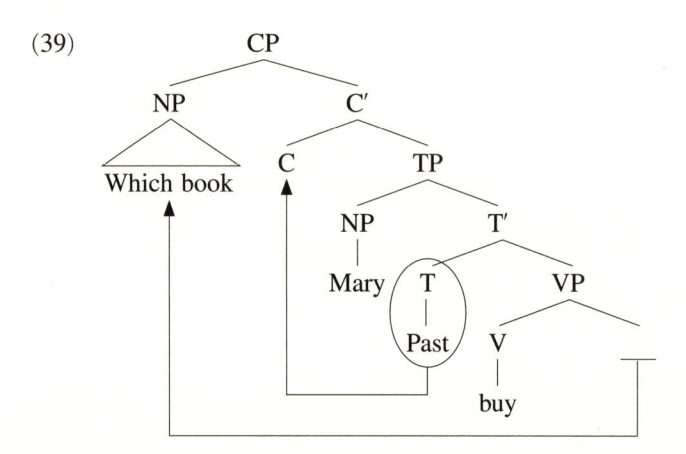

ここにおいて，TP と CP の構造がともに X′ 理論に従うものとなる．

　上に述べたように，Wh 句が C に移動するというかつての仮説の下では，C の位置に，Wh 句のみならず，主要部と考えられる that や whether が生起するという矛盾が生じた．興味深いことに，NP の分析においても，指定部の位置で同様の矛盾が起こる．(40) が示すように，伝統的な NP 分析では，属格の名詞句と限定詞の the がともに，指定部の位置にあるとされてきた．

(40) a. [$_{NP}$ the barbarians' [$_{N'}$ destruction of the city]]
　　 b. [$_{NP}$ the [$_{N'}$ destruction of the city]]

しかし，限定詞は句ではなく，指定部にあるとは考えにくい．この問題を解決したのが，Fukui and Speas (1986)，Abney (1987) の DP 仮説である．この仮説によれば，(41a, b) が (40a, b) の構造となる．

(41) a.

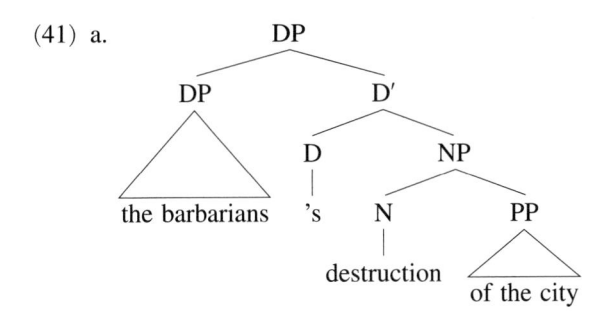

b.

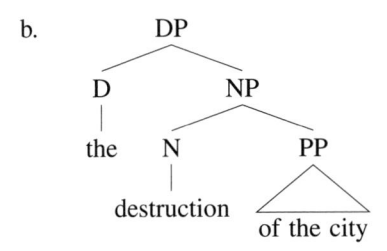

　(41b) の構造では，*the* は，主要部 D として NP を補部にとる．また，(41a) では，D は，属格あるいは属格を認可する要素として現れ，属格を伴う主語は，句が生起する DP 指定部の位置にある．いずれの構造も，X′ 理論に合致するものである．DP 仮説は，CP 仮説と同様に，主要部と句が同一の位置に生起するという矛盾を，新たな主要部を提案することにより解決したと言えよう．

　句構造分析が精密化されることにより X′ 理論の経験的妥当性が示されるが，それはさらに新たな問いを提示することに繋がる．自然言語においてなぜ一定の限られた句構造規則のみが観察されるのかという問いに対して，X′ 理論は，句構造が一定の型をもつという仮説をもって答えた．これを受けて，次に，なぜ自然言語の句構造は X′ 理論が記述する型をもつのかという，より深められた問いが生じる．第 1 章で述べたように，現時点の研究においては，言語が言語として成立するために最低限必要な操作の 1 つとして，構造を形成する「併合」が仮定されている．併合は，2 つの要素 α, β から，構成素 $\gamma = \{\alpha,\ \beta\}$ を形成するが，なぜこのように形成された句構造が X′ 理論に従う形になるのか．この問いは，Chomsky (1995a) によって取り上げられ，極小主義統語論の主要な研究テーマとなる．この問題については，第

4章で立ち戻ることとしよう.

4. 非対格動詞と非能格動詞

継続して,文構造の精密化を追究していこう.本節では,自動詞文に2種類の構造があるとする非対格仮説を取り上げ,次節では,主語が一様にVP内で意味役割を受けるとするVP内主語仮説を紹介する.

動詞に他動詞と自動詞があることはよく知られており,(42a) の他動詞文と (42b) の自動詞文の構造は,それぞれ (43a) と (43b) であると考えられる.[6]

(42) a. John sank the boat.

b. Mary yelled.

(43) a. 　　　　　　　　　　b.

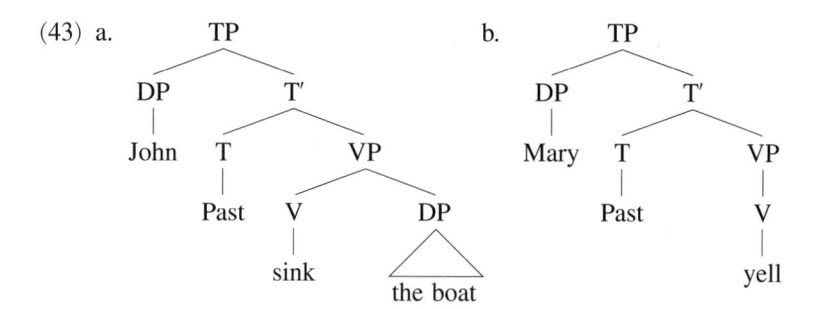

いずれの文においても,主語は動詞が表す行為の担い手(動作主,agent)である.(42a) では John が船を沈めるという行為,そして (42b) では Mary が叫ぶという行為を行う.それに対して,(42a) の目的語は,行為の対象,典型的には,行為の結果として形や位置を変えるもの(主題,theme)を表す.John の船を沈めるという行為によって,船が沈むのである.

(42) の例は,主語が動作主,目的語が主題として解釈されることを示唆する.自動詞は,動作主のみを項とする動詞であると考えられるが,Perlmutter (1978),Belletti and Rizzi (1981),Burzio (1986) などにより,自動詞には主題のみを項とするものがあることが指摘され,さらに,主題とし

---

[6] DP 仮説に従い,固有名詞を D,あるいは N であるが D に編入するものとみなす.

て解釈される項は，目的語の位置で意味役割を受け，英語においては主語の位置に移動することが提案された．これが非対格仮説（unaccusative hypothesis）である．(44) に典型的な例とその構造を示す．

(44) a.　The boat sank.

　　　b.

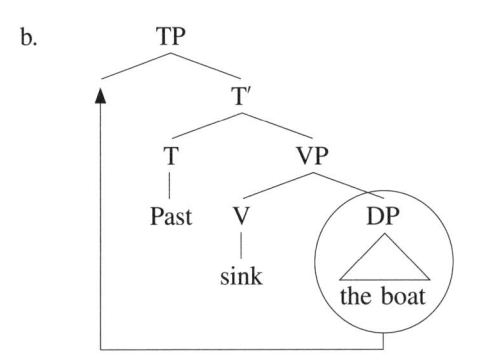

dance のように動作主のみを項とする自動詞を非能格動詞，(44) の sink のように主題のみを項とする自動詞を非対格動詞という．

　本節では，非対格動詞文の移動分析を支持する議論を紹介する．非対格仮説は，元来，スペイン語やイタリア語のデータを証拠として提案されたものであるが，ここでは，Simpson (1983) の英語結果構文の性質に基づく議論と Miyagawa (1989) の日本語遊離数量詞の分布に基づく議論をとりあげることとする．

　いずれの議論にも二次述部が関連するので，まず，二次述部の性質について見ておこう．英語には，描写二次述部と結果二次述部がある．(45) が前者の典型的な例である．

(45) a.　John ate the meat raw.
　　　b.　John ate the meat naked.

この 2 例は，ジョンが肉を食べたことを記述しているが，(45a) の raw はその時の肉の状態，(45b) の naked はその時のジョンの状態を描写している．一方，(46) は，結果二次述部の例である．

(46) a.　John pounded the metal flat.

    b.   Mary broke the glass <u>into pieces</u>.

(46a) の flat, (46b) の into pieces は, それぞれ, 目的語である the metal と the glass の結果状態を示す. 例えば, (46b) では, メリーがコップを壊した結果, コップは粉々になったのである. ここでは, 二次述部を含む文の正確な構造には立ち入らないが, 二次述部の性質に基づいて, 非対格仮説がどのように検証されたのかを見ていくことにしよう.

  Simpson (1983) の非対格仮説を支持する議論は, 結果二次述部の性質に基づく. (47) が示すように, 結果二次述部は主語の結果状態を表すことができない.

  (47) a. *John ran <u>tired</u>. (ジョンは, 走ったことで疲れた.)
      b. *Mary drank (wine) <u>drunk</u>.
        (メリーは, (ワインを) 飲んで, 酔ってしまった.)

結果二次述部は, 目的語の結果状態を表す述部としてのみ解釈される. Simpson は, この制限を目的語条件 (the object condition) と呼んでいる.
  興味深いことに, 結果状態の対象となる項は, 表層上の目的語に限られない. 以下の受動文は, 文法的に適格である.

  (48) a. The metal was pounded <u>flat</u>.
      b. The glass was broken <u>into pieces</u>.

受動文では, 表層上の主語が元々目的語の位置にあり, 主語の位置に移動したものと考えられる. この分析は, (49b) の解釈によって裏付けられる.

  (49) a. Mary took advantage of John.
      b. Advantage was taken ___ of John.

(49a) では, take-advantage-of が1つの固まりとして, 利用するという意味のイディオムを構成する. (49b) では, この固まりがないにもかかわらず, イディオムの意味が維持される. これは, advantage が元々目的語であり, 目的語の位置で解釈されると考えることで説明できる. この受動文の移動分析によれば, 例えば, (48a) は以下のように派生される.

(50)　The metal was pounded ___ flat.

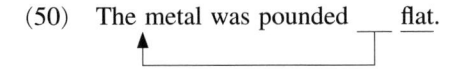

(50) では，the metal は主語ではあるものの，目的語の位置から移動しており，目的語の位置で解釈されうる．このために目的語条件を満たし，結果二次述部 flat の項として解釈することができるものと考えられる．

　結果二次述部の性質をふまえて，Simpson (1983) は，(51) のような例が文法的に適格であることに注目する．

(51)　a.　The glass broke into pieces.
　　　b.　The liquid froze soild.
　　　c.　The boat sank deep into the ocean.

これらは自動詞文であるが，(47) と明確な対比をなし，主語の結果状態を表す．(47) の主語が，「走る，飲む」が表す行為の担い手，すなわち動作主であるのに対して，(51) の主語は，状態や位置が変化する主題である．したがって，(51) の 3 例は典型的な非対格文であると考えられる．非対格仮説によれば，非対格文の主語は，目的語の位置から主語の位置に移動する．(51a) の派生を (52) に示す．

(52)　The glass broke ___ into pieces.

したがって，(50) に例示した受動文の場合と同様に，(51a) は，主語が目的語の位置から移動しているため，目的語条件を満たす．このように，非対格仮説により，(51) の文法性に説明が与えられる．(47) と (51) の対比は，すべての自動詞文を同じように扱う分析では説明できず，非能格動詞と非対格動詞を区別すべき証拠となる．

　次に，Miyagawa (1989) による日本語遊離数量詞の分布に基づく議論を紹介する．Miyagawa は，日本語遊離数量詞を描写二次述部の一種と考えているので，この点から議論を始めよう．英語の描写二次述部の例 (45) を以下に (53) として再掲する．

(53)　a.　John ate the meat raw.
　　　b.　John ate the meat naked.

(53b) に見られるように，描写二次述部は，結果二次述部と異なり，目的語だけでなく主語を項とすることができる．また，Rothstein (1983) は，(53) の 2 つの二次述部は共起できることを，(54a) の例を挙げて示している．

  (54) a. John ate the meat raw naked.
     b. *John ate the meat naked raw.

Rothstein は，さらに，主語と目的語を項とする描写二次述部が同時に表れる場合には，語順に制限があることを指摘して，分析を提示する．(54b) の非文法性が示すように，目的語を項とする二次述部は，主語を項とする二次述部に先行しなければならない．この語順制限は，目的語を項とする二次述部は VP 内，主語を項とする二次述部は VP 外になければならないことを示唆する．(55) は，(54a) の構造の概略である．

  (55)

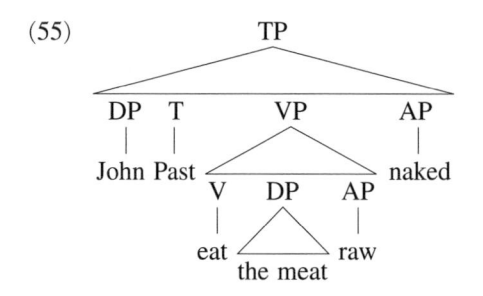

この構造の帰結として，VP 内の raw は VP 外の naked に先行することになり，(54a) の語順のみが許容される事実が導かれる．

  これと類似する現象が，日本語の遊離数量詞について黒田 (1980) により観察されている．描写二次述部と同様に，遊離数量詞は，主語とも目的語とも結びつくことができる．(56) にそれぞれの例を示す．

  (56) a. [$_{TP}$ 学生が 三人 [$_{VP}$ 酒を 飲ん] だ].
     b. [$_{TP}$ 学生が [$_{VP}$ 酒を 三本 飲ん] だ].

また，VP 外の遊離数量詞は，同じく VP 外にある主語の数を表し，VP 内の遊離数量詞は，同じく VP 内にある目的語の数を表す．したがって，(57) は文法的に不適格である．

(57) *[TP 学生が [VP 酒を 三人 飲ん] だ].

(57) では，主語が VP 外にあるが，主語の数を表す「三人」が VP 内にある．

　ここで，遊離数量詞に関する日英語の相違に触れておこう．日本語では遊離数量詞が広範に観察されるが，英語では，数詞が関連する名詞句と離れて表れることはない．以下の例は，いずれも非文法的である．

(58) a. *(The) students three drank wine.

　　　　(vs. Three students drank wine.)

　　b. *Mary read books five.

　　　　(vs. Mary read five books.)

この事実は，日本語では，分類辞 (classifier) を伴う数詞が，述部として機能しうることと関連しているようである．英語の描写二次述部は，文において，繋辞とともに述部となりうる要素に限られる．(53) の naked と raw は，この条件を満たす．

(59) a.　John was naked.

　　b.　The meat is raw.

しかし，数詞はこの条件を満たさない．

(60) a. *The students are three.

　　b. *The books are five.

一方，日本語では，(60) に対応する文は文法的である．例えば，参加者の内訳について話している場面での発話として，(61) は適格である．

(61)　学生は，三人だった．

日本語では，分類辞を伴う数詞が文の述部となりうるのである．これが，遊離数量詞が描写二次述部として表れうる理由であると考えられる．

　黒田 (1980) の議論に戻るが，この論文の主要な主張は，以下の例の文法性に基づく．

(62)　[TP 酒を 学生が [VP (そこで) 三本 飲ん] だ].

30

この例では，目的語である「酒を」が，主語に先行しており，VP 外にある．それにもかかわらず，VP 内の「三本」が目的語の数を表すことができる．黒田は，日本語の OSV 語順が，目的語を自由に前置する移動規則（スクランブリング）によって派生されているとすれば，この事実が予測されることを指摘する．(62) は，「酒を」と「三本」が共に VP 内にある (56b) から，以下のように派生される．

(63)　[TP 酒を 学生が [VP ___ 三本 飲ん] だ].

「酒を」は元々 VP 内の目的語の位置にあり，その位置で解釈されるとすれば，(62) の文法性が正しく予測される．[7]

　以上の黒田の分析を受けて，Miyagawa (1989) は，(64) と (65) の対比に注目し，非対格仮説を支持する議論を提示する．

(64) a. *学生が この鍵で 三人 ドアを 開けた．
　　 b. *兵隊が 魚雷で 二人 船を 沈めた．
(65) a. 　ドアが この鍵で 二つ 開いた．
　　 b. 　船が 台風で 二艘 沈んだ．

(64) の 2 例は，(57) に比べれば多少許容度が上がるかもしれないが，文法的に適格であるとは言い難い．(64a) を例にとって，その理由を確認しよう．主語である「学生」は VP 外にある．一方，「この鍵で」が VP 内の要素であれば，「三人」も VP 内になければならない．したがって，「三人」は，「学生」の数を表すことができない．

　(65a, b) は，(64a, b) とほぼ同じ構造を有するように見えるが，(64) と明確な対比をなし，文法的である．(64a, b) は他動詞文であり，主語が動作主，目的語が主題の意味役割を担うが，(65a, b) は，主題の意味役割を担う項のみをとる自動詞文である．非対格仮説によれば，(65a, b) は，項が目的語の位置から主語の位置に移動することにより，派生される．(65a) の派生を以下に示す．

---

[7] (53a) に対応する wh 疑問文 'What did John eat raw?' なども同様に分析される．

(66)　[_TP ドアが [_VP この鍵で＿＿二つ 開い] た].

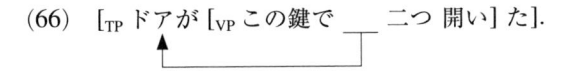

したがって，非対格仮説の下では，(65a, b) の文法性が，(62) の場合と同様に正しく予測される．(66) を例にとれば，「ドア」は元々目的語の位置にあり，VP 内の目的語の位置で解釈を受けるため，「二つ」はその数を表すことができる．このように，非対格仮説により，(64) と (65) の対比に説明が与えられる．

　非対格仮説は，現在の統語論において重要な位置を占めるが，歴史的にも，文構造の分析における新たな問題を提示し，理論のさらなる発展への契機となった．次節では，まず，同様に文構造の精密化をもたらした VP 内主語仮説を紹介し，その後に，非対格仮説が提示する問題に戻ることとする．

5.　Koopman and Sportiche (1991) の VP 内主語仮説

　3 節では，例えば，(67a) の構造が (67b) であるとの結論に至った．

(67)　a.　John walked to school.

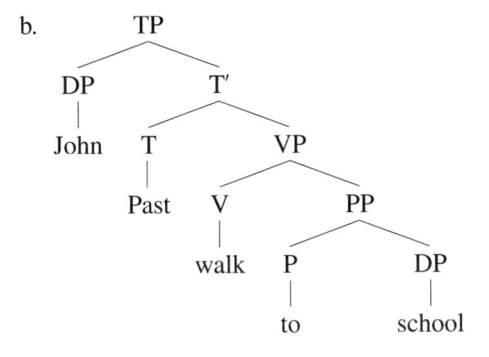

しかし，意味解釈を考慮すると，この構造は不自然にも思える．John-walk-to-school は出来事を表し，過去時制は，その出来事が過去に起こったことを表現している．そうであるとすれば，時制は，John-walk-to-school 全体を作用域とすべきであろう．然るに，(67b) の構造では，主語の John が時制の作用域外にある．

32

VP 内主語仮説は，この統語構造と意味解釈の不一致を解消するものでもある．この仮説によれば，(68) に示すように，主語は VP 内で意味役割を受け，TP 指定部に移動する．

(68)

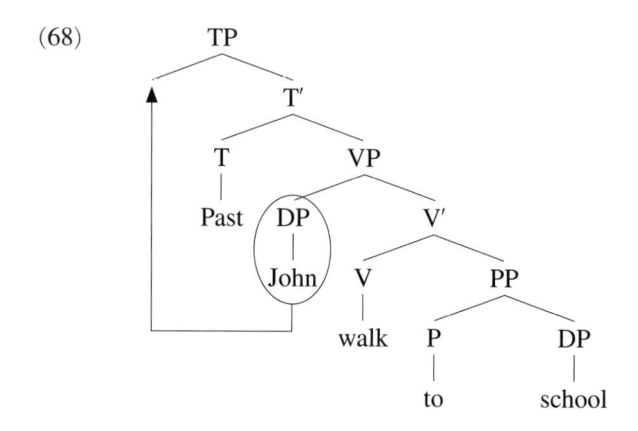

VP 内主語仮説は，Fukui and Speas (1986), Kitagawa (1986), Kuroda (1988) など，ほぼ同時期に多くの論文で提案されたが，本節では，そのうちの 1 編である Koopman and Sportiche (1991) の議論を中心に紹介しよう．[8]

Koopman and Sportiche (1991) は，VP 内主語仮説を，Stowell (1981) による小節の分析を拡張するものとして提示している．まず，Stowell の議論の概要を見ておこう．(69) に例示するように，知覚動詞や使役動詞の補部に，時制を伴わない「文」が表れる．

(69) a. John heard [Mary yell at Bill].

---

[8] 3 節で紹介した Fukui and Speas (1986), Abney (1987) の DP 分析では，すでに VP 内主語仮説が仮定されており，これを名詞句の述部にも適用して，より一般的に述部内主語仮説としている．したがって，(i) に再掲する (40a) の構造は，より正確には，(ii) となる．

   (i)   [$_{NP}$ the barbarians' [$_{N'}$ destruction of the city]]

   (ii) [$_{DP}$ [$_{D'}$'s [$_{NP}$ the barbarians [$_{N'}$ destruction of the city]]]]

(68) では，主語の John が VP 指定部から TP 指定部に移動する．(ii) においても，同様に，主語の the barbarians が NP 指定部で意味役割を受け，DP 指定部に移動する．

    b.   Mary made [John proud of himself].

    c.   John saw [Mary off the ship].

(67b) の文構造を仮定した場合には，主語は時制がなければ生起し得ない．しかし，(69) の「補文」では時制がないにもかかわらず，主語が出現している．こうした時制を欠く「文」は，小節 (small clause) と名付けられ，問題とされてきた．

    Stowell (1981) は，小節を分析するにあたって，当時広く受け入れられていた X′ 構造が一貫性に欠けることを指摘する．名詞句の場合には，名詞が補部に加えて，指定部に主語をとりうるため，いわば完全な X′ 構造が観察される．一方，動詞，形容詞，前置詞は，補部のみをとり，指定部を欠くとされてきた．そこで，Stowell は，すべての範疇が同様に完全な X′ 構造を具現化する可能性を追究する．具体的には，いかなる範疇も指定部を持ちうることを仮定し，小節の主語が動詞，形容詞，そして前置詞の指定部にあるとする分析を提案した．この分析に従えば，(69a) の小節は，VP 内に主語を含む以下の構造を持つことになる．

(70)
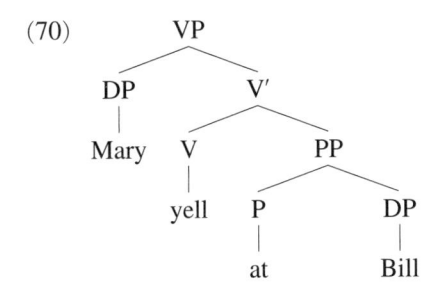

    Koopman and Sportiche (1991) は，Stowell の小節構造が意味解釈の上でも理にかなっていることを指摘する．(70) では，動詞と前置詞句が述部である V′ を形成し，V′ が主語に動作主の意味役割を与える．しかし，そのような意味解釈のメカニズムを仮定した場合には，従来の文構造に疑問が生じる．(67b) で主語に意味役割を与えるのは，述部の VP ではなく，T′ である．そこで，Koopman and Sportiche は，Stowell の小節分析を時制文にも適用し，(70) に対応する時制文 (71a) の構造は，小節を含む (71b) であると提案する．

34

(71) a. Mary yelled at Bill.

b.
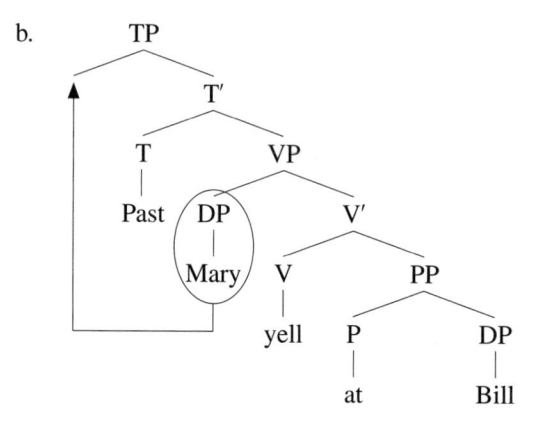

(71b) では, (70) の場合と同様に, V′ によって主語に動作主の意味役割が与えられる.

　Koopman and Sportiche (1991) は, VP 内主語仮説を支持する経験的証拠も提示している. その1つは, 英語における遊離数量詞の分布に基づく. 英語においては, 数詞が遊離数量詞となり得ないことはすでに見たが, all や each などの限られた量化子は, 量化する名詞句外に生じうる. (72) は, その典型的な例である.

(72) a. They all left.
　　 b. I saw them all.

このような量化子も, 量化する名詞句に隣接していなければならない. 例えば, (73) は文法的に許容されない.

(73) a. *I saw them yesterday all.　(vs. I saw them all yesterday.)
　　 b. *I introduced them to Mary all.
　　　　 (vs. I introduced them all to Mary.)

一方で, この隣接条件の反例と考えられる (74) のような例が存在することもよく知られている.

(74) a. They will all attend the meeting.

b.　They are all pround of Mary.

Koopman and Sportiche は，VP 内主語仮説に基づけば，このような例外についても正確な分析が与られることを示す．この仮説の下では，(74a)，(74b) の構造は，それぞれ (75a)，(75b) となる.[9]

(75) a.

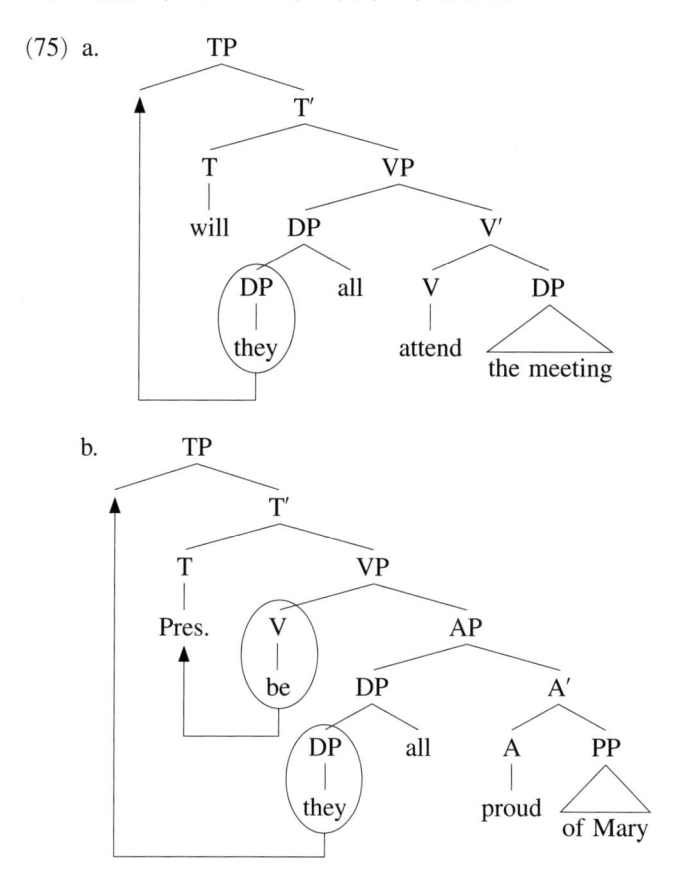

いずれの例においても，主語は VP あるいは AP 内の all に隣接する位置に生起し，TP 指定部に移動する．したがって，隣接条件は満たされているが，主語の移動によって，表層上は，主語の they と all が隣接しない構造とな

---

[9] Koopman and Sportiche (1991) に従い，(75) では，移動前の構造においては they と all が構成素をなすと仮定する.

36

るのである.

　VP 内主語仮説を支持する議論は説得力があるが，この仮説は前節で紹介した非対格仮説とともに，VP そのものの構造を再考する契機ともなった.次節では，この問題を概観し，解決案として提示された新たな VP 構造を紹介する.

6.　*v**P / *v*P の導入

　Chomsky（1995b）は，他動詞文（76a）の動詞句の構造が，（76b）であることを提案する.

(76) a.　John sank the boat.

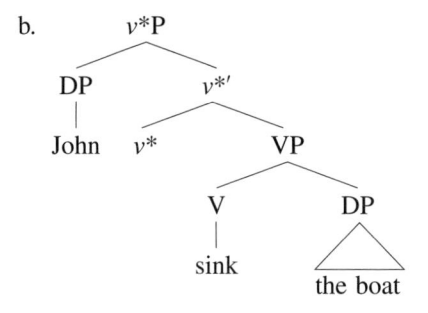

（76b）では，sink が目的語の the boat に主題の意味役割を与え，VP を形成する.*v** は，船が沈むという出来事を表す VP を補部とし，指定部にこの出来事を引き起こす動作主の意味役割を与える.この分析は，句構造がなぜ X′ 理論が指定する型に合致するのかという根本的な問いを追究する中で，非対格仮説と VP 内主語仮説に基づいて提示されたものである.本節では，3 節，4 節，5 節の議論と関連づけて，この点を見ていくことにしよう.

　3 節では X′ 理論を概観し，例えば，主要部前置型の句構造が，（77）の型を有することを見た.

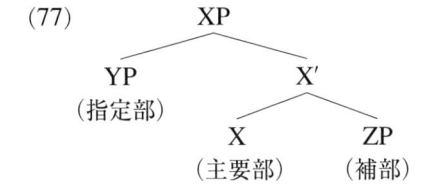

(77)

VP 内主語仮説の下では，他動詞の VP 構造は (78) である．

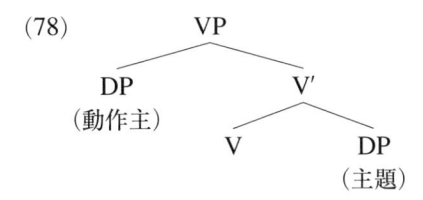

(78)

また，VP 指定部を典型的には動作主として解釈される外項の位置，補部を主題として解釈される内項の位置であるとすれば，非能格動詞と非対格動詞の VP 構造は，それぞれ (79a), (79b) となる．

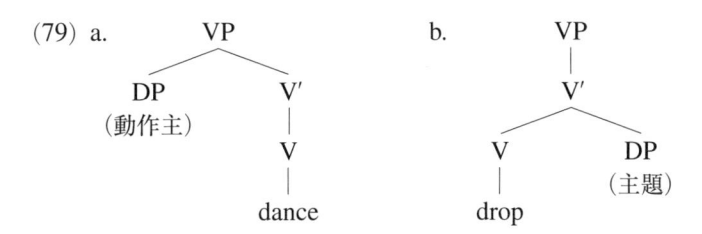

(79) a.　　　　　　　　　　　　b.

　このように，X′ 理論の下で，技術的には，非能格動詞と非対格動詞の VP 構造を区別することが可能である．しかし，(79) の構造は，概念的には問題を孕む．この点は，特に，X′ 構造を説明しようとする試みの中でより鮮明になる．X′ 構造が具体的にどのように説明されるかについては第 4 章で取り上げるが，ここでは，(79) の構造が X′ 構造を説明しようとする試みと相容れないことを簡単に指摘しておこう．

　3 節に述べたように，X′ 理論は，なぜ言語の構造が X′ 理論が記述する型を持つのかという新たな問題を提示する．Chomsky (1995a) は，この問題に取り組むにあたって，言語が言語として成立するために必要な最低限の操作として，2 つの要素 α, β から構成素 $\gamma = \{\alpha, \beta\}$ を形成する「併合」を仮定

38

し，これを出発点として議論を進める．例えば，(78) の構造では，まず V
と DP を併合して，V′ = {V, DP} を形成する．次に，DP と {V, DP} を併
合することにより，VP = {DP, {V, DP}} が完成する．このように形成され
た句構造が，必然的に X′ 構造となることが示されれば，X′ 理論は不要とな
り，自然言語の句構造が X′ 理論が記述する型を持つ事実に，より深い説明
が与えられることになる．

　併合を基礎として X′ 構造に説明を与えようとする時，(79a) と (79b) の
相違が単なる表記上のものであり，実体を伴わないことがより明白になる．
(79a) の V′ と V，(79b) の VP と V′ は，同一の要素であり，区別され得な
い．併合に基づけば，(79a) と (79b) は，いずれも，V と DP の併合により
形成された動詞句であって，それぞれ，(80a) と (80b) のように表される．

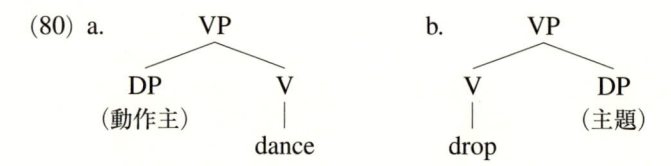

(80) a. VP — DP (動作主) / V — dance   b. VP — V — drop / DP (主題)

したがって，非能格動詞の VP と非対格動詞の VP に，構造上の差異はな
い．日本語の具体例を挙げるならば，非対格動詞文 (81a) と非能格動詞文
(81b) の構造は，いずれも (82) となる．

(81) a.　船が 沈んだ．
　　 b.　太郎が 踊った．

(82)

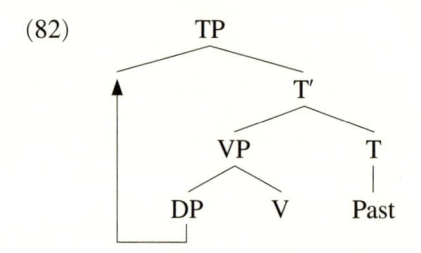

したがって，非対格文と非能格文は構造的に区別されず，4 節で取り上げた
現象に対する説明を維持することはできない．

　Chomsky (1995b) は，この問題を 1 つの契機として，例えば，(83a) の

構造が (83b) であることを提案する.

(83) a.　John sank the boat.

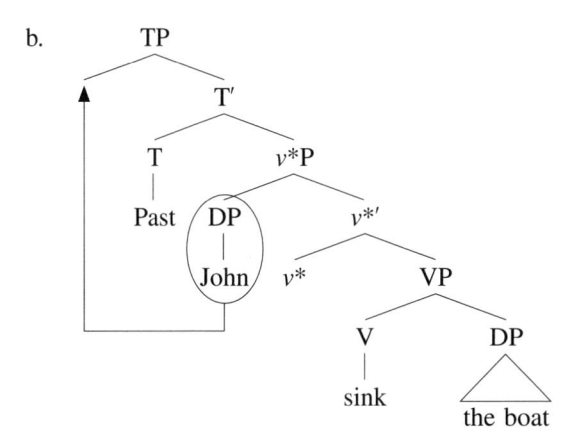

(83b) において, VP は, 船が沈むという出来事を表す. v^* は, VP を補部とし, 出来事を引き起こす行為の担い手 (動作主) を指定部にとる.

　非対格文では, 動作主が表されないことから, v^* を除いた構造も考えられるが, Chomsky (1995b) は, v^* に対応するものの, 動作主を指定部にとらない v を仮定して, 以下の構造を提案する.

(84) a.　The boat sank.

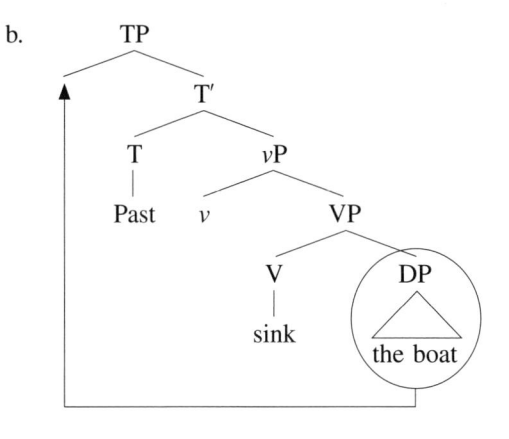

v^*, v を導入した句構造では，内項（典型的には主題）は V の補部，外項（典型的には動作主）は v^* の指定部に位置し，構造的に区別される．非能格文は，(85) に例示するように，v^* 指定部に項をとる．

(85) a. Mary danced.

b.
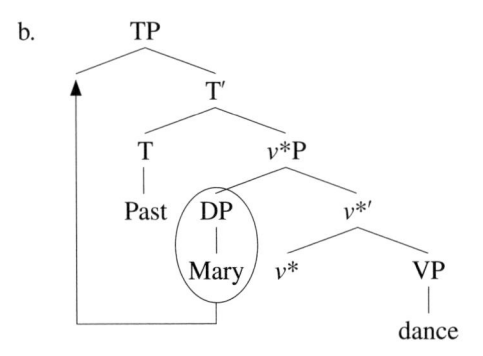

このようにして，非対格文と非能格文は，VP と $v^{(*)}$P という 2 層の動詞句構造を仮定することにより，明確に区別される．(83)–(85) に示した文構造は，現在の統語分析において広く受け入れられている．本書でもこれを仮定して議論を進め，次章以降で，この動詞句の 2 層構造が様々な現象の分析を可能にすることを見ていく．

7. 結論

本章では，文構造の分析が精密化されてきた歴史を概観した．動詞と目的語が述部を形成し，述部と主語が文を形成するという主語と目的語の非対称性の検証から議論を始め，文構造における時制の位置付け，VP 内主語仮説，v^*/v の導入による非能格文と非対格文の表示へと論を進めた．

3 節では，自然言語の構造が以下の「型」を持つとする X′ 理論を紹介した．

(86) a.　主要部前置型　　　　　　b.　主要部後置型

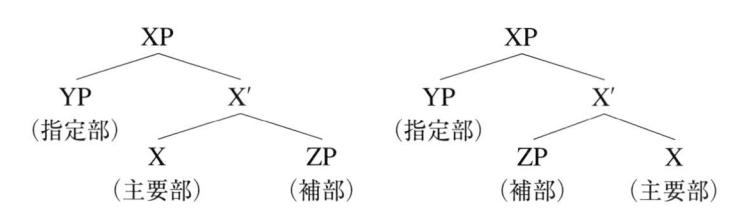

優れた理論は，与えられた問題に対する解決案を示すと同時に，より深めら
れた研究課題を提示する．X′ 理論も例外ではない．3 節に述べたように，X′
理論の経験的妥当性が示されるにしたがって，自然言語の句構造は，なぜ
X′ 理論が記述する型を持つのかという研究課題が生じ，Chomsky (1995a)
以降追究されていくことになるのである．

第 3 章

名詞句の分布と移動現象

　移動現象については第 2 章でも触れたが，本章では，より詳細に，名詞
句などの句の移動について考察する．句の移動の代表的なものとしては，
(1a) に例示する CP 指定部への移動（Wh 移動）と (2a) が典型的な例をな
す主語の位置への移動（NP 移動）がある．

(1) a.　John wonders [$_{CP}$ which book [$_{TP}$ Mary bought ___]].

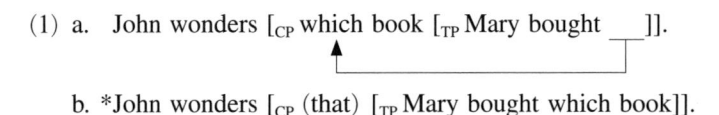

　　b. *John wonders [$_{CP}$ (that) [$_{TP}$ Mary bought which book]].

(2) a.　Mary is likely [$_{TP}$ to [$_{v*P}$ ___ [$_{VP}$ win the race]]].[1]

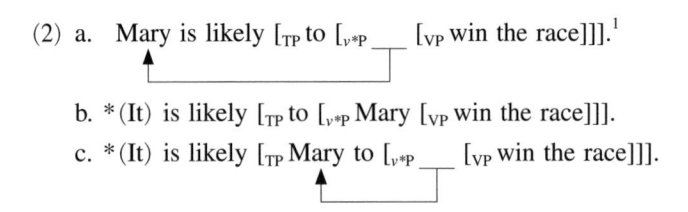

　　b. *(It) is likely [$_{TP}$ to [$_{v*P}$ Mary [$_{VP}$ win the race]]].

　　c. *(It) is likely [$_{TP}$ Mary to [$_{v*P}$ ___ [$_{VP}$ win the race]]].

移動現象には多くの研究課題が見いだされるが，そのうちの 1 つに，Wh 移
動と NP 移動が義務的に適用されるのはなぜかという問題がある．Wh 句が
移動しない (1b) や Mary が主文主語の位置に移動せずに補文内に留まる
(2b, c) は，いずれも文法的に許容されない．

---

[1] この例における to は，時制と同じ位置にあって，形態的に具現化される時制の欠如を
表す要素である．本書では，過去，現在，未来と同様に，T として扱う．

　Wh 句の場合は，演算子であるがゆえに演算子の位置に移動すると考えられる．例えば，（1a）の補文は，以下のように解釈される．

　（3）　[For which x: x a book] Mary bought x

したがって，Wh 句は，移動後の位置では演算子，移動前の位置では変項として解釈される．2 つの異なる位置で解釈を受けるがゆえに，移動の必要性が生じると考えられる．一方，日本語のような Wh 移動のない言語があり，英語においても，（4）に示すように，Wh 句が 2 つ以上ある場合には，1 つの Wh 句のみが CP 指定部に移動する．

　（4）　What did you put ___ where?

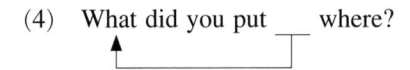

こうした現象も射程に入れながら，Wh 移動のメカニズムを解明するための研究が積み重ねられてきた．
　本章で中心的に扱うのは，（2）が示す NP 移動の義務的適用である．（2）の名詞句 Mary は，なぜ義務的に主文主語の位置に移動するのだろうか．この問いに対する答えとして，Jean-Roger Vergnaud が，Chomsky and Lasnik（1977）の詳細な記述的研究を基礎として提唱した格理論が長年に亘って仮定されてきた．しかし，その後，1990 年代以降の研究の成果として，格理論は NP 移動の義務的適用を説明するためには充分ではなく，さらなる理論の深化が必要であることが明らかにされた．本章では，この研究史を辿る．
　1 節では，格理論を紹介し，その背景と意義についても概観する．2 節では，格理論の限界に触れ，NP 移動の義務的適用を説明するために解決すべき問題を明らかにする．3 節では，義務的な移動と逆のケース，すなわち，許容されない移動について考察する．例えば，日本語では，（5b）のように，Wh 句の「何を」をスクランブリングによって，文頭に移動することができる．

　（5）a.　だれが [CP [TP 花子が 何を 買った] と] 言ったの？
　　　b.　だれが [CP [TP 何を 花子が ___ 買った] と] 言ったの？

しかし，(6b) に示すように，(5b) に対応する英語の文は非文法的である．

  (6) a. Who said [$_{CP}$ that [$_{TP}$ Mary bought what]]?

      b. *Who said [$_{CP}$ that [$_{TP}$ what Mary bought ___]]?

(6b) の非文法性に対する説明としては，移動は，移動する要素が文法上必要とする時のみ適用しうるとする Chomsky (1986a) の最終手段の原理 (the last resort principle) が考えられる．しかし，この原理は，現象に説明を与えるというよりも，説明すべき一般化を記述しているにすぎない．以下，移動の義務的適用と許容されない移動に関して問題となるデータを整理し，理論が解決すべき課題を提示して，次章で紹介するラベル付け理論の背景を明らかにしていく．

1.　義務的移動 ── 名詞句の分布から格理論へ

  NP 移動の義務的適用は，前章で紹介した VP/$v^{(*)}$P 内主語の TP 指定部への移動においても観察される．(7) に示す対比がその一例である．

  (7) a. Mary will [$_{v*P}$ ___ [$_{VP}$ solve the problem]].

      b. *Will [$_{v*P}$ Mary [$_{VP}$ solve the problem]].

(7b) は，文には主語がなければならないとする拡大投射原理 (the extended projection principle, EPP) に抵触する．しかし，EPP そのものが説明されるべき対象であることに加えて，(2) における義務的移動には異なる要因があると思われる．(8a) と (8b) の対比からこの点について見よう．

  (8) a. It is likely [that John will win the race].

      b. *It is likely [John to win the race].

(8a) が示すように，形容詞 likely は，文を補部にとり，主語に意味役割を与えない．主文主語の位置にある it は，虚辞であり，指示対象を持たない．指示対象を持つ it については，(9) に見られるように what を用いて，その指示対象を尋ねることができる．

(9)　a.　It fell on the floor.

　　　b.　What fell on the floor?

しかし，(8a) の it は指示対象がないため，それを尋ねることができない．
(10) は非文法的である．

(10)　*What is likely that John will win the race?

(8a) の it は，形式上の主語に過ぎないのである．

　(8b) は，(8a) が満たす条件をすべて充足しているように見える．(8a)
と同様に，likely が文を補部としており，主語の位置には，虚辞の it があ
る．それにもかかわらず，(8b) は非文であり，(11) に示すように，John
が主文主語の位置に移動して初めて，文法的に適格な文が形成される．[2]

(11)　John is likely [$_{TP}$ to [$_{v*P}$ ___ [$_{VP}$ win the race]]].

この NP 移動は，なぜ義務的に適用されるのだろうか．本節では，この問
いを追究して，詳細な記述的研究を行った Chomsky and Lasnik (1977) の
考察を紹介し，さらにその考察が提示する問題に答えるために提案された
Jean-Roger Vergnaud の格理論を取り上げる．

　Chomsky and Lasnik (1977) は，NP 移動の義務的適用の問題に取り組
むにあたって，まず，英語における名詞句の分布についてより一般的に検討
する．その結論は，CP 指定部などの演算子の位置を除き，名詞句が生起す
る位置は，以下の 4 箇所に限られるというものであった．

(12)　a.　時制文 TP の指定部

　　　b.　他動詞に後続する位置

---

[2] 前章で，受動文において，目的語が主語の位置に移動することを裏付ける証拠として，
イディオムを含む例を提示した．以下の例は，同様に，(11) の移動を支持する証拠となる．
　(i)　Advantage is likely [$_{TP}$ to [$_{vP}$ [$_{VP}$ be taken ___ of John]]]

この例においても，take-advantage-of をイディオムとして，利用するという意味に解釈す
ることが可能であり，これは，advantage が移動元である下線部の位置で解釈されうること
によると考えられる．

    c. 前置詞に後続する位置

    d. 名詞句の指定部

この 4 つの位置に生起する名詞句（John, Mary）の例を（13）に示す.

(13) a. <u>John</u> praised <u>Mary</u>.

      b. <u>Mary's</u> opinion about <u>John</u>

(13a) において，John は時制文の主語の位置にあり，Mary は他動詞に後続している.（13b）では，Mary は名詞句の主語であり，John は前置詞の目的語である.

    (12) は，他動詞や前置詞とは異なり，形容詞や名詞は名詞句を補部とすることができないことを含意する. まず，形容詞の例を見よう.（14a）と (14b) の対比は，この点における他動詞と形容詞の相違を例証する.

(14) a. John praised Mary.

      b. *John is proud Mary.

      c. John is proud of Mary.

形容詞句では，(14c) に示すように，of を「挿入」して，形容詞の補部を PP とし，Mary が前置詞に後続する形にしなければならない. 名詞句についても，形容詞句と同様の性質が (15) の例において観察される.

(15) a. John nominated Mary.

      b. *John's nomination Mary

      c. John's nomination of Mary

(15b) と (15c) の対比は，形容詞の場合と同じように，名詞も名詞句を補部とすることができず，of を挿入して補部を PP としなければならないことを示す.

    (12a) は，名詞句が時制文 TP の指定部の位置に表れうるとしている.（16）の補文は，時制を欠く TP の例である.

(16) a. John believes [Mary to be smart].

      b. *It is important [Mary to study syntax].

(16a) では，Mary が他動詞に後続する位置にあり，問題は生じない．一方，(16b) の Mary は，名詞句が許容される位置にはない．時制を欠く文の主語であり，形容詞に後続しているため，(12) のいずれの要件も満たさない．この場合には，(17) に示すように，C の位置に for を「挿入」して，Mary が前置詞に後続する形にしなければならない．

(17)　It is important [for Mary to study syntax].

最後に，(18) に示す名詞句のパラダイムを見ておこう．

(18)　a.　*[$_{DP}$ the [$_{NP}$ destruction the city]]
　　　b.　[$_{DP}$ the [$_{NP}$ destruction of the city]]
　　　c.　[$_{DP}$ the city's [$_{NP}$ destruction ＿＿]]

(18a) では，名詞句の the city が名詞に後続しており，(15b) と同様に許容されない．(18b) は，(15c) の場合と同様に，of が「挿入」されており，the city が前置詞に後続する文法的な形である．(18c) は，(18a) を救済するもう１つの方法を示している．名詞の補部にある the city を指定部の位置に移動することにより，(12d) を満たす形を作ることができる．

　(12) を支持する以上の議論をふまえて，Chomsky and Lasnik (1977) は，(12) が NP 移動の義務的適用にも説明を与えることを指摘する．(2) の例を (19) に再掲する．[3]

(19)　a.　Mary is likely [$_{TP}$ to [$_{v*P}$ ＿＿ [$_{VP}$ win the race]]].

　　　b.　*(It) is likely [$_{TP}$ to [$_{v*P}$ Mary [$_{VP}$ win the race]]].
　　　c.　*(It) is likely [$_{TP}$ Mary to [$_{v*P}$ ＿＿ [$_{VP}$ win the race]]].

(19b, c) では，Mary は，v*P あるいは時制を欠く TP の指定部にあり，名詞句が現れうる位置にない．一方，(19a) では，Mary が時制文の主語の位

---

[3]　前章の議論に基づいて，(19) の構造を仮定する．Chomsky and Lasnik (1977) は，例えば，v*P を仮定していないが，v*P の有無は，ここでの分析に影響を与えるものではない．

48

置に移動しており，結果として，名詞句が許容される位置にある．このように，(19) の対比は，(12) の一般化の例として捉えられる．したがって，(12) に説明を与えることができれば，名詞句移動の義務的適用の理由が解明できることになる．

　以上の議論を基礎として，Vergnaud は，(12) の一般化を説明するために，名詞句が文法格を必要とするとし，格の付与が以下のようになされることを提案した．(詳しくは，Chomsky (1981) を参照されたい.)

(20) a. 時制が指定部の名詞句に主格を付与する．(He saw Mary.)
　　 b. 他動詞が後続する名詞句に目的格を付与する．
　　　　 (Mary saw him.)
　　 c. 前置詞が後続する名詞句に目的格を付与する．
　　　　 (Mary talked to him.)
　　 d. 名詞が指定部の名詞句に属格を付与する．
　　　　 (Mary saw his brother.)

(21) の 3 人称男性単数の代名詞のパラダイムを用いて，Vergnaud の基本的な考え方を見よう．

(21)　he – him – his

英語において，3 人称男性単数の代名詞という概念は存在するが，その（音声）形式は，格によって異なる．つまり，格が指定されなければ，代名詞の形式が決定されない．このことから，代名詞は格を必要とすると考えられる．また，代名詞がどのような格を持つかは，その構造上の位置によって決まる．例えば，時制文の主語の位置にあれば主格であり，他動詞に後続する位置にあれば目的格となる．(20) は，文法格と統語上の位置の関係を示したものである．

　(21) のパラダイムは，英語の代名詞が格を必要とすることを示すが，名詞一般について同様のことが言えるのだろうか．多くの言語において，代名詞に限らず，すべての名詞が格変化を示すが，英語では，普通名詞や固有名詞には格変化はないと考えられている．しかし，Vergnaud は，この点において英語を特殊であるとみなす必要はないと主張する．(22) のパラダイムを比較しよう．

(22)　a.　she – her – her

　　　b.　it – it – its

　　　c.　Mary – Mary – Mary's

(22a, b) は代名詞の格変化であるが，(22a) の場合には目的格と属格，(22b) の場合には主格と目的格の形式が同形であるとされる．一方，(22c) の固有名詞については，格変化はなく，所有形が 's を伴うと考えられている．しかし，(22b) と (22c) を区別する理由は明らかではない．(22c) の固有名詞についても，(22b) と同様に，主格と目的格の形式が同形であると考えることも可能である．この考えに従えば，英語においても，すべての名詞（句）について，格が与えられて初めて（音声）形式が決まり，したがって，格を必要とするという仮説が成り立つ．

　Vernaud の格理論は，英語においてもすべての名詞（句）が格を必要とすると仮定することにより，(12) が示す名詞句の分布を導く．(12) が指定する 4 箇所以外の位置に名詞句がある場合には，名詞（句）が格を欠き，その形式を決定することができない．名詞（句）が文法格を必要とするという仮説は，Chomsky (1981) において (23) に示す格フィルターとして定式化され，統語理論の中心に据えられることになる．

(23)　格フィルター
　　　音声を伴う名詞句は，格を持たなければならない．

格理論は，(19) のような例における移動の義務的適用を正しく予測する．(19a) では，Mary が時制文の指定部にあり，主格を付与される．しかし，(19b, c) では，Mary は格を付与されず，格フィルターに抵触する．したがって，正確には，主文主語の位置への移動が義務的であるというわけではない．移動そのものは随意的であるが，適切な移動が適用されない場合には，名詞句の分布を一般的に規定する原理である格フィルターに抵触するのである．

2.　存在文と例外的格付与文の分析に基づく新たな問題の提示

　Vergnaud の格理論は，広範な現象に説明を与えるが，人間言語において，

なぜ，意味解釈に貢献せず，余剰的と思える文法格が存在するのかという新たな問いを提示する．また，T は主語に格を付与するが，同時に主語と一致し，主語の φ 素性（人称，数など）を表す．格と表裏一体をなすこの一致（agreement）についても，同様の問いが生じる．さらに，格理論による NP 移動の義務的適用に関する説明に対しては，Chomsky (1981) 以降進められてきた存在文の分析，そして Postal (1974) を基礎とする Lasnik and Saito (1991) の例外的格付与文の分析から新たな疑問が投げかけられることになる．本節では，これらの分析を契機とした新たな研究の方向性について概説する．

まず，(24) に例示する存在文の検討から議論を始めよう．

(24)　There are books (on the shelf).

存在文においては，T は，主語ではなく動詞に後続する名詞句と一致する．この事実を受けて，Chomsky (1986a) は，例えば (24) では，不定名詞句 books が非顕在的に there の位置，すなわち TP 指定部に移動して，T と一致の関係に入り，T から主格を受けるとする分析を提案した．[4] この分析を維持することができれば，T は常に TP 指定部の要素と一致し，その位置の名詞句に格を与えると仮定することができる．しかし，この分析の問題として，(25a, b) の解釈上の相違などが指摘されることになる．

(25)　a.　There aren't more than three desks in the room.
　　　　　Not ([∃ more than three x: x a desk] x is in the room)
　　　b.　More than three desks aren't in the room.
　　　　　[∃ more than three x: x a desk] (Not (x is in the room))

(25a) は，部屋内にある机の数が 3 つ以下であることを意味する．一方，(25b) は，3 つ以上の机が部屋の外にあるという意味であり，2 つの文は解釈が異なる．この解釈の相違は，(25a) では，否定辞 not が more than three desks を c 統御するのに対して，(25b) では，more than three desks

---

[4] 非顕在的移動とは，統語的，意味的には通常の移動と同様の性質を有するものの，音声に反映されない移動を指す．非顕在的移動による分析としては，May (1977) の量化子作用域に関する分析，Huang (1982) の中国語 Wh 疑問文の分析などがある．

が not を c 統御するという構造上の違いから導かれる．しかし，Chomsky
(1986a) の提案に従い，(25a) の more than three desks が非顕在的に
there の位置に移動すると仮定した場合には，この相違を捉えることができ
ず，(25a) が (25b) と同様の解釈を受けることを誤って予測する．

　では，存在文における一致は，どのようなメカニズムによってなされるの
だろうか．(26b) に示す (26a) の構造を参考にして，この点について考え
よう．

(26) a. There is a problem.

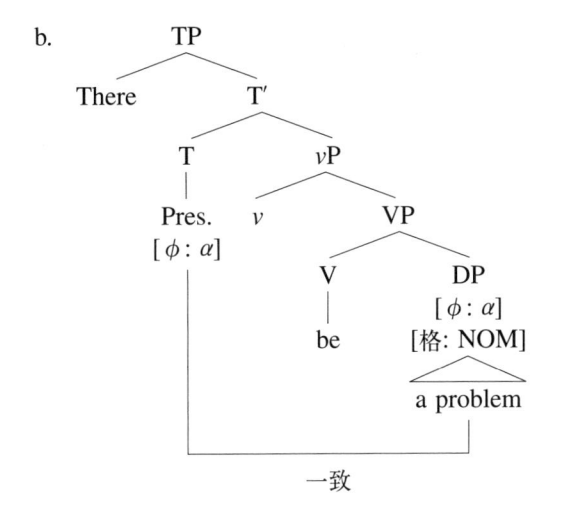

T の一致とは，時制が φ 素性（人称，数など）を表す現象である．しかし，
時制自体に φ 素性の値はなく，特定の名詞句と一致の関係に入ることによ
り，その名詞句の φ 素性の値を表す．Chomsky (2000) は，(26b) におけ
る一致を時制 T (Pres.) による探索の結果として捉える．より具体的には，
T が φ 素性の値を求めて，その領域（補部の vP）を探索し，名詞句 a prob-
lem を見いだす．T は名詞句の φ 素性（3 人称，単数）を受け継ぎ，同時に
名詞句の格素性は T により主格として与値される．

　この一致のメカニズムは，存在文における一致の分析を可能にするのみな
らず，通常の他動詞文にも適用しうる．(27a) を例にとって，他動詞文にお
ける一致がどのようになされるかを見よう．

52

(27) a. He likes them.

b.
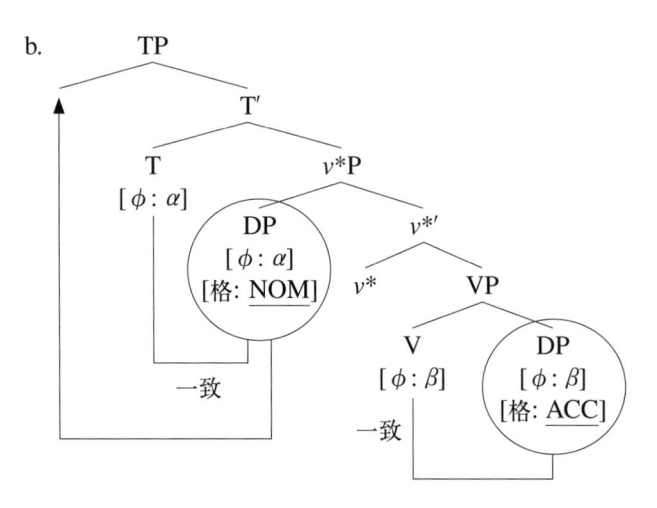

（26）の場合と同様に，時制 T (Pres.) がφ素性の値を求めて，その領域
(*v*P) を探索する．(27b) において見いだされる DP は，*v*P 指定部に位
置する外項である．一致により，時制はそのφ素性（3 人称，単数）を受け
継ぎ，DP の格素性は T により主格として与値される．Chomsky (2000)
は，格の与値がφ素性一致の反映としてなされることから，他動詞と目的語
の間にも一致の関係があるとしている．(27b) に示したように，他動詞は目
的語のφ素性を受け継ぎ，目的語の格は他動詞によって目的格として与値さ
れる．

　(26b) と (27b) に示したφ素性一致と格素性与値のメカニズムに従えば，
(27a) において，主語の DP は *v*P 指定部で主格を与値されており，格を
受けるために TP 指定部に移動する必要はない．同様に，(19b, c) の Mary
も，主文の TP 指定部に移動せずに，主文 T と一致し主格を受けることが
可能なはずである．(19) を (28) として再掲する．

(28) a.　Mary is likely [$_{TP}$ to [$_{v*P}$ ___ [$_{VP}$ win the race]]]

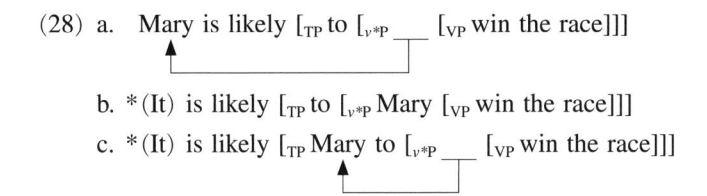

　　 b.　*(It) is likely [$_{TP}$ to [$_{v*P}$ Mary [$_{VP}$ win the race]]]

　　 c.　*(It) is likely [$_{TP}$ Mary to [$_{v*P}$ ___ [$_{VP}$ win the race]]]

例えば（28b）では，主文の T がその領域を探索して，最初に見いだす名詞句は Mary である．一致を通して，T は Mary の ϕ 素性を受け継ぎ，Mary の格素性は主格と与値される．したがって，（28a）の義務的移動の根拠を格理論に求めることはできない．改めて，（27）や（28）においてなぜ TP 指定部への移動が起こるのだろうか．

　ここまでは，主格名詞句の TP 指定部への義務的移動について論じてきたが，目的格の名詞句についても類似する問題が生じる．（29）に例示するいわゆる例外的格付与文について考えてみよう．

(29)　I believe [her to be a genius].

（29）では，補文主語の her は，主文動詞 believe との一致を通して目的格を与値される.[5] しかし，例外的格付与文において，補文主語が主文に移動することを示す証拠があることが，Postal (1974) によって指摘されている．例えば，(30) に示すように，補文主語が主文の修飾句に先行する例が観察される．

(30) a.　I've believed John for a long time to be a liar.

　　 b.　I have found Bob recently to be a morose.

(Postal (1974))

(30a) は，ジョンが嘘つきであると長い間信じてきたと解釈され，for a long time は主文に属する修飾句である．補文の主語 John は，主文動詞とこの修飾句の間にあることから，主文に位置していると考えざるを得ない．

　また，Lasnik and Saito (1991) は，Postal (1974) の議論を再検討しつつ，(31c) が，(31b) と同程度に許容されることを指摘している．

---

[5] このような例は，他動詞が目的語以外の名詞句に格を付与していることから，例外的格付与文と呼ばれる．

(31) a. *The DA proved [that the defendants were guilty of the crime] during each other's trials.

 b. ?The DA accused the defendants during each other's trials.

 c. ?The DA proved the defendants to be guilty of the crime during each other's trials.

 ('?' は，完璧ではないものの，容認度が高いことを示す.)

相互代名詞 each other は照応形であり，先行詞によって c 統御されなければならない．したがって，以下の対比が観察される.

(32) a. They talked to each other's mothers.

 b. *Each other's mothers talked to them.

(31a) では，補文主語の the defendents が，主文の修飾句内にある each other を c 統御しておらず，この例の非文法性は予測通りである．(31b) は，この例に比して明確に容認度が高いことから，目的語の the defendents が each other を c 統御する構造が可能であることを示唆する．例外的格付与文 (31c) では，(31a) の場合と同様に，the defendents が補文主語であり，each other が主文の修飾句内にある．それにもかかわらず，(31c) は，(31b) と同程度に許容され，(31a) と明確な対比をなす.

 (31c) の文法性は，例外的格付与文では，補文主語が (31b) の目的語と同等の位置，すなわち主文目的語の位置に移動していることを示す．具体的には，(33) に示すように，the defendents が prove に目的格を与値された後に，その指定部に移動すると考えられる.

(33)

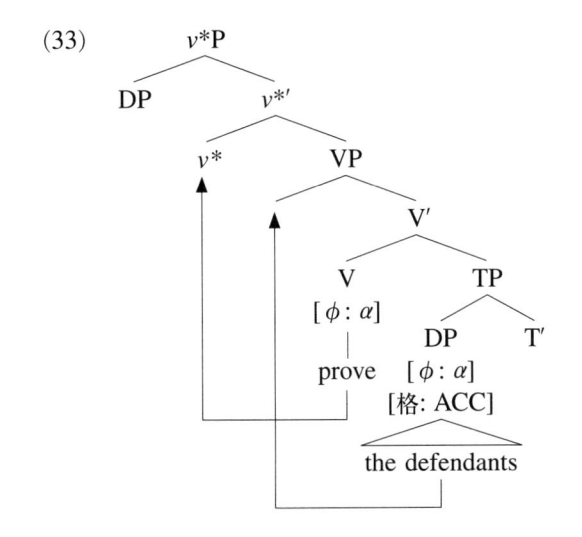

この移動は，主語の TP 指定部への移動と同様のパターンを示す．主語の位置への移動では，T と一致し，T に主格を与値された名詞句が，TP 指定部の位置に移動する．(33) では，V と一致し，V によって目的格を与値された名詞句が，VP 指定部の位置に移動するのである．[6]

　(33) の移動を仮定することにより，Postal (1974) が指摘した (30) の語順にも説明を与えることができる．以下に再掲する (30b) の構造を考えてみよう．

(34)　I have found Bob recently to be a morose.

副詞句 recently は修飾の要素であり，修飾句は，以下のような付加構造を形成すると考えられている．

(35)

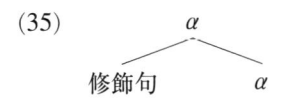

ここでの基本的な考え方は，(36) の例が示すように，修飾句を加えても，構造の範疇は変わらないということである．

---

[6] (31c) において，主文動詞 prove は，VP 指定部に移動した the defendants に先行する．これは，(33) に示したように，動詞が *v** に移動することによると考えられる．

56

(36) a. [_VP_ quickly [_VP_ solve the problem]]

    b. [_DP_ John's [_NP_ enthusiastic [_NP_ support of Mary]]]

(36a) の副詞句 quickly は動詞句を修飾し，より大きな動詞句を形成する．同様に，(36b) の形容詞句 enthusiastic は，NP を修飾するが，この形容詞句を含む句もやはり NP である．修飾句の付加構造を仮定すれば，(34) の主文は，(37) のように分析される．

(37)

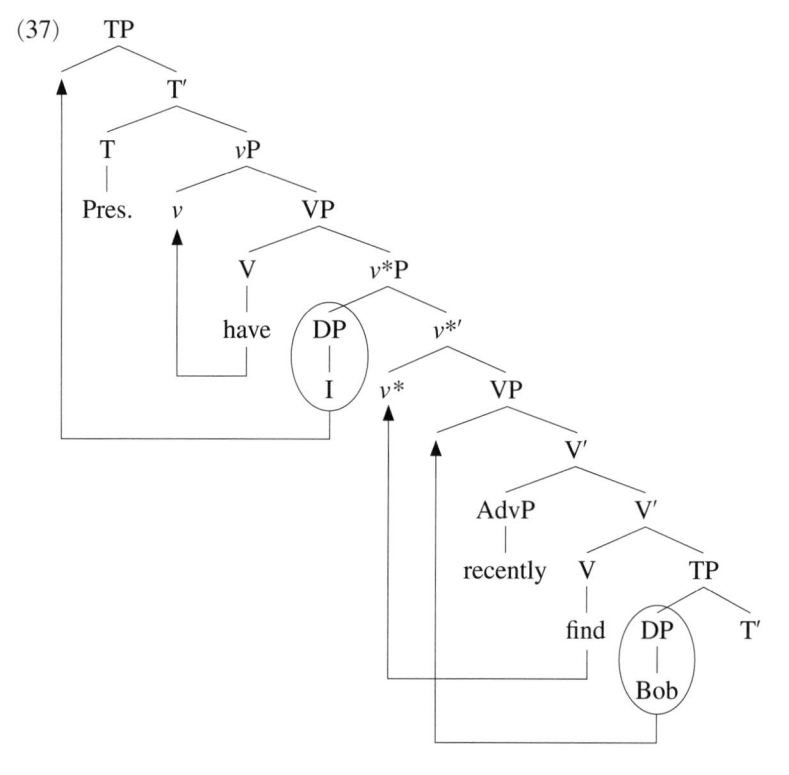

(33) の場合と同様に，補文主語を主文 VP 指定部に，そして主文動詞 find を主文 v^* に移動することにより，(34) の語順が導かれる．

    (30) と (31) の例は，例外的格付与文において，補文主語が主文 VP 指定部の位置に移動しうることを示す．さらに，この移動が義務的に適用されることを示唆する事実も存在する．(38) は，Lasnik and Saito (1991) が Postal (1974) の例に修正を加えたものである．

(38) a. Joan believes [he is a genius] even more fervently than Bob does.　(he = Bob, 可)

　　b. Joan believes him to be a genius even more fervently than Bob does.　(him = Bob, 不可)

(38a) では he と Bob の同一指示が可能である．それに対して，(38b) では him と Bob が同じ人を指すことができない．この対比は，第 2 章で紹介した束縛原理 (C) によって説明されるべきものであると考えられる．第 2 章で仮定した束縛原理 (C) の定式化を (39) に再掲する．

(39)　X が Y を c 統御する時，Y は X の先行詞にはなり得ない．

もし (38b) の同一指示が束縛原理 (C) によって排除されるのであれば，him は補文外にある Bob を c 統御していなければならない．よって，him は補文主語の位置に留まることはできず，必ず主文に移動しなければならないとの結論が得られる．

　本節では，TP 指定部および VP 指定部への NP 移動が義務的に適用される事例を概観した．次章でこの現象に立ち戻り，ラベル付け理論に基づく説明を紹介するが，その前に，移動が適用され得ない場合についても触れておこう．

3.　許容されない移動

　移動現象は人間言語の際立った特徴の 1 つであり，1970 年代以降，移動は普遍的な文法操作として自由に適用されるものと考えられてきた．Chomsky and Lasnik (1977) では，すべての移動現象が，いかなる要素をいかなる位置に移動してもよいという単一の規則 (Move-α) によるものであるとの提案がなされた．したがって，前節に見たように，義務的に移動が適用される場合には，独立の理由が求められることになる．同時に，義務的移動の逆の現象，すなわち，Move-α が適用できない場合も存在し，このようなケースに対しても説明が与えられなければならない．本節では，許容されない NP 移動について初めて本格的に論じた Chomsky (1986a) の議論を紹介し，さらに 2 種類のケースを取り上げて，「不可能な移動」が提示す

58

る問題を明らかにする.

　Chomsky (1986a) は, Vergnaud の格理論を仮定した上で, NP 移動では, 名詞句が常に格を付与されない位置から格を付与される位置に移動することに注目する. 例えば, (40a) は文法的であるが, (40b) は許容されない.

(40) a.　It struck John [that Mary was at his house].
　　 b. *John struck ___ [that Mary was at his house].

(40b) では, NP 移動の起点が, 動詞 strike によって目的格を与えられる位置である. この例の場合には, John が移動の起点と着点で二重に格を受けていることが問題であると思われるかもしれない. しかし, 着点で格の付与がない (41) も非文法的である.

(41) *It is likely [John to strike ___ [that Mary was at his house]].

(40b), (41) は, すでに格を付与され, 格フィルターを満たしている名詞句の NP 移動は許容されないことを示す. この事実に対する説明として, Chomsky (1986a) は, 移動は, 移動する要素が必要とする時にのみ適用しうるとする最終手段の原理 (the last resort principle) を提案した. この原理に従えば, NP 移動は, 移動する名詞句が格を得るためにのみ適用しうることになる.

　しかし, Chomsky 自身が後に指摘するように, 言語現象に関するより根本的な説明を追究する場合には, 最終手段の原理に固執するわけにはいかない. 最も重要な点として, この原理が経験的に妥当であったとしても, それ自体が説明されるべき対象となることがある. さらに, 前節で詳細に議論したように, (27b) に示した一致と格与値のメカニズムを仮定した場合には, 文法格の付与が NP 移動の動機になっているとは考えられない. 前節の最後に述べたように, NP 移動とは, すでに格を与値された名詞句が, 格を与値した主要部の指定部に移動する現象なのである.

　こうした点をふまえ, Chomsky (1995a) 以降, 最終手段の原理に代わる (40b) や (41) の分析が模索され, Chomsky (2000) では, 前者について, 現在も広く仮定されている一致に係る活性化条件 (Activation Condition)

が提案されることになる．（42）の構造に基づき，今一度，一致のメカニズ
ムについて考えよう．

(42)

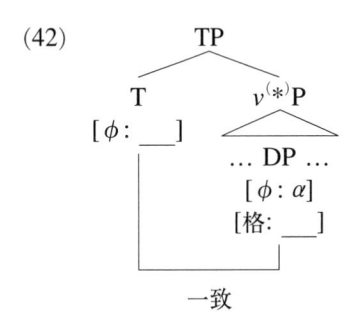

$$一致$$

時制 T は，値を必要とする ϕ 素性を伴って，$v^{(*)}$P と併合する．T は，ϕ 素
性の値を求めて $v^{(*)}$P 内を探索し，格素性の値を必要とする DP を見いだ
す．ここで，T と DP は，一致の関係に入り，T は DP の ϕ 素性の値を得，
DP の格素性は T によって主格と与値される．Chomsky は，一致の関係に
入る T と DP の双方が値を必要とする素性を有していることに注目し，これ
を一致の条件とする．すなわち，未与値の素性が要素を活性化し，一致は活
性化された要素間でのみ起こるとする．これを一致に係る活性化条件という．

　活性化条件は，（40b）の非文法性に説明を与える．この例では，主文の T
が以下のように派生に導入される．

(43)

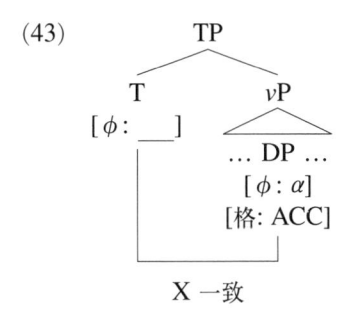

$$X　一致$$

動詞 strike の目的語の位置にある名詞句 John はすでに格を与値されており，
したがって，主文 T と一致の関係に入ることができない．結果として，T
の ϕ 素性は与値されず，（40b）は非文法的な文となる．

　活性化条件は，文法格が一致という操作のために必要であることを含意す

る．したがって，自然言語において，なぜ文法格があるのかという問いに答えるものでもある．しかし，活性化条件による説明は，(41) には適用できない．John の移動先である TP の主要部 T は to であり，ϕ 素性を持たない．したがって，この T は，DP と一致の関係に入り，ϕ 素性を与値される必要がない．(41) と同様の問題を孕む例としては，Chomsky (1995b) が取り上げた (44) の対比がある．

(44) a. There is likely [$_{TP}$ ___ to be a man in the room].

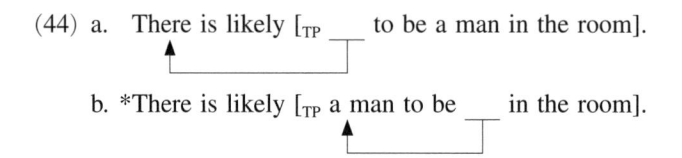

b. *There is likely [$_{TP}$ a man to be ___ in the room].

文法的に適格である (44a) では，補文主語の位置に there が挿入され，これが主文主語の位置に移動している．一方，(44b) では，a man が補文主語の位置に移動して，there が主文主語の位置に挿入されており，この例は非文法的である．なぜ (44b) の移動は許容されないのだろうか．Chomsky (1995b) は，時制文のみならず，すべての TP は指定部を欠いてはならないとする拡大投射原理 (EPP) を仮定している．そして，この仮定に基づき，構造を併合によって下位から形成し，(45) に示すように補文 TP に至った段階で，TP 指定部を埋める方法として，a man の移動と there の挿入という 2 つの選択肢があることに注目する．

(45)

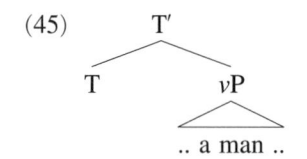

その上で，(44) の対比は，挿入が移動に優先することを示すとしている．Chomsky は，移動が挿入よりも複雑な操作であることを仮定しており，挿入が優先されることは究極的には経済性の原理から導かれると主張する．しかし，移動も挿入も，併合の形態に過ぎないとする立場に立つとすれば，この分析を維持することはむずかしい．(44b) の非文法性も，(41) の場合と同様に，解決すべき問題を提示しており，理論をさらに発展させるための契機となりうるものである．

　英語における不適格な移動の最も典型的な例は，単に句を文頭に移動するスクランブリングであろう．日本語では，(46b) が示すように，話題 (topic) にはなり得ない Wh 句を文頭に移動することができる.

(46) a.　[_{CP} 花子が どこで 何を 買ったか] 教えてください.

　　b.　[_{CP} 何を どこで 花子が ＿＿＿ ＿＿＿ 買ったか] 教えてください.

(46b) の移動は，スクランブリングの例である．一方，英語では，スクランブリングは許容されず，(47b) が示すように，Wh 句を自由に前置することができない.

(47) a.　Tell me [_{CP} what Mary bought where].

　　b.　*Tell me [_{CP} what where Mary bought ＿＿＿].

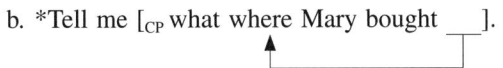

(47a) では，what が Wh 移動により CP 指定部に移動している．これに加えて，where を TP の縁に移動した (47b) は非文法的である.

　スクランブリングは，演算子を CP 指定部に移動する Wh 移動でも，名詞句を TP 指定部に移動する NP 移動でもなく，単に，句を TP や CP の縁に移動する操作である．また，日本語の (46a, b) が共に文法的であることが示すように，随意的な移動である．明らかに移動する要素にとって必要な移動ではなく，最終手段の原理と矛盾する．しかし，この原理を仮定しない場合には，(47b) の非文法性に新たな説明を与えなければならない．また，最終手段の原理に対する反例と考えられる日本語の (46b) の文法性も，合わせて説明されなければならない.

4.　移動現象の不思議

　本章では，NP 移動と名詞句の分布を取り上げて，(48) の構造において，存在文の場合を除き，NP 移動が義務的に適用されることを見てきた.

(48)

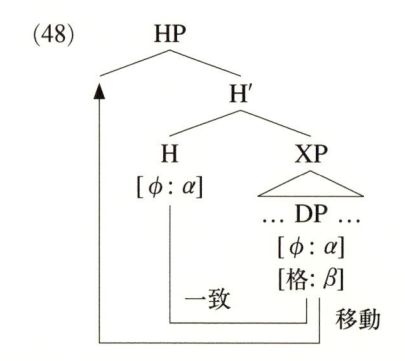

主要部 H と一致の関係に入り，H によって格を与値された DP が，H の指定部に義務的に移動するのである．また，以下に再掲する（44b）など，移動が許容されない例についても考察した．

(49)　*There is likely [$_{TP}$ a man to be ___ in the room]

この例では，a man が T の指定部に移動しているが，a man と T の間に一致の関係はない．したがって，NP 移動の着点は，当該の DP と一致する主要部の指定部の位置に限られるようである．次章では，(48) や (49) が示す移動の性質を捉え，さらに，英語においてスクランブリングが許容されない事実にも説明を与える Chomsky (2013, 2015) のラベル付け理論を紹介する．

第 4 章

Chomsky のラベル付け理論

　第 2 章，第 3 章では，Chomsky (1981) の LGB 理論を発展させる研究を通して新たに提示された研究課題の一部を紹介した．本章では，これらの問題に答えるために提案されたラベル付け理論を概観する．1 節では Chomsky (2013) の提案を概観し，2 節ではラベル付け理論が第 2 章，第 3 章で示した諸問題をどのように解決するかを見る．Chomsky (2015) は，拡大投射原理（EPP）をもラベル付け理論から導くことを試みており，3 節ではこの分析を紹介する．

1.　ラベル付けの基本的メカニズム

　第 1 章に述べたように，極小主義アプローチでは，言語が言語として成立するために最低限必要な操作が仮定され，その 1 つに，2 つの要素 α, β から構成素 $\gamma = \{\alpha, \beta\}$ を形成する「併合」がある．α と β が独立の要素であり，一方が他を含む関係になければ，(1a) に示すように γ が形成される．これを外的併合と言う．

(1) a.

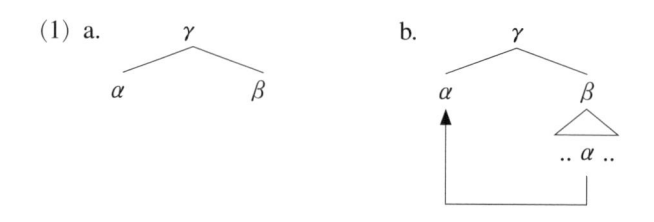

一方，α が β 内に含まれていれば，併合は，(1b) のように適用される．これが移動であり，内的併合と呼ばれる．Chomsky (2013) は，解釈部門が形成された構成素 γ の性質に関する情報を必要とすることを指摘する．例えば，他動詞と目的語が併合され，$\gamma = \{V, DP\}$ が形成された場合に，γ が名詞句ではなく，動詞句であることが解釈部門に示されなくてはならない．Chomsky は，この必要性を満たすために，γ 内の探索により γ の性質を読み取る方法としてラベル付けのアルゴリズムを提案する．本節では，その基本的なメカニズムを紹介する．

　Chomsky (2013) は，まず，併合が形成する構成素は，(2) に示す 3 種類であることに注目して議論を始める．

(2) a. $\gamma = \{H, XP\}$
    b. $\gamma = \{H_1, H_2\}$
    c. $\gamma = \{XP, YP\}$

(2a) は，主要部と句の併合によって得られる．(3) に示す他動詞と目的語の併合がその一例である．

(3)

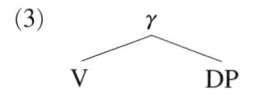

この場合，γ 内の探索は単一の主要部 H を見いだすため，H が γ のラベルとなり，γ の性質を決定すると仮定できる．主要部と補部によって構成される句は，主要部の性質を有するということである．例えば，(3) では，γ 内の探索が V を見いだし，γ は V の性質を受け継ぐ句，すなわち，VP (動詞句) として解釈される．一方で，(2b, c) の場合には，γ 内の探索によって，γ のラベルとなる単一の要素を決定することができない．したがって，(2b, c) の構造は，解釈に必要なラベルが与えられないため，原則として許

容されないものと考えられる.

　しかし, (2c) のいわゆる {XP, YP} 構造は, 実際の統語構造において頻繁に観察される. (4) に示す X′ 構造では, α' も句 (=αP) であり, αP = {βP, α'} も {XP, YP} 構造の一例である.

(4)
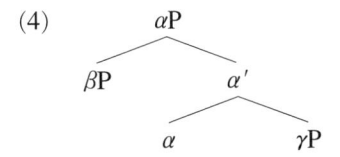

したがって, 一定の条件の下では, {XP, YP} 構造にもラベルが与えられるようである. では, その条件とはどのようなものなのだろうか.

　{XP, YP} 構造が観察される具体的な例として, 以下に示す他動詞文の構造を取り上げて, Chomsky (2013) の {XP, YP} 構造のラベル付けに関する提案を見ていくことにしよう.

(5)
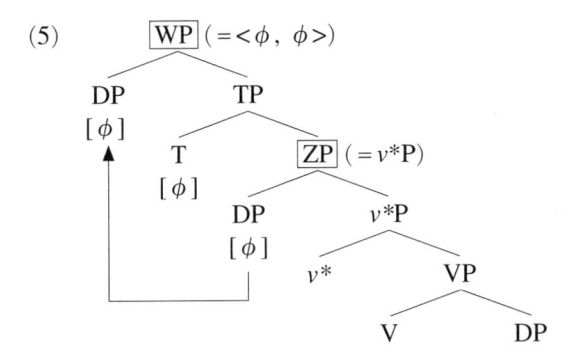

この構造の派生では, 樹形図の下から, まず {V, DP}(=VP), そして {v*, VP}(=v*P) が形成される. いずれも, (2a) の主要部－補部の形になっており, ラベル付けに問題は生じない. 次に外項である主語の DP と述部 v*P が併合される. これは, (2c) の {XP, YP} 構造にあたり, ZP の性質 (ラベル) が決定できない. しかし, {T, ZP}(=TP) が形成された後に, 主語の DP は移動し, TP と併合される. この時点で, DP は 2 箇所に表れ, ZP はこの DP を完全には含まないことになる. Chomsky (2013) は, 結果として, v*P のみが ZP のラベルを決定しうる要素となり, ZP が v*P とし

66

て解釈されるとする.

　主語の DP は移動により TP と併合し,構造の最上位に,{DP, TP} とい
う {XP, YP} 構造が再び生起する. この場合には,以下に示すように,φ
素性一致により DP と TP は共通の φ 素性を有する.

(6)
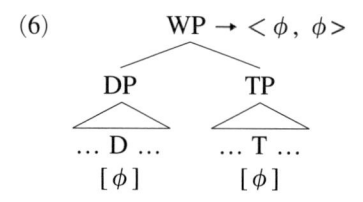

したがって,WP の要素である DP,TP 内の探索は,同一の φ 素性を持つ
主要部に至る. Chomsky (2013) は,この構造では,WP が <φ, φ> とラ
ベル付けされると提案する. これが,主要素性の共有によるラベル付けと称
される分析である. この分析は,言語において一見余剰的に見える φ 素性の
一致がなぜあるのかという問いに答えるものである. φ 素性一致が,主語と
時制の φ 素性共有を可能にし,この φ 素性共有によって時制文のラベル付け
がなされる. また,この分析は,NP 移動が,φ 素性を共有する句との併合
を持って最終の着点とする事実をも捉える. DP を移動する場合,DP は必
ず移動先で句と併合し,{XP, YP} 構造を形成する. NP 移動の最終着点で
形成される {XP, YP} 構造のラベル付けは,XP と YP の φ 素性共有により
可能になるのである.

　Chomsky (2013) は,Wh 移動の循環的適用と着点についても同様に分析
しうることを示す. Chomsky (1977) で詳細に論じられているように,Wh
移動は,(7) に示す形で循環的に適用される.[1]

(7)
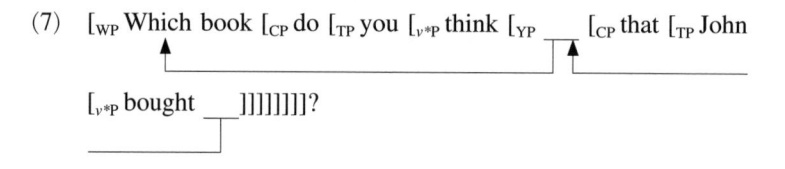

---

[1] Chomsky (1986b) は,Wh 移動が CP の縁だけでなく,v*P の縁も経由するとしてい
る. この点については,第 7 章で取り上げる.

Wh 移動がこのように CP を単位として循環的に適用されるとする根拠とし
ては，以下に例示するいわゆる Wh 島の効果がある．

(8)　*Which boy does John wonder [$_{CP}$ which book [$_{TP}$ Mary gave ___

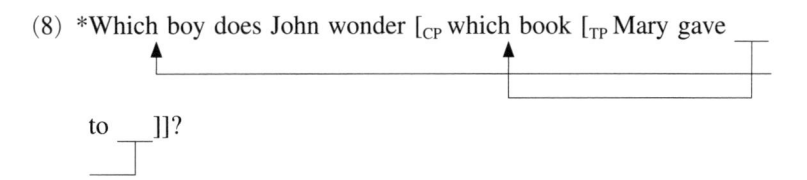

　　　to ___]]?

(8) では，which book が補文の CP 指定部に移動しているため，which
boy はこの位置を経由して，主文の CP 指定部に移動することができない．
よって，Wh 移動が CP を単位として循環的に適用されなければならないと
仮定することで，この例の非文法性が説明される．

　Wh 移動の循環的適用については，Torrego (1984)，McCloskey (2000)
などがより直接的な証拠を示している．ここでは，後者の議論を紹介しよう．
McCloskey は，まず，アイルランドの英語方言である West Ulster English
では，Wh 移動が，all を移動元に残すことができることを指摘する．(9a, b)
は，ともに文法的である．

(9)　a.　What all did you get ___ for Christmas?
　　　b.　What did you get ___ all for Christmas?

(10a) の文法性，(10b, c) の非文法性は，残留する all が，Wh 句の移動元
の位置あるいはそこに隣接する位置になければならないことを示す．

(10)　a.　What did she buy ___ all in Derry yesterday?
　　　b.　*What did she buy ___ in Derry all yesterday?
　　　c.　*What did she buy ___ in Derry yesterday all?

　興味深いことに，Wh 移動が CP からの取り出しを伴う場合には，all を
CP の縁に残すことができる．以下の例は，すべて文法的に適格である．[2]

---

[2] McCloskey によれば，(11d) は，(11b, c) に比べて好まれないが，文法的に問題があ
るわけではない．

68

(11) a. What all do you think [CP that he'll say [CP that we should buy ___]]?

b. What do you think [CP all that he'll say [CP that we should buy ___]]?

c. What do you think [CP that he'll say [CP all that we should buy ___]]?

d. What do you think [CP that he'll say [CP that we should buy ___ all]]?

(11b, c) の例は，what が主文の CP 指定部に移動する際に，補文 CP の縁を経由し，そこに all を残したものと考えられることから，Wh 移動の循環的適用を支持する証拠となる．

　Wh 移動の循環性を仮定して，(7) の例文に戻ろう．(7) を (12) として再掲する．

(12)　[WP Which book [CP do [TP you [_v*P think [YP ___ [CP that [TP John [_v*P bought ___]]]]]]]]?

この Wh 移動は，疑問文である主文 CP との併合をもって完結し，(13) のように，補文 CP の指定部を最終着点とすることはできない．

(13) *Do you think [YP which book [CP that [TP John bought ___]]]?

ラベル付け理論は，この事実に説明を与える．(13) において，Wh 句と補文 CP の併合によって形成される構成素は，(14a) の構造となる．

(14) a.

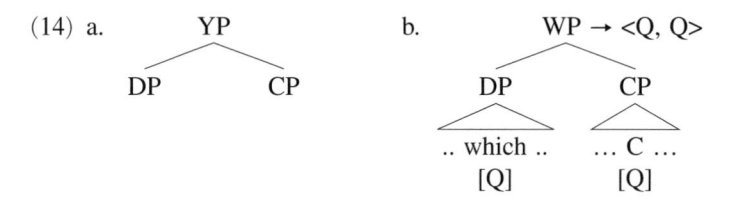

(14a) は典型的な {XP, YP} 構造であり，YP にラベルが与えられない．

(12) のように，Wh 句がさらに移動すれば，YP は CP のみを完全に含むことから，CP によるラベル付けが可能となる．(12) における Wh 句の最終着点では，Wh 句と疑問文の CP が併合する．構造は，(14b) のようになり，Wh 句の主要部 D と CP の主要部 C が共に疑問の素性 Q を共有していると考えられる．したがって，主文 WP には，<Q, Q> というラベルが与えられ，ラベル付けに関する問題は生じない．このように，ラベル付け理論は，NP 移動のみならず，Wh 移動の最終着点についても正しく予測する．

2.　可能な句構造，義務的な移動，不可能な移動に関する予測

前節では，Chomsky (2013) のラベル付け理論を概観したが，本節では，この理論が，第2章と特に第3章で提示した諸問題をどのように解決するかを見ていく．第3章では，義務的移動と許容されない移動の例を取り上げた．それぞれについて，ラベル付け理論に基づく説明を紹介した上で，X′ 構造もこの理論により予測されることを示す．

義務的移動について最初に提示した問いは，以下に再掲する (5) の構造において，なぜ外項の DP が v*P 指定部から TP 指定部に義務的に移動するのかというものであった．

(15)

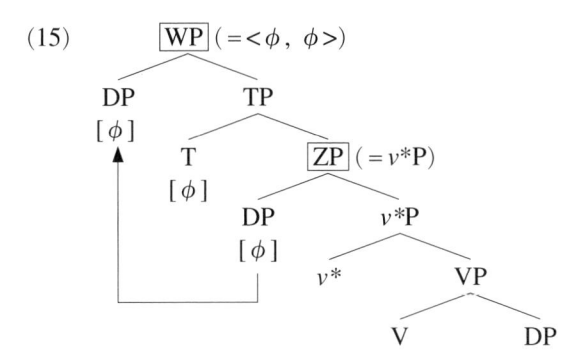

この問題に対する答えは，すでに明白であろう．DP が ZP = {DP, v*P} の位置に留まれば，ZP はラベル付けがなされず，解釈部門で支障をきたす．DP が TP 指定部に移動することにより，ZP は v*P から，そして，WP = {DP, TP} は <ϕ, ϕ> としてラベル付けがされる．

　2つ目の問題は，第3章（28）に見られる DP の主文主語の位置への義務的移動に関するものであった．以下に，より詳細な構造を加えて例を再掲する．

(16) a. [$_\delta$ Mary is likely [$_{TP}$ to [$_\gamma$ ___ [$_{v*P}$ $v*$ [$_{VP}$ win the race]]]]]

　　b. *(It) is likely [$_{TP}$ to [$_\gamma$ Mary [$_{v*P}$ $v*$ [$_{VP}$ win the race]]]]

　　c. *(It) is likely [$_\delta$ Mary [$_{TP}$ to [$_\gamma$ ___ [$_{v*P}$ $v*$ [$_{VP}$ win the race]]]]]

この例の分析も，(15) の場合と同様になされる．Mary は DP であるため，(16b) は，$\gamma = \{DP, v*P\}$ を含んでおり，γ はラベルを与えられない．(16c) には，$\delta = \{DP, TP\}$ があり，これにもラベル付けがなされない．$\{XP, YP\}$ 構造のラベル付けは，2種類のケースに限られる．まず，XP が構造外に移動した場合には，YP によりラベルが与えられる．また，X と Y が ϕ や Q などの主要な素性 f を共有する場合には，$\{XP, YP\}$ のラベルは <f, f> となる．(16a) では，$\gamma = \{DP, v*P\}$ から DP が移動しており，γ は $v*P$ によりラベルが与えられる．また，主文の $\delta = \{DP, TP\}$ は，ϕ 素性の共有により <ϕ, ϕ> とラベル付けがなされる．したがって，ラベル付けが適切になされており，(16a) の文法性が正しく予測される．(16) に見られる義務的移動は，移動が適用された場合にのみラベル付けが適切になされることに起因するのである．

　次に，例外的格付与文における補文主語の移動を取り上げよう．問題は，(17) のような例において，補文主語の主文目的語の位置への義務的な移動が観察されることにあった．

(17) The DA proved [him to be guilty of the crime].

この例の構造を以下に示す．

(18)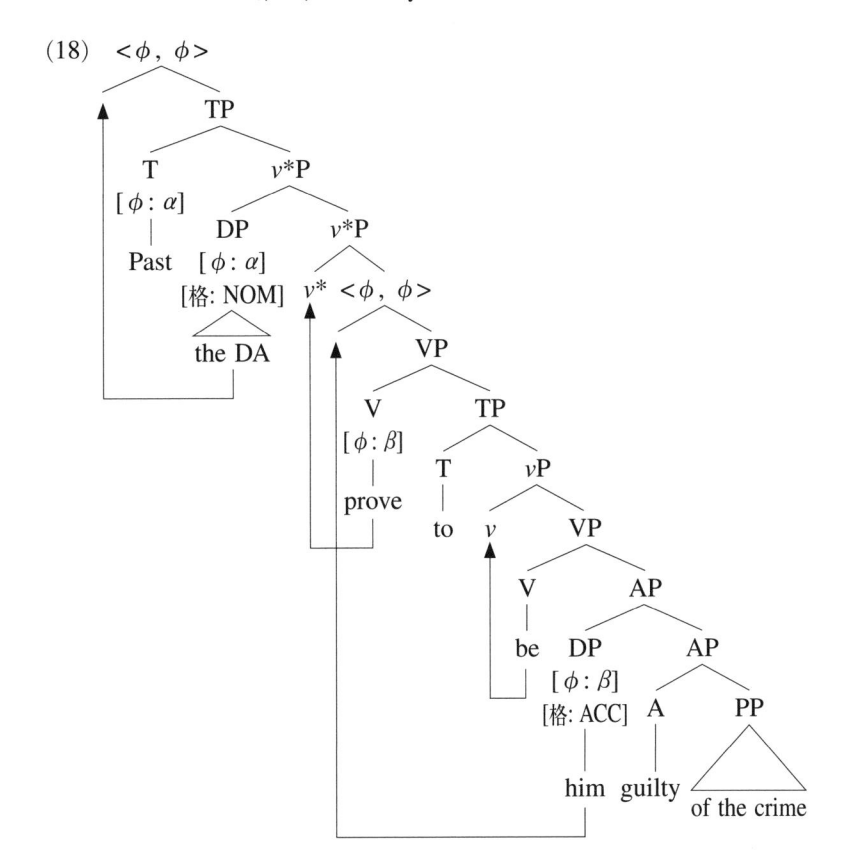

補文主語 him は，AP を構成する guity of the crime と併合し，γ = {DP, AP} を形成する．ここで，γ が適切にラベル付けされるためには，him は移動しなければならない．可能な移動先としては，補文の TP 指定部が考えられる．しかし，TP 指定部への移動は，δ = {DP, TP} という {XP, YP} 構造を形成するため，この移動が適用されたとしても，him は再び移動する必要が生じる．最終着点は，him と一致し，ϕ 素性を共有する主文動詞 prove の指定部でなければならない．(18) に示されているように，him の移動が最終着点で形成する σ = {DP, VP} は，ϕ 素性共有に基づき，<ϕ, ϕ> とラベル付けされる．(17) の構造が適切にラベル付けされるためには，補文主語が主文動詞の指定部に移動する必要があり，この移動の義務的適用は，ラベル付け理論により説明されるのである．

　このように，NP 移動の義務的適用がラベル付け理論から導かれる．ラベル付け理論は，移動が許容されないケースについても説明を与える．まず，以下に再掲する第 3 章 (44) の対比を取り上げよう．

(19) a. There is likely [$_{\text{TP}}$ ___ to be a man in the room].

b. *There is likely [$_{\text{TP}}$ a man to be ___ in the room].

(19b) の補文を TP としているが，より正確な構造は，(20) である．

(20)

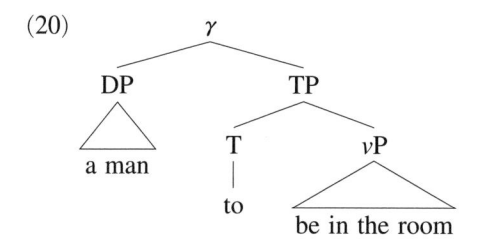

この構造では，a man と TP の間に素性の共有がなく，γ はラベルを与えられない．したがって，(19b) の非文法性が正しく予測される．(19a) では，there が γ = {there, TP} から移動しており，γ は TP によりラベル付けされる．主文については，there が何らかの形で a man の ϕ 素性を受け継いでいるとすれば，T との素性共有により，ラベルは <ϕ, ϕ> となる．[3]

　(21) に再掲する第 3 章 (41) の非文法性も，(19b) と同様に説明される．

(21) *It is likely [John to strike ___ [that Mary was at his house]].

John の移動により形成される構造は，γ = {DP, TP} であり，DP と TP の間に素性の共有がないため，γ はラベルを与えられない．

　第 3 章では，移動が許容されないもう 1 つの例として，英語におけるスクランブリングを取り上げた．スクランブリングとは，句を前置して，TP

---

[3] there と a man の ϕ 素性共有のメカニズムについては，例えば，Kayne (2008) の分析を参照されたい．

や CP に併合する随意的な移動である．第 3 章でスクランブリング適用の
結果として非文法的となる例を挙げたが，以下に類似する例を示す．

(22) a.　Who said that Mary bought what?
　　 b. *Who said that what Mary bought ___?
　　 c. *Who said what that Mary bought ___?

(22a) は，2 つの Wh 句を含む疑問文である．Wh 移動により，who が疑
問文である主文 CP の指定部に移動し，もう 1 つの Wh 句 what は補文の
目的語の位置に留まっている．(22b) では，スクランブリングによって，
what を補文 TP の文頭に移動しており，この例は文法的に許容されない．
(22c) では，スクランブリングの着点が補文 CP の文頭であるが，この例も
非文法的である．

　(23a, b) が，(22b, c) の補文 CP の構造であると考えられる．

(23) a.

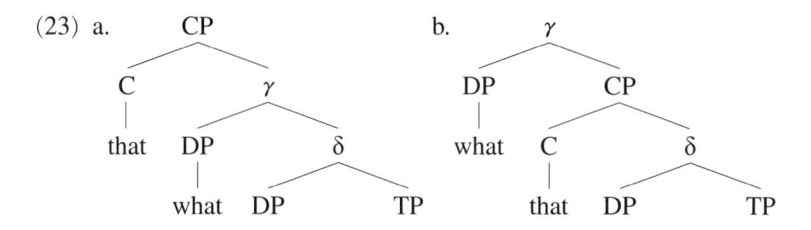

(23a) では，主語と時制の φ 素性共有により，δ は <φ，φ> とラベル付け
される．しかし，φ 素性の一致は 1 対 1 の関係であり，前置された what と
時制の間に φ 素性の共有はない．したがって，γ はラベルを欠き，(22b) の
非文法性が説明される．(23b) でも，δ のラベルは，<φ，φ> となる．一
方，γ = {DP, CP} は素性共有によるラベル付けができない．DP は Q 素性
を有するが，CP は疑問文ではなく，この素性を持たない．このように，
(22c) の非文法性も，ラベル付け理論の帰結として説明される．[4]

　本節では，第 3 章で取り上げた義務的な移動，そして不可能な移動のパ
ターンが，ラベル付け理論により統一的に説明されることを示した．本節を
締めくくる前に，第 2 章で提示した X′ 理論の問題にも触れておこう．X′

---

[4] ここで，日本語では，なぜスクランブリングが可能なのかということが，問題となる．
この点については，次章で取り上げる．

理論によれば，句構造は，以下の型を持つ．

(24) a. <u>主要部前置型</u>　　　　　　b.　<u>主要部後置型</u>

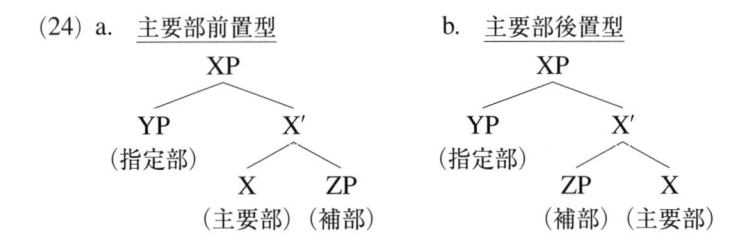

主要部前置型と後置型で異なるのは，主要部―補部の語順のみであり，階層関係は共通であるので，階層関係に焦点を当てて議論を進めよう．[5] X′ 理論が提示する問題とは，人間言語で観察される句構造がなぜ (24) の型に限定されるのかということであった．

　Chomsky (2013) の理論では，併合は自由に適用され，2 つの要素 α, β から構成素 $\gamma = \{\alpha,\ \beta\}$ を形成する．したがって，併合自体は，(24) から逸脱したものも含め，多様な構造を生成することができる．ただし，形成された γ は適切にラベルを与えられなければならない．ラベル付けが可能である構造は，基本的には，(25a) に示す主要部 – 補部構造である．

(25) a.　　　　HP　　　　　　　b.　　　　γ

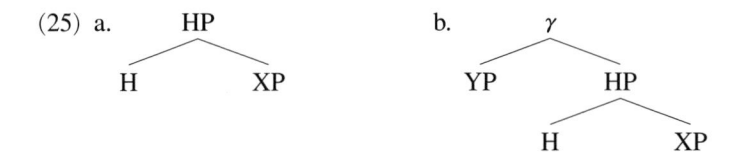

それに加えて，(25b) の指定部を加えた構造も，2 種類の条件下で許容される．第 1 に YP が γ 外に移動した場合である．この場合には，γ が YP を完全に含まないため，HP のラベル，すなわち H が γ のラベルとなる．第 2 に Y と H が主要な素性を共有する場合である．特に，共有される素性が

---

[5] 議論では，主要部前置型の構造に言及するが，分析は，主要部後置型にも当てはまる。主要部前置型と後置型の区別が実際に存在するかについては，議論が分かれるところである。Kayne (1994) は，(i) 語順は構造によって決定され，(ii) すべての言語は主要部前置型であって，主要部後置型に見える句構造は，主要部前置型構造から補部を移動することにより派生されるとしている。一方で，Saito and Fukui (1998) などは，主要部前置型と後置型の区別が存在することを主張している。

ϕ 素性である場合には，ϕ 素性一致が 1 対 1 の関係であることから，指定部には単一の句が表れる．ラベル付け理論は，これ以外の構造を許容しない．したがって，句構造が X′ 理論の型に合致することを予測する．[6]

3. EPP：主語の義務性に関する言語間変異

前節では，LGB 理論を発展させる過程で提示された諸問題に対して，ラベル付け理論がより高度なレベルで説明を与えることを論じた．Chomsky (2015) は，この理論が説明する経験的範囲をさらに広げることを試みている．本節では，英語で観察される主語の義務性に関する分析を取り上げることにしよう．

第 3 章で言及したように，英語には，TP 指定部に要素がなければならないという一般化があり，Chomsky (1981) 以降，この一般化をそのまま定式化した拡大投射原理（EPP）が仮定されてきた．しかし，Chomsky 自身が繰り返し述べているように，これは説明すべき事実をそのまま記述したに過ぎず，事実の説明が追究されなければならない．他動詞文や非能格動詞文において，外項が TP 指定部に移動しなければならないことについては，すでにラベル付け理論によって説明が与えられている．（26a）を例にとって，他動詞文の場合を振り返ろう．

---

[6] ただし，ラベル付け理論は，ラベル付けが可能である限りにおいて，以下のような多重指定部構造が許容されることも予測する．

　　(i)　[WP [YP [X ZP]]]

次章では，日本語における複数の指定部を有する構造を取り上げ，これもラベル付け理論によって説明されることを見る．

(26) a. Mary solved the problem.

b.

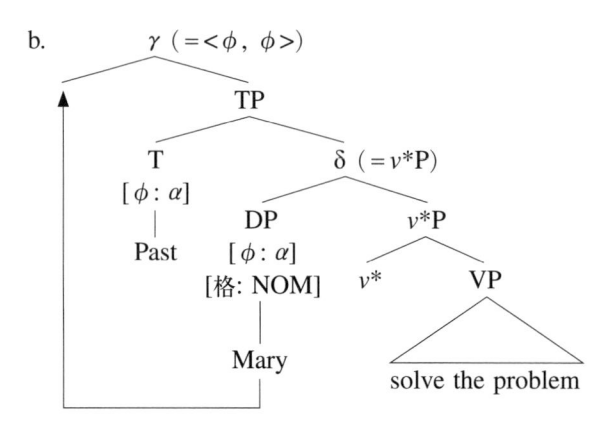

主語の DP, Mary は, v*P と併合して, δ = {DP, v*P} を形成し, この位置で外項の意味役割を受ける. しかし, 主語の DP は, δ が適切にラベル付けされるために, v*P 指定部の位置から移動する必要がある. また, 移動先で再び {XP, YP} 構造を形成することから, 最終着点は, DP と φ 素性を共有する時制 T の指定部でなければならない. したがって, (26) では, 必然的に TP 指定部に要素が現れることになる.

　他動詞文や非能格動詞文における EPP 効果はこのように説明されるが, 英語では, 受動文, 存在文, 非対格動詞文でも EPP 効果が観察され, この種の EPP 現象にはまだ説明が与えられていない. (27) は, 非対格文の例である.

(27) a. *Sank two ships.

b. Two ships sank ___.

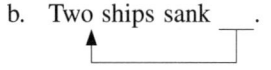

(27a) では, 内項の two ships が目的語の位置に留まっていて, TP 指定部に要素がなく, この例は非文法的である. 一方で, (27b) に見られるように, two ships が TP 指定部に移動すれば, 文法的に適格な文となる. (27a) の構造を (28) に示す.

(28)

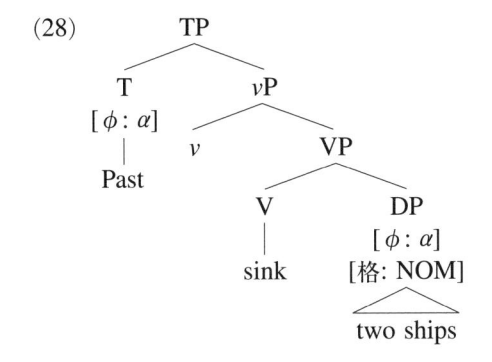

この構造は，主要部—補部構造から成り立っており，現在の仮定の下では，ラベル付けに問題は生じない．しかし，Chomsky (2015) は，(27a) の非文法性にも，ラベル付け理論に基づく説明を与えることを提案する．

　英語の (27a) は非文法的であるが，Burzio (1986) の例 (29) が示すように，イタリア語では，非対格動詞の内項が目的語の位置に留まることができる．

(29)　Affondarono due navi.
　　　sank　　　　two ships
　　　'Two ships sank.'

Chomsky (2015) は，まず，この事実から，イタリア語（やスペイン語）では，TP 指定部を欠く (30) の構造が許容されると結論づける．

(30)　　　　　γ (= TP)
　　　　　／＼
　　　T　　　vP

ラベル付けの観点からは，$\gamma = \{T, vP\}$ は，主要部 T が γ のラベルを決定する構造であり，問題はない．一方，(27a) の非文法性は，英語では，(30) が構造として不適格であることを示唆する．そこで，Chomsky (2015) は，英語の T は，主要部ではあるが，ラベルを供給することができない弱主要部 (weak head) であるとする．これにより，英語では，(28) の一部をなす (30) の構造が許容されないことが導かれる．

　では，英語の時制文は，どのようにラベル付けがされるのだろうか．(31)

に示すように，Tとϕ素性を共有するDPがTP指定部に併合すれば，$\delta =$ {DP, γ} は，<ϕ, ϕ> としてラベル付けされる．

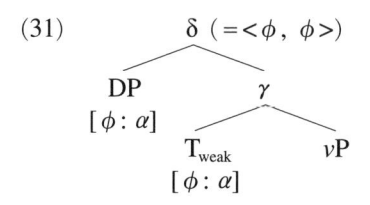

(31)

したがって，英語では，時制文のラベル付けのためにTP指定部に主語がなければならないことになる．(31) の γ については，Chomsky は，ϕ 素性共有が，Tを強主要部にし，γ はTによってラベルを与えられるとしている．本論ではこの示唆に従って議論を進めるが，γ は時制文といった解釈の単位ではなく，ラベルを必要としないという可能性もある．いずれの可能性を仮定するにせよ，ここで最も重要な点は，英語では，ϕ 素性の共有のみが時制文のラベル付けを可能にするということである．

　英語のTが弱主要部であるがゆえに，指定部を必要とするというChomsky (2015) によるEPP効果の分析は，他動詞文や非能格動詞文における外項のTP指定部への移動が，v*P のみならず時制文のラベル付けを可能にしていることを含意する．以下に再掲する (26) の構造について，今一度考えてみよう．

(32) a. Mary solved the problem.

b.

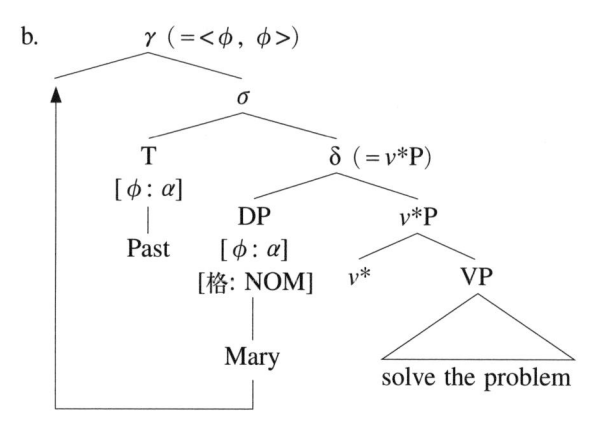

$\delta=\{\mathrm{DP},\,v\mathrm{*P}\}$ は，$\{\mathrm{XP},\mathrm{YP}\}$ 構造であり，δ のラベル付けは，DP の移動によって可能になる．さらに，DP の移動は，時制文そのもののラベル付けを可能にする．この移動が適用されなければ，T が弱主要部であるため，$\sigma=\{\mathrm{T},\,\delta\}$ はラベルを与えられず，時制文として解釈されない．DP の移動により，$\gamma=\{\mathrm{DP},\,\sigma\}$ が形成される．DP と σ が ϕ 素性を共有することから，γ は $<\phi,\;\phi>$ とラベル付けされる．また，素性共有が T を強主要部とし，σ は T によりラベルを与えられる．

4.　ラベル付け理論を含む派生の統語モデル

　本章では，様々な原理によって分析されてきた現象に統一的な説明を与える Chomsky (2013, 2015) のラベル付け理論の概要を紹介した．ラベル付け理論は，X′ 構造の原理，拡大投射原理，最終手段の原理などの，いわば一般化を記述する統語原理を仮定せずに，句構造の型，移動の義務的適用や不適格な移動を説明することを可能にする．LGB 理論を発展させる中で提示された諸問題に答えようとする研究の成果として，より抽象的で強い説明力を持つ理論が生み出されたと言える．本章を締めくくる前に，ラベル付け理論を含む統語構造派生のモデルをまとめておこう．

　まず，句構造は，2 つの要素 α, β から $\gamma=\{\alpha,\,\beta\}$ を形成する併合によって派生される．γ の性質（ラベル）は，γ 内を探索することにより読み取れなくてはならない．Chomsky (2013) が提案するラベル付けのメカニズムは，以下の通りである．

(33) a.　$\gamma=\{\mathrm{H},\mathrm{XP}\}$
　　　　… H が γ のラベルとなる．
　　b.　$\gamma=\{\mathrm{XP},\mathrm{YP}\}$ のラベル
　　　　… (i)　XP が γ 外に移動すれば，YP が γ のラベルを決定する．
　　　　… (ii)　X と Y が主要な素性 f を共有していれば，γ のラベルは，<f, f> となる．

時制節 $\gamma=\{\mathrm{DP},\mathrm{TP}\}$ のラベルは，D と T が ϕ 素性を共有することから，$<\phi,\;\phi>$ となる．この分析は，意味解釈に寄与せず，一見余剰的にも見える ϕ 素性一致がなぜ人間言語にあるのかという問いに答えるものである．ϕ

素性の共有により，時制節のラベル付けが可能になるのである．φ素性共有は，φ素性の値を必要とする主要部と格素性の値を必要とする名詞句が，一致の関係に入ることにより，実現する．2つの要素の一致は，両者が素性の値を必要とする場合にのみ可能であるとする活性化条件により，文法格の必要性も導かれる．

Chomsky (2015) の提案は，$\gamma = \{H, XP\}$ の構造において，H が常にラベルになりうるわけではないということであった．ラベルになりうる H は強主要部に限られ，H が弱主要部である場合には，γ のラベル付けは他の方法に拠らなければならない．したがって，(33a) は以下のように修正される．

(34)　$\gamma = \{H, XP\}$ のラベル
　　　… H が強主要部であれば，H がラベルとなる．

このラベル付け理論によって，言語間変異をどのように捉えることができるのだろうか．次章では，ラベル付け理論を仮定しつつ，英語とは異なる性質を多く示す日本語の類型的特徴に焦点を当てる．Chomsky (2013) の分析では，時制節のラベル付けは，φ素性一致によって可能になる．では，少なくとも表層的にはφ素性一致を欠く日本語のような言語では，時制節にどのようにラベル付けがなされるのだろうか．本章では，英語でスクランブリングが許容されないことをラベル付け理論から導いた．では，日本語ではなぜスクランブリングが可能なのだろうか．こうした問いを手掛かりとして議論を進める．

第 5 章

日本語における {XP, YP} 構造のラベル付け

第 4 章では，ラベル付け理論が極めて広範な説明力をもつことを見た．一方で，この理論は，少なくとも表層的には ϕ 素性一致を欠く日本語のような言語で，どのように時制文にラベル付けがなされるのかという新たな問いを提示する．斎藤（2013），Saito（2016）は，この問いに答え，同時に日本語の類型的特徴を説明することを目的として，日本語におけるラベル付けに関する仮説を提案している．本章では，その試論を紹介する．

1 節では，日本語における接辞文法格と述部屈折が反ラベル付け機能を有するとする提案を概観し，日本語を特徴付ける多重主語と自由語順が，この提案の帰結として導かれることを示す．2 節以降では，この提案のさらなる帰結を検討する．まず，2 節で，ラベル付け理論により，影山（1993）が明らかにした日本語の語彙的複合動詞の性質に説明を与えうることを示す．3節では，やはり日本語の特徴である多様な名詞修飾節を取り上げ，4 節は，項省略現象の分析に焦点を当てる．

1. 多重主語文と自由語順

斎藤（2013）は，日本語の接辞文法格と述部屈折に反ラベル付け機能があると仮定することにより，日本語における時制節のラベル付けが可能になり，さらに，日本語の特徴である多重主語文と自由語順に説明が与えられることを論じている．本節では，この議論を概観する．

82

　日本語と英語の時制文の構造は，それぞれ（1a）と（1b）のように示すことができる．

(1) a.

日本語では主語と T の間に φ 素性の一致がないとすれば，（1a）の γ が φ 素性の共有により <φ，φ> とラベル付けされることはない．一方で，日本語では，主語が主格の接辞文法格を伴う．また，接辞文法格を伴う句が，さらに投射する，すなわち，上位の句のラベルを決定することはない．γ = {XP-格，YP} の構造では，γ は常に YP の性質を受け継ぐ．この事実に基づき，斎藤（2013）は，接辞文法格が，ラベル付けにおいて句を不可視的にする機能をもつと提案する．具体的には，γ = {XP-格，YP} のラベル付けにおいて，XP が格を伴うために，YP のみが γ のラベルを決定しうる要素となり，YP のラベルが γ のラベルとなる．（1a）の γ の場合には，日本語の時制 T が強主要部であれば，T が γ のラベルとなる．

　この仮説は極めて単純なものであるが，多くの帰結を有する．まず，日本語が，多重主語文を許容する事実を取り上げよう．（2）は，Kuno（1973）の有名な例である．

(2) a. 文明国が 男性が 平均寿命が 短い．
　　b. 山が 木が きれいです．

このような例も，接辞文法格に反ラベル付け機能があると仮定すれば，以下に示すように適切にラベル付けがなされる．

(3)

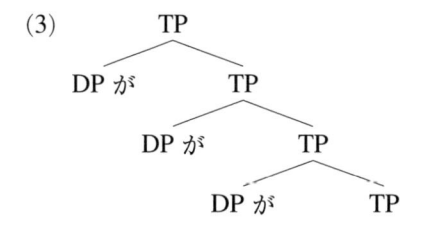

一方で，英語には接辞文法格がなく，前章で詳説したように，時制文は主語と時制の φ 素性共有によりラベル付けされる．DP と時制の φ 素性一致は，

1 対 1 の関係であり，したがって，時制と φ 素性を共有する名詞句は 1 つに限られる．結果として，英語では多重主語が許容されず，例えば，(2b) に対応する英語の (4) は非文法的である．

(4)　*Mountains, trees are beautiful.

　日本語を特徴付ける現象としては，目的語のスクランブリングが可能であることも挙げられる．この事実も，接辞文法格の反ラベル付け機能仮説の帰結として導かれる．以下の例を考えてみよう．

(5)　太郎を　花子が　＿＿　叱った．

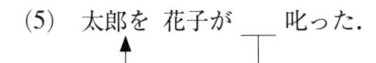

第 3 章，第 4 章で述べたように，スクランブリングは，句を単に TP（あるいは CP）に併合する操作であると考えられる．移動する句と TP の間に φ 素性の共有はなく，形成される構成素のラベルは <φ, φ> とはなり得ない．したがって，英語のような言語では，スクランブリングによって形成された構造は，ラベル付け理論により排除される．しかし，日本語の場合には，スクランブリングで前置された目的語は，接辞文法格を伴う．したがって，(6) に示すように，形成される構成素は適切にラベル付けがなされる．

(6)

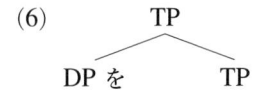

　接辞文法格の反ラベル付け機能仮説は，スクランブリングが接辞文法格を伴う名詞句に適用しうることを正しく予測するが，(7) に例示するように，名詞句のみならず，後置詞句や副詞句もスクランブリングの対象となる．

(7)　a.　東京へ　花子は　＿＿　旅立った．

　　　b.　静かに　太郎は　＿＿　帰った．

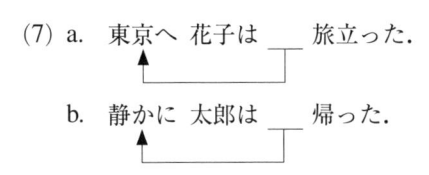

(7a) については，斎藤 (2013) は，後置詞句 (PP) が，(8) に見られるように名詞句内で属格を伴うことを指摘し，文内でも空の文法格がある可能性

を示唆する.[1]

(8) a. 花子の 東京への 旅立ち
   b. 太郎の 関空からの 出発

　副詞句のスクランブリングについては，斎藤（2013）は，（7b）の副詞句が繋辞の屈折を伴うことに注目する．（9）に屈折のパラダイムを示す.

(9) a. この部屋は 静か<u>だ</u>．（非過去終止）
   b. 静か<u>な</u> 部屋 （非過去連体）
   c. 太郎は 静か<u>に</u> 帰った．（連用）

この述部屈折が，接辞文法格と同様に反ラベル付け機能を有するとすれば，（7b）の文法性も予測される.

　以上，接辞文法格と述部屈折に反ラベル付け機能があるとする斎藤（2013）の提案の概略を見てきた．本節を締めくくる前に，そこで提示されているより具体的なメカニズムについて触れておこう．斎藤（2013）は，句をラベル付けにおいて不可視的にする素性 λ を仮定し，接辞文法格や述部屈折をその具現化とみなす．時制文の構造を例にとって，この分析が具体的にどのように適用されるかを見よう.

(10)

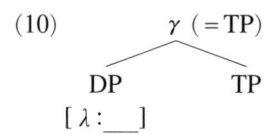

主語の位置にある DP には λ 素性があり，ラベル付けに関しては不可視的となる．よって γ は TP によりラベル付けされる．同時に，λ 素性は，格素性と同様に与値されなければならない．DP や PP の λ 素性は，文法格として与値される．（10）の場合には，DP と併合する TP のラベルが T であることから，λ 素性は主格として与値される.[2]

---

　[1] もう1つの可能性として，後置詞が文法格と同様に，反ラベル付け機能を有することも考えられる.

　[2] この λ 素性与値のメカニズムは，Chomsky (2000) に対する代案として，Bošković (2007) が提案する格素性与値のメカニズムに倣ったものである.

属格や対格の分布も同様に分析される．日本語においては，(11) に示すように，名詞句内に，属格を伴う要素が複数表れうる．

(11) a. 花子の 書斎での 論文の 執筆

　　 b. 太郎の ヨーロッパへの 手紙の 発送

(12) に (11a) の構造を示す．

(12)

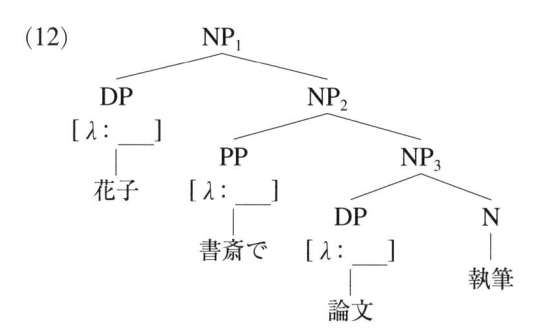

例えば，PP「書斎で」は λ 素性があるため，NP$_2$ は NP$_3$ によりラベル付けされる．また，PP の λ 素性は，NP$_3$ のラベルである N「執筆」により属格として与値される．NP「花子」と NP「論文」の λ 素性も同様に N「執筆」によって与値され，属格として具現化される．

　目的語の対格については，スクランブリングが適用された場合を考えてみよう．(13b) は，(13a) の構造である．

(13) a. 太郎を 花子が ＿＿ 叱った．

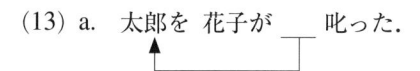

b.

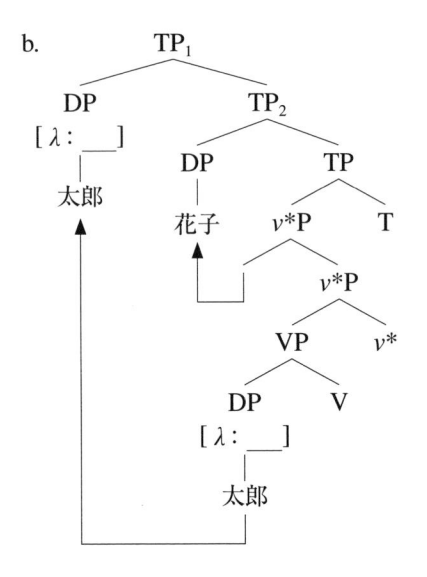

DP「太郎」のλ素性は，目的語の位置で V によって対格と与値される．この DP は，スクランブリングによって TP₂ と併合される．DP にλ素性があることにより，TP₁ は TP₂ によりラベル付けされる．

　DP や PP のλ素性が文法格として与値されるのに対して，述部のλ素性は，以下に示すように，述部屈折として与値される．

(14) a.　　　CP　　　　b.　　N/DP　　　c.　　T/$v^{(*)}$/VP
　　　　　／＼　　　　　　　　／＼　　　　　　　　／＼
　　　　XP　　C　　　　　XP　　N/D(P)　　　XP　　T/$v^{(*)}$/V(P)
　　[λ:終止]　　　　　　[λ:連体]　　　　　　[λ:連用]

述部のλ素性が，(14a) では C により終止，(14b) では N または D により連体，(14c) では T，$v^{(*)}$ または V により連用としてそれぞれ与値され，屈折が主要部 X に表れる．[3] 具体例として，副詞句として表出する形容動詞の連用形「静かに」の場合を以下に示す．

---

[3] A（形容詞）や Adv（副詞）もλ素性を連用として与値する．ここでは，C, N, V などの範疇がλ素性の値を決定するとしているが，より正確な記述が必要となる場合もある．例えば，名詞的な性質を持つ補文標識「の」は，λ素性を連体として与値する．

(15) a.　静かに　部屋を　出た.

b.

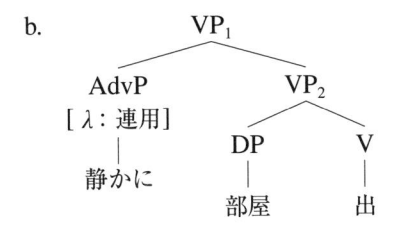

　副詞句に λ 素性があるため，VP₁ は VP₂ によりラベル付けされる．また，λ 素性は，VP₂ のラベル V により連用として与値される.

　次節以降では，接辞文法格と述部屈折が，反ラベル付け素性 λ の具現化であるとする仮説のさらなる経験的帰結を検討する．まず，次節では，日本語の語彙的複合動詞の性質が説明されることを示す.

2.　語彙的複合動詞に見られる他動性調和現象

　日本語の類型的特徴としては，多重主語や自由語順（スクランブリング）に加えて，複合述語が豊かであることが知られている．本節では，日本語の複合述語のうち，語彙的複合動詞に焦点を当てる．まず，影山（1993）の分析を紹介する形で，語彙的複合動詞を他の複合述語と比較し，他動性調和を中心とするその性質を概観する．次に，語彙的複合動詞が 2 つの動詞を統語的に併合することにより形成されることを提案し，この分析により，他動性調和の性質が説明されることを論じる．その上で，なぜ日本語では，いわば例外的に 2 つの動詞の併合により複合動詞を形成することが可能なのかを考える．結論としては，(16) に示すように，2 動詞のうち，左側のものが λ 素性の具現化としての連用屈折を伴っており，これが構成素のラベル付けを可能にしているとする分析を提案する.

(16)　[V–連用屈折＋V]

この分析は，ラベル付けが適切になされる限りにおいて，2 主要部の併合も可能であることを含意する.

88

2.1. 語彙的複合動詞が提示する問題

　本節では，影山（1993）による日本語の複合動詞の分析を紹介し，特に，説明を要する語彙的複合動詞の性質について考察する．影山は，日本語の複合動詞には，統語的複合動詞，語彙的複合動詞，そして語彙概念構造の操作を伴う複合動詞の3種類があるとしている．まず，それぞれの性質を簡単に見ておこう．

　(17) は統語的複合動詞の典型的な例である．[4]

　(17) a.　花子が太郎にその本を読ませた．（yom + sase + ta）
　　　 b.　太郎がその本を読み始めた．（yomi + hazime + ta）

統語的複合動詞 $V_1 + V_2$ の場合は，Kuroda（1965a）以来，V_1 と V_2 が統語構造においてそれぞれ独立した動詞として機能すると広く仮定されている．例えば，Murasugi and Hashimoto（2004）では，(17a) の構造を以下のように分析している．

---

　[4] 使役の接辞動詞 *sase* は，動詞の語幹に結合する．語幹と接尾辞の結合により，子音の連続が生じる場合には，接尾辞の最初の子音が削除される．したがって，(17a) は，*yom-ase-ta* となる．この子音削除は一般的な現象であり，受け身の接辞動詞 *rare* の場合でも，*yom + rare + ta* は，同様の子音削除により，*yom-are-ta* となる．これに対して，(17b) の *hazime* は，動詞の連用形（語幹 + i）に結合する．

(18)

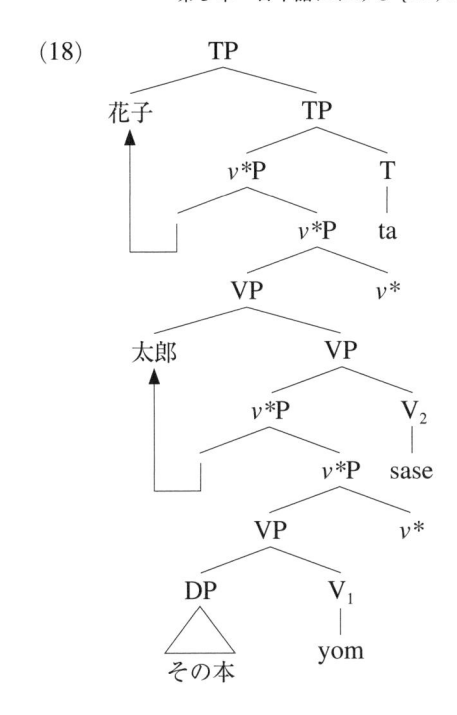

　この場合，複合動詞は，V_1 の V_2 への主要部移動，あるいは，V_1 と V_2 の形態的結合により形成される．

　影山 (1993) は，統語的複合動詞において V_1 が独自の VP を投射することを示す根拠として，「そうす」代用形の分布を挙げている．「そうす」は，$v^{(*)}$P あるいは VP を構成するが，(19) に示すように，(17a, b) の V_1 を中心とする $v^{(*)}$P あるいは VP に代えて用いることができる。

(19) a.　花子が太郎にそうさせた．(soo s + sase + ta)
　　 b.　太郎がそうし始めた．(soo si + hazime + ta)

(19) では，「そうす」が「その本を yom」に代用されており，統語的複合動詞においては，V_2 が V_1 の投射である VP あるいは拡大投射である $v^{(*)}$P を補部とすることを示す．

　他方，(20) に例示する語彙的複合動詞の場合は，$V_1 + V_2$ が，共に 1 つの

VP の主要部となる.[5]

(20) a.　花子が穴にすべり落ちた.（suberi + oti + ta）

　　 b.　太郎が目を泣き腫らした.（naki + haras + ta）[6]

(21) が示すように，統語的複合動詞の場合と異なり，語彙的複合動詞の V$_1$ に「そうす」を代用することはできない.

(21) a. *花子が穴にそうし落ちた.（soo si + oti + ta）

　　 b. *太郎が目をそうし腫らした.（soo si + haras + ta）

これは，V$_1$ が独自の VP を投射しないと仮定することにより，説明される. 影山（1993）は，この事実に基づいて，語彙的複合動詞が統語部門ではなく， 語彙部門で形成されるとする.

　影山（1993）は，さらに，語彙的複合動詞が，以下の他動性調和の原則に 従うという興味深い一般化を提示している.

(22)　他動性調和の原則

　　　語彙的複合動詞 V$_1$ + V$_2$ において，V$_1$ と V$_2$ は，外項の有無に齟齬 があってはならない.

(22) は，他動詞と他動詞，非能格動詞と非能格動詞，非対格動詞と非対格 動詞の組み合わせに加え，他動詞と非能格動詞の組み合わせを許容する一方 で，他動詞と非対格動詞，非能格動詞と非対格動詞の組み合わせを排除す る.（23a, b）は，他動詞 + 他動詞，非対格動詞 + 他動詞の例である.

(23) a.　花子が太郎を押し倒した.（osi + taos + ta）

　　 b. *太郎が鯨を浮かび見た.（ukabi + mi + ta）

他動性調和の原則に合致する語彙的複合動詞の例には，（23a）に加えて，以 下のようなものがある.

---

[5]　語彙的複合動詞の場合も，前述の V$_1$ + *hazime* と同様に，V$_1$ は接辞 *i* を伴って連用形 で表れる.

[6]　naki + haras + ta でも子音の連続があるが，子音の削除はなく，s + t の場合に限り，/i/ が挿入されて，naki + harasi + ta となる.

(24) a. 他動詞 + 他動詞：引き抜く，握り潰す，叩き落とす，切り取る，
　　　　　受けとめる

　　b. 非能格動詞 + 非能格動詞：走り寄る，飛び降りる，駆け登る，
　　　　　歩き回る，群れ飛ぶ

　　c. 非対格動詞 + 非対格動詞：滑り落ちる，浮かび上がる，
　　　　　生まれ変わる，降り注ぐ

　　d. 他動詞 + 非能格動詞：持ち歩く，探し回る，待ち構える

　　e. 非能格動詞 + 他動詞：泣き腫らす，乗り換える，飲みつぶす，
　　　　　踊り明かす

他動性調和の原則に合致しない例としては，(25)–(28) が挙げられる．

(25) a. *太郎が鯨を浮かび見た．(ukabi + mi + ta) (= (23b))
　　b. *枯れ葉が地面を落ち隠した．(oti + kakus + ta)

(26) a. *花子が太郎を押し倒れた．(osi + taore + ta)
　　b. *花子が（ワインを）飲み酔った．(nomi + yow + ta)

(27) a. *子供が階下に遊び落ちた．(asobi + oti + ta)
　　b. *花子が運動場で走り転んだ．(hasiri + korob + ta)

(28) a. *太郎が階下に落ち降りた．(oti + ori + ta)
　　b. *子供が下流に流れ泳いだ．(nagare + oyog + ta)

(25) は非対格動詞 + 他動詞，(26) は他動詞 + 非対格動詞，(27) は非能格
動詞 + 非対格動詞，(28) は非対格動詞 + 非能格動詞の例である．

　語彙部門で語彙的複合動詞を形成するメカニズムとして，影山 (1993) は，
項の同定を提案している．語彙的複合動詞では，V_1 と V_2 のそれぞれが，
独立した動詞として文に現れることができ，項構造を有する．例えば，
(23a) の「押し倒す」は，2 動詞の項を同定して，以下のように形成される．

(29)

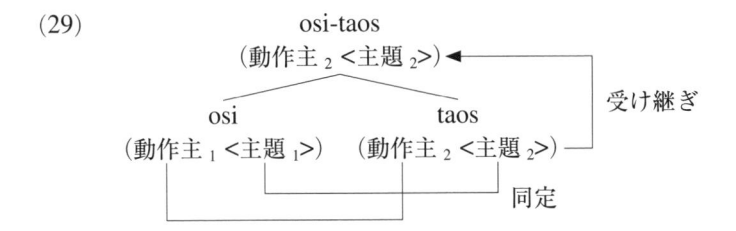

92

この場合，V_1 の外項と内項がそれぞれ V_2 の外項と内項と同定され，複合動詞は V_2 の項構造を受け継ぐ．このメカニズムの下では，他動性調和の原則は，V_1 あるいは V_2 が外項を有する時には，V_1 と V_2 の外項が同定されなければならない，という同定に関する制約と捉えることができる．

　影山 (1993) は，語彙部門では，項の同定による複合動詞形成とは独立に，語彙概念構造の操作を伴う複合動詞形成のプロセスがあるとしている．例えば，以下に示すように，接尾動詞「－込む」(-kom) は，V_1 の項構造にかかわらず，複合動詞を形成する．

(30) a. 花子が太郎を部屋に追い込む．（他動詞＋込む）
　　 b. 太郎が川に飛び込む．（非能格動詞＋込む）
　　 c. 汚染水が海に流れ込む．（非対格動詞＋込む）

「込む」は接尾動詞であり，独立した動詞としては表れない．その意味解釈上の貢献は，V_1 が表す事象において「移動」するものが，着点として示された場所の中に移動するということを V_1 の語彙概念構造に加えることである．語彙概念構造が複雑になれば，項構造にも影響を及ぼしうるが，「込む」の基本的性質は，語彙概念構造に見ることができる．

　影山が論じているように，項の同定による複合動詞形成と語彙概念構造の操作を伴う接尾動詞の付加は，根本的に性質が異なるようである．後者は，典型的な語彙的操作であり，普遍的な意味上の制約や個別言語の形態的制約によって制限されると考えられる．一方，前者では，V_1 と V_2 がそれぞれ項構造を有し，2つの項構造を合成することにより，複合動詞が形成される．影山によれば，項構造の合成は，項の同定を経てなされるが，項の同定そのものは，意味的に制約されるものではない．つまり，以下のように，項の同定により，他動性調和の原則に抵触する例を形成することも可能である．

(31) a.　　　　　　　ukabi-mi　　　　　　　　　(cf. (25a))

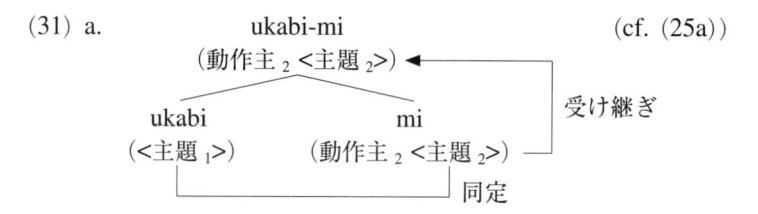

b.　　　　　　oti-kakus　　　　　　　　　　(cf. (25b))

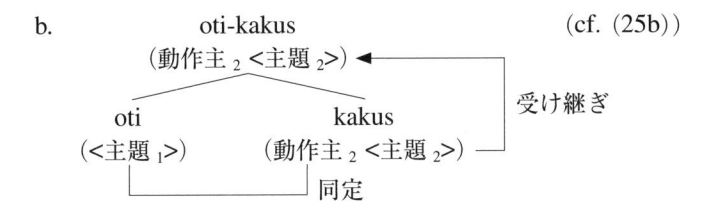

しかし，事実として，このような項構造の合成はなされないようである．では，なぜ，語彙的複合動詞に他動性調和の現象が観察されるのだろうか．[7] 次節では，この問いを取り上げる．

2.2.　語彙的複合動詞の統語的派生とラベル付け

　他動性調和の原則が表す現象は，重要な研究課題を提示する．まず，他動性調和は，日本語の語彙的複合動詞特有の性質であると広く認められている．例えば，影山 (1993) が指摘するように，中国語の複合動詞では類似する制限は見られない．Huang (1992) の例を (32) に引用する．

(32) a.　Ta qi-lei-le　　　　liangpi ma.
　　　　　he ride-tired-Asp. two　　horse
　　　　　'He rode two horses and got them tired.'

　　 b.　Ta he-zui　　　(jiu)　le.
　　　　　he drink-drunk　wine Asp.
　　　　　'He drank (wine) and got drunk.'

(32a, b) は文法的に適格であるが，他動性調和の原則とは相容れない．[8] し

---

　[7] 一般化としての他動性調和の原則には，代案も提案されている．例えば，松本 (1998) は，Matsumoto (1996) が提案する語彙の意味構造に関する一般的な条件と由本 (1996) が提案する主語一致の原則により，複合動詞の形成パターンをより正確に捉えることができると主張する．後者は，以下のように定式化されている．

　　(i)　2 つの動詞の複合においては，2 つの動詞の意味構造の中で最も卓立性の高い参
　　　　与者 (通例，主語として実現する意味的項) 同士が同一物を指さなければならない．

本論では，他動性調和を仮定して議論を進めるが，こうした代案が経験的妥当性においてより優れているとしても，日本語の語彙的複合動詞に見られる特殊性が説明されなければならないことに変わりはない．

　[8] Li (1993) にも関連する議論が見られる．Li は，日中語の複合動詞を比較し，日本語について，注 7 で紹介した主語一致の原則に類似する制約を提案しているが，この制約は

94

たがって，他動性調和は，語形成に関する生得的原理から導かれるとは考えられない．また，日本語話者が，経験を通してこの語彙的複合動詞の性質を獲得するとも考えにくい．さらに，当該の語彙的複合動詞の性質が，形態的あるいは意味的なものである可能性は低い。語彙的複合動詞と語彙概念構造の操作を伴う複合動詞の間に，少なくとも表層的な形態の相違はない．意味についても，(31) に示した不適格な複合動詞形成に問題はないものと思われる．そこで，本節では，他動性調和の原則が示す一般化に統語的な説明を与えることを試みる．具体的には，語彙的複合動詞が，2 動詞の併合によって統語部門で形成されることを提案する．また，このような複合動詞形成が類型的には稀であるにもかかわらず，日本語で許容される理由をラベル付け理論に求める．

　まず，(29) に例示した影山 (1993) の同定分析で注目されるのは，V_1 と V_2 双方の意味役割が複合動詞に引き継がれていることである．[9] このことは，いずれの動詞の項構造も統語的に投射，すなわち具現化されることを示唆する．(23a) の場合，主語は「押し」と「倒す」の 動作主であり，目的語は双方の主題である．さらに，影山は，選択制限について重要な考察をしている．(33), (34) が示すように，V_2 のみならず，V_1 の選択制限が複合動詞に引き継がれるということである．

(33) a.　蔦が棒に巻き付く．
　　　b.　貧乏が身体に染み付く．
(34) a. *貧乏が身体に巻き付く．
　　　b. *蔦が棒に染み付く．

例えば，(34b) の非文法性は，蔦が棒に染みることができないことに起因す

日本語（あるいは主要部後置型言語）特有のものであり，中国語には適用されないとしている．
　[9] これは，影山 (1993) が項の同定により形成されるとするすべての複合動詞に当てはまるものではない．例えば，「服の汚れを洗い落とす」では，「洗う」の主題が「落とす」の主題の所有者と同一に解釈されることが示唆され，「誘い合わせる」では，「合わせる」が事象 (event) を項とし，「誘う」の項構造と特殊な合成がなされることが提案されている．本論では，このような複合動詞は，厳密な意味で項の同定を伴うものではないと仮定し，分析の対象から外すことにする．双方とも，語彙概念構造の操作を伴う複合動詞として分析し直す可能性が考えられるが，詳細は今後の研究に委ねる．

る．この考察は，V_1 と V_2 の双方が統語構造上の項と意味的な選択関係に
あることを示す．

　この結論をふまえて，(23a) の統語構造である (35) について考えてみよ
う．

(35)

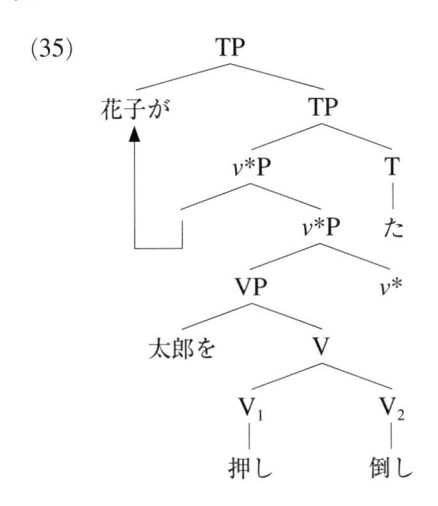

(35) において，「押し」と「倒し」の双方が「太郎」を主題として選択する．
V_1 と V_2 が共に統語構造上の選択関係において可視的なのである．この分
析に従えば，語彙部門での項の同定という操作は存在しない．もし，語彙部
門で複合動詞が形成されるのであれば，当該の複合動詞は，統語的には単一
の動詞であり，その内部の要素は統語的には不可視的であるはずである．項
の同定とは，項が V_1 と V_2 の両方から意味役割を受けることに他ならない．
そして，これは，V_1 と V_2 を併合し，複合動詞を統語的に形成することに
より可能となる．

　この分析により，(25a, b) の非文法性が導かれる．(25a, b) を (36a, b)
として以下に再掲する．

(36) a. *太郎が鯨を浮かび見た．(ukabi＋mi＋ta)
　　 b. *枯れ葉が地面を落ち隠した．(oti＋kakus＋ta)

まず，(36b) では，「枯れ葉」は，「隠す」の外項として $v{*}$P 指定部に併合さ
れなければならない．しかし，この位置では，「落ち」から主題の意味役割

を受けることができない．よって，(36b) の非文法性が説明される．

　(36a) については，より一般的な問題が生じる．(37) に (36a) の構造を示す．

(37)

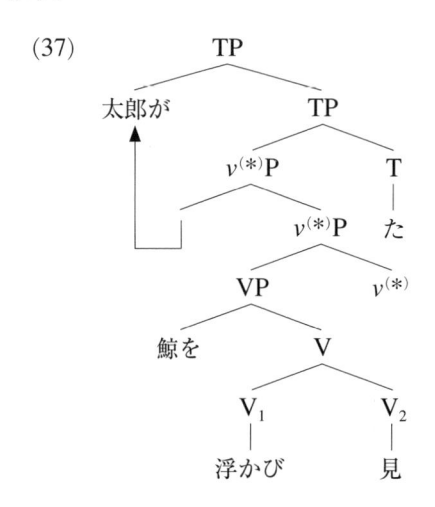

本論の分析で重要な点は，V_1 と V_2 が共に，統語構造において意味的選択に関与するということである．(37) では，「太郎」が v^*P 指定部で「見る」の動作主としての意味役割を受け，「鯨」が VP 補部の位置で「浮かび」および「見る」から主題の意味役割を受けることができる．したがって，動詞による項の意味的選択について問題はない．しかし，動詞は，項を選択すると同時に，$v^{(*)}$ によって選択される．第 2 章で論じたように，v^* は指定部に外項を取るが，v は取らない．つまり，v^* は他動詞／非能格動詞を選択し，v は非対格動詞を選択する．では，(37) の $v^{(*)}$ は，v^* なのか，それとも v なのか．v^* であれば，「見る」はその選択制限を満たすが，「浮かび」とは齟齬が生じる．一方，v であれば，「浮かび」との選択関係はよいが，「見る」とは相容れない．したがって，(37) は，構造として適格ではあり得ない．

　一方，他動性調和の原則に従う複合動詞では，選択制限に関する問題は生じない．以下に再掲する (23a) では，v^* が VP と併合し，「押し」と「倒し」の双方と選択関係にあるが，いずれの動詞も他動詞であるので，v^* の選択制限を満たす．

(38)　花子が太郎を押し倒した．（= (23a)）

同様に，V_1 と V_2 が共に非対格動詞である（20a）の場合にも，選択制限を満たす統語構造が可能である．（20a）を（39）として以下に示す．

(39)　花子が穴にすべり落ちた．

この例では，「すべり」と「落ちる」の双方が，v により選択される．

　上記の分析を一般化することにより，（40）に再掲する他動性調和の原則そのものが導かれる．

(40)　他動性調和の原則
　　　語彙的複合動詞 $V_1 + V_2$ において，V_1 と V_2 は，外項の有無に齟齬があってはならない．

複合動詞 $V_1 + V_2$ を主要部とする VP が v^*/v と併合する時，V_1 と V_2 の双方と v^*/v との間に選択関係が生じる．v^* は他動詞，非能格動詞を選択し，v は非対格動詞を選択する．したがって，許容されるケースは，v^* が VP と併合し，V_1 と V_2 が他動詞か非能格動詞である場合，そして，v が VP と併合し，V_1 と V_2 が共に非対格動詞である場合に限られる．それ以外の組み合わせでは，v^*/v の選択制限を満たすことができない．

　日本語の語彙的複合動詞の分析で最後に残された問題は，なぜ，2 つの動詞の併合により統語的に形成され，結果として他動性調和の現象を示す複合動詞が多くの言語では観察されず，日本語に特徴的なものであるのか，ということである．この点に関しては，ラベル付け理論による説明が可能である．以下の 3 種類の併合のうち，ラベル付け理論によって無条件に許容されるのは，H が強主要部である場合の（41a）のみであった．

(41) a.　$\gamma = \{\mathrm{H}, \mathrm{XP}\}$
　　 b.　$\gamma = \{\mathrm{H}_1, \mathrm{H}_2\}$
　　 c.　$\gamma = \{\mathrm{XP}, \mathrm{YP}\}$

（41c）の構造も，XP の移動，あるいは主要素性の共有によって可能になるが，2 主要部の併合による（41b）はラベルが与えられず，排除されるものと仮定されている．2 つの動詞の併合は文字通りこのパターンであり，した

がって，多くの言語で観察されないことは不思議ではない．

　では，日本語の語彙的複合動詞は，なぜ文法的に許容されるのだろうか．語彙的複合動詞は，2つの重要な条件を満たしていると考えられる．まず，2つの動詞の併合によって形成された構成素が適切にラベル付けされていることが挙げられる．加えて，この構成素は，形態的には一語として解釈されなければならない．前者から見ていこう．

　1節で，日本語の述部が屈折を示すことに触れたが，語彙的複合動詞における V_1 も，連用の屈折を伴う．(42) が示すように，動詞の連用形は，語幹に接尾辞 /-i/ を結合することにより形成される．[10]

(42) a. 花子は いつも [$_{v*P}$ テーブルを 押し (os＋i)] 花瓶を 倒す．
　　 b. 太郎は [$_{vP}$ 滑り (suber＋i)] 穴に 落ちた．

語彙的複合動詞の V_1 にも，接尾辞 /-i/ が表れる．

(43) a. [押し (os＋i) ＋ 倒 s (taos)] ＋る (ru) … 押し倒す
　　 b. [滑り (suber＋i) ＋ 落ち (oti)] ＋た (ta) … 滑り落ちた
　　 c. [群れ (mure＋i) ＋ 飛 b (tob)] ＋る (ru) … 群れ飛ぶ

　1節では，述部の屈折が，反ラベルづけ機能を持つとする仮説を提示した．以下に関連する例 (7b) を再掲する．

(44) 　静かに 太郎は ＿＿ 帰った．（＝(7b)）

連用屈折として具現化される反ラベル付け素性 λ が副詞句（AdvP）をラベル付けにおいて不可視的にするが故に，スクランブリングによって形成されたこの文には，適切にラベル付けがなされる．

---

[10] 動詞語幹が母音で終わる時には，(i) が示すように，/-i/ は表層上は表れない．
　 (i) 　花子は毎日 [$_{v*P}$ ステーキを食べ (tabe＋i)] ビールを飲む．
これは，語幹と接尾辞の結合により母音の連続が生じた場合には，二番目の母音が削除されるという音韻規則による．

(45)

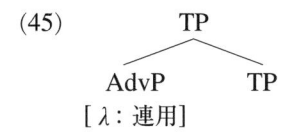

この分析は，（42）の例にも，そのまま適用される．（42）の $v^{(*)}P$ は，やは
り連用屈折として表出する λ 素性を伴うため，スクランブリングによって前
置できる．（46）は，（42a）に対応するスクランブリングの例である．

(46)　[$_{v*P}$ テーブルを　押し (os + i)] 花子は　いつも ___ 花瓶を　倒す.

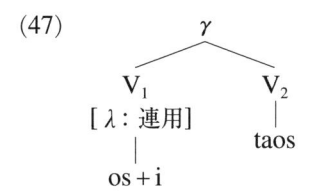

さらに，連用屈折は，（43）の語彙的複合動詞のラベル付けも可能にする．
（43a）の構造を以下に示す．

(47)

連用屈折として表れる λ 素性が V_1 を不可視的にし，γ は V_2 によってラベ
ル付けされる．このように，述部屈折の反ラベル付け機能により，語彙的複
合動詞の統語部門における形成が可能になっていると考えられる．
　（47）の γ は形態的には 1 つの動詞として解釈されるが，これ自体に問題
は認められない．（46）が示すように，V_1 と V_2 は独立した要素でありうる
が，両者が（47）のように構成素を形成する場合には，単一の動詞となりう
る．影山（1993）が語彙部門で形成されるとする語彙概念構造の操作を伴う
複合動詞でも，左側の要素が連用屈折を伴う．以下に例を示す．

(48) a.　[飛び (tob + i) + 込 m (kom)] + る (ru) … 飛び込む
　　　b.　[流れ (nagare + i) + 込 m (kom)] + る (ru) … 流れ込む

よって，（47）の γ を形態的に単一の動詞として解釈することに支障はない．
日本語の語彙的複合動詞の統語部門での形成は，連用屈折の反ラベル付け機

100

能とその形態的性質によって可能になっていると言えよう。[11]

3. 多様な名詞句修飾節

　Kuno（1973）が指摘するように，名詞修飾節の多様性も，日本語の際立った特徴である．日本語に特有であるとみなされている典型的な例を（49a, b）に挙げる．

　（49）a.　魚が焼ける匂い
　　　　b.　誰かがドアを閉める音

この種の例は，（50）に示すように，直接対応する英語の例が非文法的であることから，広く注目されてきた．

　（50）a. *the smell that fish burns
　　　　b. *the sound that someone closes the door

Matsumoto（1997），Murasugi（2000）などが，日本語に特有の複合名詞句の意味的，統語的性質を詳細に検討しているが，筆者が知る限り，（49）と（50）の日英語の対比を説明する仮説は提示されていない．本節では，この対比をとりあげ，ラベル付け理論に基づく分析を提案する．[12]

　この問題を議論するにあたって，まず，英語の典型的な複合名詞句におけるラベル付けを見ておこう．

　（51）a.　the claim that John was asleep
　　　　b.　the claim that John made

（51a）のような例については様々な分析があるが，標準的な分析は，（52a）に示すように，CP を名詞の補部とするものであろう．

---

[11] 本書では，（32）に例示した中国語結果複合動詞の分析には立ち入らないが，Tang（1997），Huang（2006），Saito（2014）等は，編入による語形成の例であるとしている．興味がおありの方は参照されたい．

[12] 本節で提示する分析は，斎藤（2013），Saito（2016）ではなく，そのさらなる帰結を論じた斎藤（2020）に発表したものである．

(52) a.

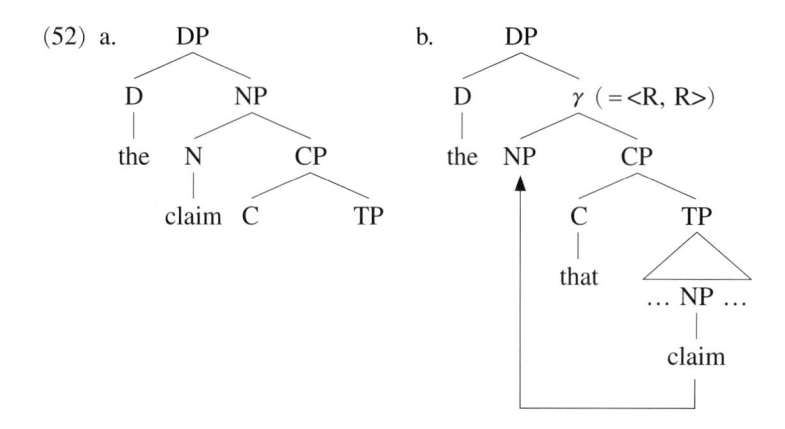

この構造の下では，ラベル付けの問題は生じない．(51b) の関係節について
も多くの分析が提案されているが，Kayne (1994) に従えば，(52b) の構造
が与えられる．この構造で唯一問題となりうるのは，NP の移動により形成
される γ = {NP, CP} である．これについては，NP は関係節演算子，C は
関係節主要部であることから，関係節素性 R を共有していると考えられる．
その場合，γ は <R, R> とラベル付けされる．

　これに対して，(50) の名詞修飾節は，名詞の補部でも関係節でもなく，
素性の共有を欠く (53) の構造を含むと考えられる．

(53)

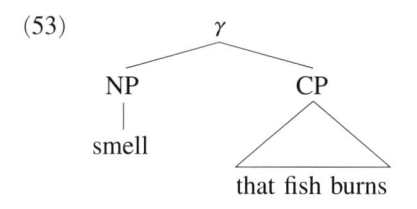

(53) は典型的な {XP, YP} 構造であり，γ はラベルを与えられない．(50a,
b) の非文法性は，このようにラベル付け理論によって正しく予測される．[13]

---

[13] 第3章，第4章では，名詞句内の形容詞句，文内の副詞句などの修飾句は，付加構造
を形成することを仮定した．本節では，複合名詞句は，通常の併合によって形成され，ラ
ベル付けのメカニズムが適用されるものとして議論を進める．(49) の名詞修飾節や (51b)
の関係節も修飾の要素であることから，形容詞句や副詞句の分析を再考して，より一般的
に修飾の要素を含む句のラベル付けについて検討する必要が生じるが，この点については
次章で取り上げる．

102

では，日本語の（49a, b）はなぜ文法的に適格なのだろうか．

　日本語の名詞修飾節では，述部が連体形で表れる．現代日本語において
は，終止形と連体形の表層的な区別は大方失われているが，（54）が示すよ
うに，非過去の繋辞では，違いが顕著に表れる．

(54) a.　その香水は 太郎が 香りが 嫌い<u>だ</u>．
　　 b.　太郎が 香りが 嫌い<u>な</u> 香水

したがって，すべての述部で，この区別が抽象的には維持されていると考え
ることができる．この仮定に従えば，（49a, b）では，名詞修飾節と名詞句
が以下のように併合される．

(55)

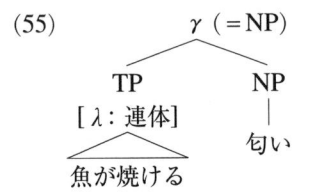

1 節で提示したスクランブリングの分析において，述部屈折が反ラベル付け
機能をもつことを提案した．この仮説に従えば，（55）の連体屈折が TP を
不可視的にするため，γ は NP によりラベル付けされることになり，（49a,
b）のような例が文法的に適格であることが正しく予測される．より正確に
は，TP は λ 素性を持って NP と併合し，λ 素性は NP のラベル N により
連体と与値される．λ 素性は，ラベル付けにおいて TP を不可視的にし，結
果として，γ のラベルは N となる．このように，日本語における複合名詞
句の多様性や（49）と（50）に見られる日英語の相違にも，ラベル付け理論
による説明が与えられる．

4.　項省略のパラメター

　音声を欠く空項の広範な分布も，日本語の類型的特徴の代表的なものであ
る．Kuroda (1965b) 以降，この現象は，日本語が音声を伴わない代名詞
pro を有することに起因するとされてきた．英語の（56a）に対応する（56b）
に示されているように，日本語では，pro は主語の位置にも，目的語の位置

にも生起する.

(56)　太郎が重たいものを持ち上げるのを見た人の発話として,
　　　a.　He lifted it!
　　　b.　pro　pro　持ち上げた！

　しかし, Oku (1998) や S.-W. Kim (1999) により, 日本語と韓国語の空
項が省略によっても生じるとする項省略分析が提案され, この分析は広く注
目を集めてきた. 本節では, 日本語でなぜ項の省略が許容されるのか, その
メカニズムを探る. 4.1 節では, 項省略を支持する Oku (1998) の議論, そ
して, 項省略と一致の欠如を関連づけた Saito (2007) の分析を紹介する.
4.2 節では, Saito (2016) でこの分析に対する代案として提示されたラベル
付けに基づく分析を取り上げる.

4.1.　項省略現象と活性化条件に基づく分析

　Oku (1998) が項省略を提案する根拠の 1 つに, 日本語の空項がスロッ
ピー解釈を許容することがある. この現象は, 目的語の位置の空項について
は, Otani and Whitman (1991) によって指摘されていたが, Oku は, 主
語を含むすべての位置の空項で観察されることを示す. 本節では, この議論
を概観した後に, 日本語における φ 素性一致の欠如が項省略を可能にしてい
るとする Saito (2007) の分析を紹介する.

　省略現象を特徴付ける性質として, スロッピー解釈が許容されることがあ
る. まず, 以下の英語における VP 省略の例に基づいて, この点を見よう.

(57) a.　John loves his mother.　（John = his と仮定する.）
　　　b.　Bill loves her, too.　（ストリクト解釈のみ）
　　　c.　Bill does, too.　（ストリクト解釈, スロッピー解釈）

(57a) が, ジョンが自分の母親を愛していることを意味するものとしよう.
代名詞を用いた (57b) が後続する場合には, ビルも同じ人, すなわちジョ
ンの母親を愛しているという解釈になる. これをストリクト解釈と言う. 一
方, 動詞句省略を伴う (57c) が (57a) に後続する場合には, 意味は多義的
になる. この例は, (57b) と同様の解釈に加えて, ビルも自分の母親を愛し
ているというスロッピー解釈を許容する. これは, (57c) が, 省略されてい

る動詞句を補った（58）と同義であることに起因する．

(58)　Bill loves his mother, too.

この例の his がジョンを指示対象とすればストリクト解釈，ビルを指示対象とすればスロッピー解釈になる．

　（57）は，スロッピー解釈が省略では許容され，代名詞では許容されないことを示す．そして，（57b）と（57c）の対比が，日本語の（59）のような例でも観察されることが，Otani and Whitman（1991）によって指摘された．

(59) a.　太郎はいつも自分の博士論文を引用する．
　　 b.　でも，次郎は全然それを引用しない．（それ＝太郎の博士論文）
　　 c.　でも，次郎は全然 ___ 引用しない．
　　　　 （___ ＝太郎の博士論文または次郎の博士論文）

（59b）の代名詞は，（59a）の目的語と同様に，太郎の博士論文を指示対象とする．（57b）のようにストリクト解釈のみを許容するということである．一方，（59c）の空目的語は，太郎の博士論文とも次郎の博士論文とも解釈できる．目的語が空代名詞 pro であれば，（59c）は（59b）と同義であり，前者の解釈は予測されるが，後者の解釈は説明できない．後者の解釈，すなわち，スロッピー解釈は，（59c）の目的語が，（59a）の目的語を先行詞として省略されているとすれば，正しく予測される．省略された目的語を補うと，（59c）は（60）になる．

(60)　でも，次郎は全然自分の博士論文を引用しない．

したがって，（59c）は省略によっても派生しうるものと考えられる．

　Otani and Whitman（1991）は，以上の考察に基づき，（59c）のような空目的語を伴う文を動詞句省略の例として分析する．第2章で論じたように，英語の be 動詞は，時制に移動して，時制と結合する．結果として，（61b）が示すように，動詞句省略が適用されても，be 動詞は表れ，be 動詞の補部 a linguist のみが省略される．

(61) a.　Is she a linguist?
　　 b.　Yes, she is.

(61b) の構造を以下に示す.

(62)

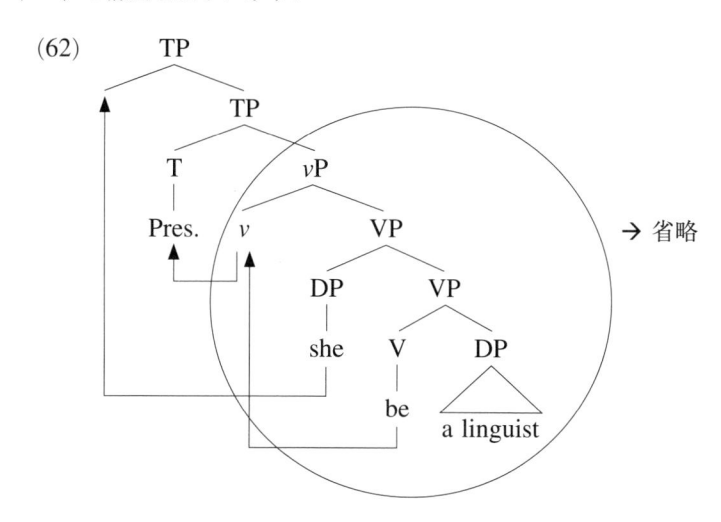

Otani and Whitman (1991) の分析は, 日本語においては, すべての動詞が時制に移動するため, 動詞句省略が適用されても動詞は省略されず, (59c) のような例では, 目的語のみが省略されるというものである.

　この分析に対して, Oku (1998) は, 空目的語だけでなく, 空主語もスロッピー解釈を許容することを指摘する. (63), (64) がその典型的な例である.

(63) a.　花子は [CP 自分の提案が採用されると] 思っている.
　　 b.　でも, 太郎は [CP ＿＿ 採用されると] 思っていない.
　　　　　(＿＿ ＝花子の提案または太郎の提案)
(64)　　太郎は [CP 自分の馬がこのレースに勝つと] 思っているが, 次郎は
　　　　[CP ＿＿ このレースに勝つと] 思っていない.
　　　　　(＿＿ ＝太郎の馬または次郎の馬)

この事実は, 空主語も省略によって生起しうることを示すが, 主語は動詞句に含まれず, 動詞句省略によって (63b) や (64) を派生することはできない. Oku (1998) は, この事実に基づき, 英語で動詞句が省略できるように, 日本語では, 主語や目的語などの項を省略することが可能であるとの提案を

106

行う.[14]

　日本語の項省略分析は，現在では広く受け入れられているが，対応する現象が，例えば，英語では観察されないことにも説明が与えられなければならない.（65b）は，文法的に不適格である.

(65) a.　John always cites [DP his dissertation].
　　 b.　*But Bill doesn't cite ＿＿.

この日英語の相違は，どのように説明されるのだろうか.Oku（1998）もこの問いに答える仮説を提示しているが，本節では，Saito（2007）の仮説を紹介することにしよう.

　まず，省略現象一般の分析について，以下の英語の動詞句省略の例を参考にしつつ，考えてみよう.

(66) a.　Did he finish the homework?
　　 b.　Yes, he did.

統語論は，併合により構造を生成して，その情報を音声解釈部門と意味解釈部門に送る.（66b）の場合，音声解釈を受ける構造は（67a）であるが，意味解釈を受ける構造は，省略された動詞句を含む（67b）でなければならない.

(67) a.　Yes, he did ＿＿.
　　 b.　Yes, he did [finish the homework].

では，動詞句省略文（66b）の統語構造は，（67a）と（67b）のどちらなのだろうか.省略現象を分析するにあたって，ここに2つの可能性が生じる.（66b）の統語構造が（67b）であれば，統語構造は，意味解釈部門にそのまま送られ，音声解釈部門に送られる際に，動詞句が削除される.この分析は，Sag（1976）によって提案され，PF（Phonetic Form）削除分析と呼ばれる.一方，（66b）の統語構造が（67a）であれば，音声解釈部門への転送は操作を要しないが，意味解釈部門に送られる際に，（66a）の動詞句が

---

[14] 項省略については，Oku（1998）以降も，スロッピー解釈以外に多くの証拠が提示されている.特に，Takahashi（2008, 2014），Sakamoto（2016, 2019）を参照されたい.

(67a) の「空所」に補充されなければならない. これが, Williams (1977) の LF (Logical Form) コピー分析である.

Saito (2007) は, 項省略を分析するにあたって, Oku (1998), 篠原 (2006) に従い, LF コピー分析を採用する. その上で, まず, 英語において項の名詞句省略が許容されない事実が, Chomsky (2000) の活性化条件から導かれることを示す.[15] 以下に再掲する (65) について, 今一度考えてみよう.

(68) a.　John always cites [$_{DP}$ his dissertation].

　　　b. *But Bill doesn't cite ___.

LF コピー分析を仮定した場合の (68b) の統語構造を以下に示す.

(69)

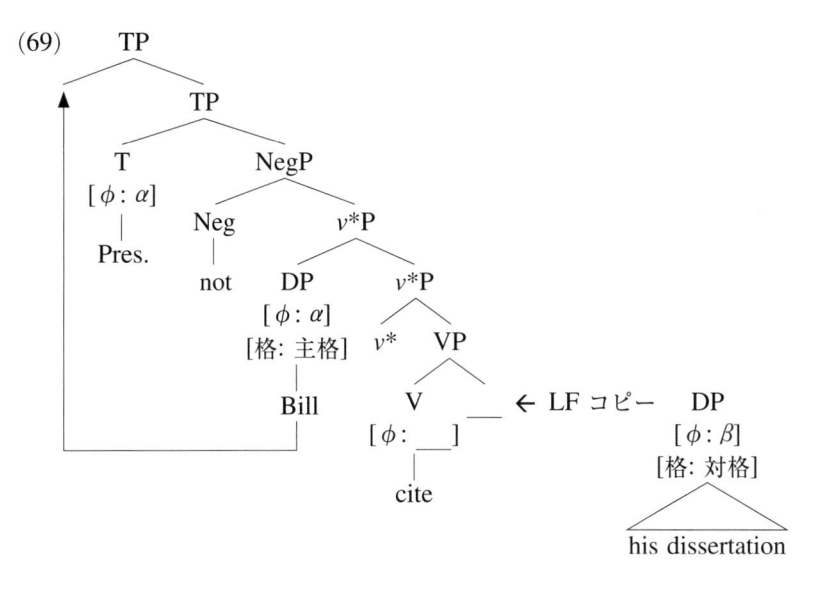

(69) の構造において, 目的語の位置は空である. 他動詞 cite は φ 素性を与値される必要があるが, 値を供給する名詞句はない. 意味解釈部門に構造を送る際に, (68a) から his dissertation が目的語の位置にコピーされるが,

---

[15] 項省略の LF コピー分析を支持する議論については, 本文で言及した論文に加え, Sakamoto (2016, 2019) も参照されたい.

108

この段階でも，cite はφ素性の値を得ることができない．コピーされた DP は，すでに対格を与値されており，一致は，未与値の素性を有する要素間でのみ可能であるとする活性化条件により，cite はコピーされた DP と一致の関係に入ることができないからである．動詞のφ素性が未与値のまま残されることから，(69b) の非文法性が説明される．

　では，なぜ日本語では，項の省略が可能なのだろうか．本書では，一貫して，日本語がφ素性の一致を欠くことを仮定してきた．φ素性の一致とは，時制と他動詞がφ素性を有し，一致する名詞句のφ素性の値を表す現象である．したがって，日本語がφ素性の一致を欠くということは，時制と他動詞がφ素性を持たないことに他ならない．この点をふまえて，(70) の例が，LF コピー分析に基づいて，どのように派生され，解釈されるかを見よう．

(70) a.　太郎は自分の車を洗った．
　　 b.　[$_{TP}$ 花子が ＿＿ 洗った] かは，知らない．
　　　　（＿＿ ＝太郎の車または花子の車）

(71) は，(70b) の補文 TP の構造である．

(71)

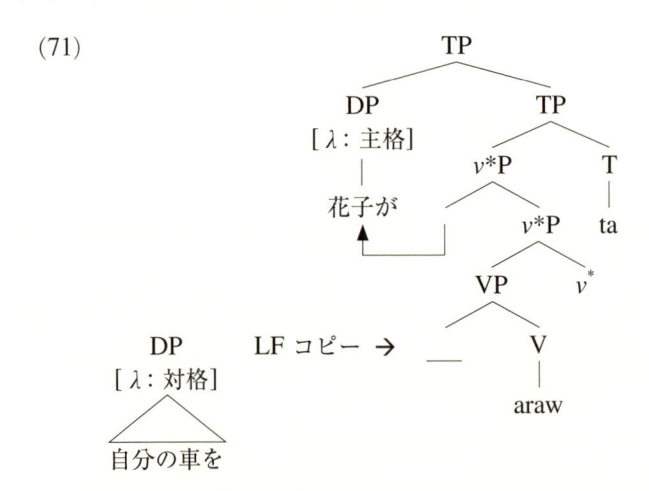

(69) の場合と同様に，目的語の位置は空であり，(70a) の目的語「自分の車を」がこの位置にコピーされる．また，コピーされる名詞句はすでに格を与値されており，動詞と一致の関係に入ることはできない．しかし，日本語

の他動詞には，与値されるべき ϕ 素性はない．したがって，一致の必要がなく，(71) の構造に問題は生じない．

　主語の省略も同様に分析される．(72) に再掲する (64) を例にとって，この点を見よう．

(72)　太郎は [$_{CP}$ 自分の馬がこのレースに勝つと] 思っているが，次郎は
　　　[$_{CP}$ ___ このレースに勝つと] 思っていない．(= (64))
　　　(___ = 太郎の馬または次郎の馬)

省略された主語を含む TP の構造を (73) に示す．

(73)

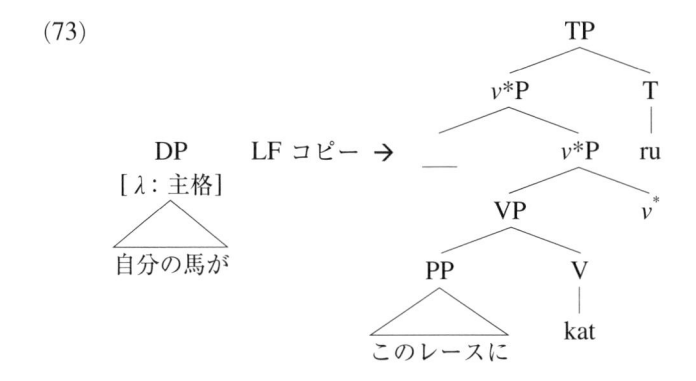

「自分の馬が」が外項の位置にコピーされ，素性の与値と解釈のいずれにおいても問題は生じない．

　Saito (2007) は，日本語が ϕ 素性一致を欠くが故に，項省略を許容するとしており，この分析が正しければ，日本語に ϕ 素性一致がないことを示すさらなる証拠となる．また，この分析は，どのような言語において項省略現象が観察されるかについても一定の予測をするものでもある．[16] しかし，同時に，Saito (2007) でも指摘されているように，英語において，PP や CP 省略が許容されないことが問題として残る．例えば，(74) と (75) の対比が示

---

[16] ただし，諸言語の他の性質の影響もあり，予測の検証は必ずしも簡単ではないようである．予測を検証した論文には，Şener and Takahashi (2010; トルコ語)，Takahashi (2014; 中国語，マラヤラム語)，Simpson, Choudhury and Menon (2013; バングラ語，ヒンドゥー語，マラヤラム語)，Otaki et al. (2013; カクチケル語)，Sato and Karimi (2016; ペルシャ語) などがある．

すように，CP の省略は，日本語では許容されるが，英語では許容されない．

(74) a. 花子は [CP 自分の提案が 採用されると] 思っている．

   b. でも 太郎は ___ 思っていない．（花子の提案，太郎の提案）

(75) a. Bill thinks [CP that his proposal will be accepted].

   b. *But, John doesn't think ___.

(75) の主文動詞 think は目的語を選択しない非能格動詞であり，φ 素性を持たないと考えられる．そうであるとすれば，(75a) の補文 CP を (75b) の空所にコピーしても，日本語の (71) や (73) の場合と同様に，問題は生じないはずである．したがって，(68b) の非文法性の分析は，(75b) には適用できない．

　動詞の補部に位置する PP についても同じ問題が生じる．(76b) は，ビルは，飛行機でロンドンに行かなかったとは解釈できない．

(76) a. Mary flew to London.

   b. But Bill didn't fly.

Saito (2016) では，この問題を考慮しつつ，項省略における日英語の対比について再考し，ラベル付けに基づく分析を代案として示唆している．次節で，その分析を紹介することにしよう．

4.2.　省略とラベル付け

　Richards (2003) は，省略箇所は，統語的には主要部として扱われるとする仮説を提示している．本節では，この仮説を採用することにより，項省略における日英語の相違をラベル付けに基づいて説明する可能性を示唆する．

　省略現象について，前節では，項省略と動詞句省略の例を取り上げたが，(77) と (78) に例示するスルーシング（TP 省略）と NP 省略も広く議論の対象となっている．

(77) a. [TP He bought something], but I don't know [CP what ___].

     (___ = [TP he bought])

   b. John knows [CP which girl [TP she likes]], but he doesn't know [CP which boy ___].

(＿＿ = [TP she likes])

(78) a.　I read [DP Bill's [NP book]], but I haven't read [DP Mary's ＿＿].

　　　　(＿＿ = [NP book])

　　b.　[DP Rome's [NP destruction]] was worse than [DP London's ＿＿].

　　　　(＿＿ = [NP destruction])

Richards (2003) は，省略箇所が統語的には主要部と見なされることを仮定した上で，動詞句省略，スルーシング，そして NP 省略の分布を Kayne (1994) の線状化理論から導く分析を提示している．ここでは，Richards の分析には立ち入らないが，省略箇所の主要部仮説が，項省略の分析にもたらす帰結について見ていくこととする．

　省略箇所が統語的に主要部と見なされるとする仮説は，特に LF コピー分析を仮定する場合には，一定の説得力を持つ．先行する談話からコピーされる要素は，すでに解釈部門に送られたものであり，コピーされた後に内部構造を変えることができない．つまり，コピーされる要素は，「不可変の塊」としてコピーされるがゆえに，句ではなく主要部として扱われると考えることができる．まず，この仮説の下で，英語における項省略の欠如がどのように分析されるか見ていこう．(68) を以下に (79) として再掲する．

(79) a.　John always cites [DP his dissertation].

　　b.　*But Bill doesn't cite ＿＿.

LF コピー分析の下では，(80) に示すように，(79a) の目的語が (79b) の空所にコピーされる．

(80)

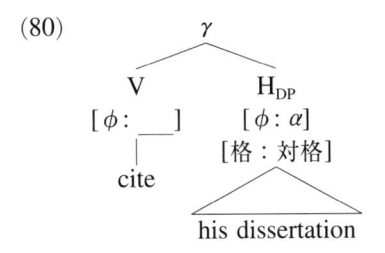

(HDP は，DP が主要部として扱われることを示す．)

コピーされる要素が主要部とみなされるとしても，活性化条件により，動詞のφ素性が与値されないことに変わりはない．しかし，(80) では，それに加えて，γ が2つの主要部を含むことから，ラベル付けがなされず，(79b) はこの理由によっても排除される．

　次に，問題として残されていた (75) がどのように分析されるかを見よう．(75) を以下に (81) として再掲する．

(81) a.　Bill thinks [$_{CP}$ that his proposal will be accepted].

　　 b. *But, John doesn't think ___.

(81a) の補文 CP を (81b) の空所にコピーした時点での (81b) の VP 構造は，(82) のようになる．

(82)

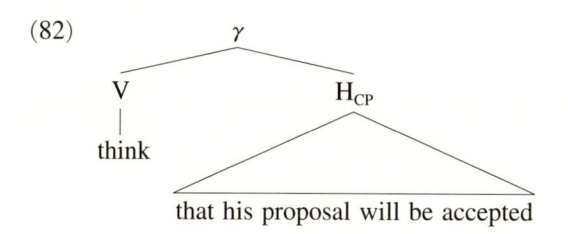

前節で指摘したように，この場合は，動詞 think にφ素性がなく，φ素性の与値に関する問題は生じない．しかし，(80) と同様に，γ が2つの主要部によって構成されているため，ラベルを与えられない．したがって，(81b) の非文法性は，ラベル付け理論により説明される．

　では，なぜ日本語では，項省略が許容されるのだろうか．(70) の例を再度取り上げて，英語との違いを見ることにしよう．

(83) a.　太郎は自分の車を洗った．（= (70)）

　　 b. [$_{TP}$ 花子が ___ 洗った] かは，知らない．

　　　　（___ ＝太郎の車または花子の車）

(84) は，LF コピー後の (83b) の VP 構造である．

(84)

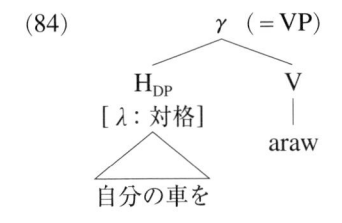

日本語の他動詞に ϕ 素性はなく，ϕ 素性与値の問題は生じない．加えて，γ も，V により適切にラベル付けされる．γ は 2 つの主要部 V，H_{DP} によって構成されるが，H_{DP} には反ラベル付け素性 λ があり，ラベル付けにおいて不可視的となるからである．

　CP の省略についても，同様の分析が可能である．(74) を以下に再掲する．

(85) a.　花子は [$_{CP}$ 自分の提案が 採用されると] 思っている．
　　　b.　でも 太郎は ＿＿ 思っていない．(自分＝花子または太郎)

1 節で取り上げた PP の場合と同様に，CP は名詞句内では属格を伴って表れる．

(86) a.　[$_{CP}$ 花子がロンドンにいると] の情報
　　　b.　[$_{CP}$ 電車の到着が遅れると] の連絡

したがって，CP も N により属格として与値される λ 素性を有するものと考えられる．文においては，この λ 素性は音声的には具現化されないが，CP のスクランブリングを可能にする．(87) は，(85a) にスクランブリングを適用した例である．

(87)　[$_{CP}$ 自分の提案が 採用されると] 花子は ＿＿ 思っている．

　(85a) や (87) において，CP の λ 素性は動詞により連用屈折として与値されるものとしよう．この場合，(85b) の VP は，LF コピー後には (88) になる．

114

(88)
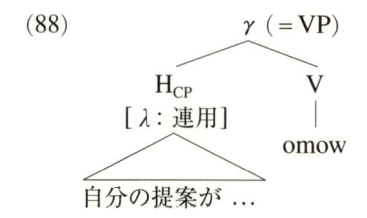

CP が λ 素性とともにコピーされるが故に，γ は V によりラベル付けされる．このように，日本語では，λ素性が項省略を可能にし，この素性を欠く英語では項省略が許容されないと考えることができる．

　本節では，省略句は，統語的には主要部として扱われるとする Richards (2003) の提案を仮定することにより，日本語は項省略が可能であるのに対して，英語では DP に限らず，すべての項の省略が許容されないことを，ラベル付け理論から導く可能性を示唆した．ここで提示した分析は，示唆の領域を出るものではないが，その方向性が正しければ，φ素性一致を欠く日本語では，反ラベル付け素性 λ が {XP, YP} 構造のラベル付けを可能にし，この素性が項省略をも可能にしていることになる．

5.　日本語の類型的特徴

　本章では，日本語が φ 素性一致を欠くという仮定の下で，接辞文法格あるいは述部屈折として具現化される反ラベル付け素性 λ が，{XP, YP} 構造のラベル付けを可能にしていることを提案した．極小主義統語論では，併合が句構造形成のために最低限必要な操作として仮定され，また，解釈部門の要請として形成された構成素のラベル付けがあるとされている．併合は，明確に普遍的な操作であり，言語間でそのメカニズムに相違があるとは考えにくい．そうであるとすれば，言語間変異は，ラベル付けの方法に起因すると考えられる．本章では，日本語の反ラベル付け素性 λ が，多重主語文，自由語順，特異な性質を示す語彙的複合動詞，文による比較的自由な名詞句修飾，項省略といった日本語の類型的特徴に説明を与える可能性があることを示した．

　本章で示唆した分析は，今後の研究でより正確なものにしていく必要があるが，理論的帰結を有し，また，新たな研究課題を提示するものでもある．

次章では，まず，λ素性を仮定しつつ，Chomsky (1981) 以降，最も基本的な統語原理の 1 つとして広く仮定されてきた θ 規準を除去すべきであるとの議論を提示する．次に，接辞文法格と述部屈折がなぜ反ラベル付け機能を有するのか，すなわち，λ素性とは何であるのかという新たな問いを取り上げて論じる．また，本章で提示した日本語の複合名詞句の分析をふまえて，形容詞句などの修飾句を含む構成素のラベル付けについても，日英語のデータを検証して，分析の方向性を探る．

第6章

ラベル付けによる日本語分析の帰結と課題

　前章では，日本語の接辞文法格と述部屈折が反ラベル付け機能を有すると
する仮説が，多重主語，自由語順，語彙的複合動詞の生成，多様な名詞修飾
節，項省略といった日本語の類型的特徴に説明を与えうることを示した．本
章では，この仮説の理論的帰結を検討し，さらにこの仮説により新たに生じ
る問題を取り上げて，解決の方向性を示唆する．
　まず，1 節で，同仮説に基づき，文法原理としての θ 規準が除去されるべ
きであることを論じた Saito (2017a) の議論を紹介する．次に，2 節で，仮
説が直接的に提示する問題，すなわち，なぜ接辞文法格と述部屈折が反ラベ
ル付け機能を有するのかという問いを取り上げ，接辞文法格と述部屈折が
Chomsky (2015) が提唱する弱主要部であることを提案した Saito (2018)
に沿って解決の糸口を探る．3 節では，日本語の多様な名詞修飾節の分析か
ら生じるより一般的な問題として，修飾関係として解釈される {XP, YP} 構
造のラベル付けについて検討する．

1.　θ 規準の再考

　本節では，日本語の接辞文法格が反ラベル付け機能を有するとする仮説の
θ 規準に対する帰結を論じる．θ 規準は，意味役割（θ 役割）が 1 つの項の
みに与えられるとするが，Kuroda (1988) の考察に基づき，ラベル付けが
可能である限りにおいて，意味役割が 2 つの項に与えられうることを示す．

さらに，この結論をふまえ，θ 規準が完全に除去されるべきであることを提案する．

　θ 規準は，正確には，意味役割と項の間に 1 対 1 の関係があるとする．1.1 節では，制御文の移動分析を提案して，項が 2 つ以上の意味役割を担うことができることを論じた Hornstein (1999) の議論を概観する．また，Hornstein による制御文の移動分析を発展させた Chomsky (2021) のコピー形成分析にも触れる．1.2 節では，日本語において，単一の意味役割が 2 つの項に与えられうることを示す Kuroda (1988) の例を紹介し，そこで提案されている分析を発展させて，θ 規準の除去を提案する．1.3 節では，同一の意味役割を担う多重項に係る意味的制約について考える．

1.1.　θ 規準と θ 位置への移動

　θ 規準は，Chomsky (1981) において以下のように定式化され，以降，最も基本的な統語原理の 1 つとして，広く仮定されてきた．

(1)　すべての項は 1 つの意味役割（θ 役割）を与えられ，すべての意味役割（θ 役割）は 1 つの項に与えられる．

(1) は，項と意味役割が 1 対 1 の関係になければならないことを明示している．文に意味役割のない項があれば，すべての要素は意味解釈に貢献するものでなくてはならないとする完全解釈の原理（Principle of Full Interpretation）に抵触する．また，対応する項を欠く意味役割があれば，明らかに文の解釈に支障をきたす．したがって，θ 規準が主に排除する対象とするのは，1 つの意味役割が 2 つ以上の項に与えられる場合と 1 つの項が 2 つ以上の意味役割を担う場合である．

　1 つの項が 2 つ以上の意味役割を受ける後者の場合について，Hornstein (1999) が興味深い提案を行っている．Chomsky (1981) の LGB 理論では，X′ 理論に合致する形で述部−項構造を忠実に反映する D 構造，および，D 構造に移動を適用して派生される S 構造という統語表示のレベルが仮定されていた．D 構造において，項は 1 つの位置にしか表れ得ないことから，その位置に与えられる意味役割しか受けることができない．もし，項が移動し，S 構造において移動先で新たな意味役割を与えられるとすると，D 構造は述部−項構造を正確に表していないことになり，D 構造の定義と矛盾

する．したがって，1つの項が2つ以上の意味役割を担うことができないこ
とは，D構造の定義から導かれ，この点において，θ規準は余剰的であっ
た．しかし，極小主義アプローチでは，D構造とS構造を共に除去し，併
合により派生した構造を意味解釈部門に送る．したがって，統語モデル自体
は，(2) に示すように，項が移動により2つの意味役割を与えられることを
排除しない．

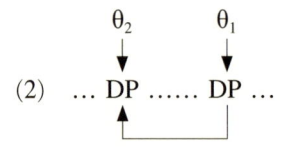

$$\text{(2)} \quad \ldots \text{DP} \ldots\ldots \text{DP} \ldots$$

この考察に基づき，Hornstein (1999) は，もし (2) を排除するために，
θ規準を維持するのであれば，それはθ規準を新たに統語論の原理として
仮定するに等しいことを指摘する．そして，θ規準を廃し，(3) のような制
御文を (2) の形で分析することを提案する．

(3)　Mary tried [$_{CP}$ PRO to solve the problem].

(3) は，メリーが，自分がその問題を解決するように努めたという意味であ
り，主文の主語も補文の主語も共にメリーであると解釈される．しかし，主
文の主語と補文の主語にそれぞれ意味役割が与えられることから，主文の主
語の位置には Mary，そして補文の主語の位置には Mary と同一指示の空代
名詞 PRO があると仮定されてきた．Hornstein は，D構造を除去した極小
主義アプローチの下では，(4) に示すように，(3) を移動により分析するこ
とが可能であり，またそのように分析すべきであると主張する．

(4)　Mary tried [$_{CP}$___ to solve the problem].

より正確には，Mary は，まず，補文の v*P 指定部で補文の外項としての
意味役割を受ける．その後で，主文の v*P 指定部に移動して，主文の外項
としての意味役割を与えられ，最終的に，主文の TP 指定部に移動する．
　DP が移動によって2つ目の意味役割を得る分析は，Bošković (1997)，
Saito (2001) などでも提案されている．例えば，後者では，(5a) の結果二

次述部を伴う文が，(5b) に示すように派生されるとしている.[1]

(5) a.　Mary broke the glass into pieces.

b.
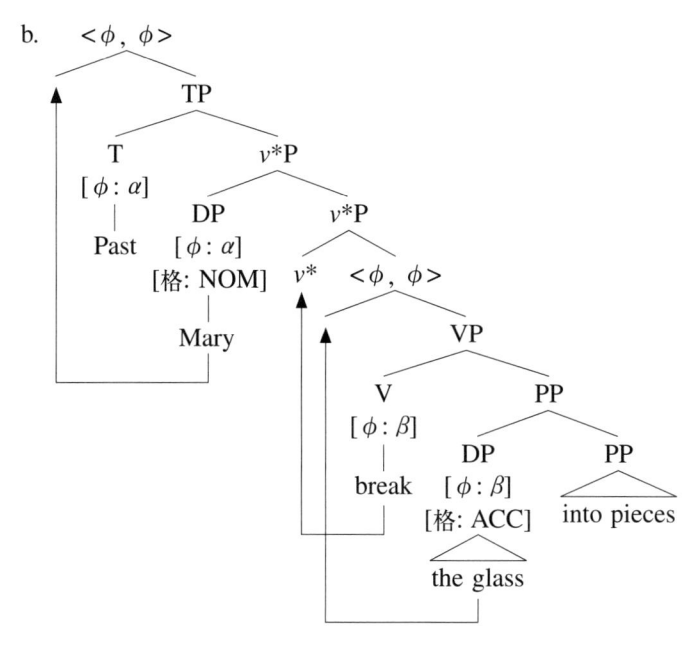

(5a) のような結果二次述部文においては，主文の内項が，二次述部の項で
もあることが問題とされてきた. D 構造を仮定した場合には，当該の項を
二次述部内に置いても，主文に置いても，この事実を捉えることができな
い. D 構造を除去した極小主義アプローチでは，(5b) に示すように，the
glass を二次述部の PP と併合した後に，主文 VP に併合することにより，
the glass が二次述部と主文動詞の双方から意味役割を受けることに説明を
与えうる.

　制御文の分析については，Chomsky (2021) が，Hormstein の洞察を受
け継ぎ，θ 位置への移動を伴わない代案を提示している. Chomsky は，述

---

[1]　(5b) で重要な点は，the glass が，主文動詞によって意味役割を与えられる位置に PP
内から移動することである. 構造の詳細については，前章までの議論をふまえて，Saito
(2001) の提案に修正を加えてある.

部－項関係を表す句構造が，必ず外的併合により形成されることを原理として立て，θ位置への移動（内的併合）の可能性を排除する．その上で，制御文の分析とは独立に，コピー形成（Form Copy）という操作が必要であることを論じる．(6) に示す非対格文を例にとって，この主張を見よう．

(6)　… [$_{CP}$ that [$_{TP}$ the boat [$_{vP}$ sank the boat]]].

この例では，動詞の補部に位置する the boat が，TP と併合する．したがって，正確には，the boat が 2 か所に表れることになる．もっとも簡素な仮定として，形成された構造を解釈するにあたって，構造のみが与えられ，その形成過程に関する情報は供給されないものとしよう．その場合には，(6) の 2 つの the boat がそれぞれ独立に解釈されるべき要素であるのか，単一の要素のコピーであるのかが明確ではない．(6) では，後者であることを示す必要があり，Chomsky は，コピー形成（Form Copy）がその役割を担うとする．コピー形成は，(7) に示すように，α の領域を探索して，α と同一の要素があれば，2 つの α にコピーの関係を付与し，後者の音声素性を削除する．

(7)　… [α [… α …]]
　　　　　　　　　　コピー

　Chomsky は，このコピー形成が，いわば自動的に制御文の分析を可能にすることを指摘する．コピー形成には，(7) の 2 つの α がどのように生じたかの情報は与えられない．したがって，(8a) にも適用される．

(8) a.　[$_{TP}$ Mary tried [$_{CP}$ Mary to solve the problem]]
　　 b.　[$_{TP}$ Mary tried [$_{CP}$ ~~Mary~~ to solve the problem]]
　　　　　　　　　　　　　　　　　コピー

θ位置への併合は外的併合に限られることが仮定されているため，(8a) の Mary は，補文にも主文にも外的に併合される．コピー形成は，この例にも適用され，(8b) に示すように，2 つの Mary にコピー関係を付与し，補文の Mary を削除する．このように，Hornstein (1999) は，繰り上げ文と制御文が共に移動により派生されるとしたが，Chomsky (2021) は，移動で

はなく，コピー形成による両者の統一的分析を提案している．

Hornstein (1999) とは異なり，Chomsky (2021) は，θ 規準に言及していない．しかし，(8) の2つの Mary は，コピー形成により単一の要素のコピーとして解釈され，結果として，この単一の要素が2つの θ 役割を担うことになる．したがって，コピー形成分析は，θ 位置への移動は排除するものの，やはり単一の項が2つ以上の θ 役割を担うことはないとする θ 規準とは相容れないと考えられる．[2]

以上見てきたように，θ 規準とは矛盾する形で，1つの項が2つ以上の意味役割を担う分析が提案されてきた．では，θ 規準のもう一方の主張，すなわち，単一の意味役割が2つ以上の項に与えられることはないという点は，維持すべきなのだろうか．次節では，この一般化が英語では成立するものの，日本語からは反例があることを示した Kuroda (1988) の議論を紹介する．その上で，Kuroda が θ 規準の適用により分析した英語の現象は，ラベル付け理論により説明されることを指摘して，θ 規準を完全に除去することを提案する．

1.2. 日本語における多重項文

1つの意味役割が2つの項に与えられ，非文である例として，(9) を挙げることができる．

(9) a. *Mary hit the head John.

b. *Mary went to Germany (three times) to Europe.

(9a) では，the head と John が主題 (theme) の意味役割，(9b) では，Germany と Europe が着点 (goal) の意味役割を与えられている．(9a) の場合は，他動詞と目的語の一致が1対1の関係であれば，いずれかの DP が格を与値されないため非文法的になると考えられる．一方，(9b) については格に関する問題はない．しかし，(10a, b) に示すように，いずれの例もラベル付けに問題が生じる．

---

[2] Hornstein (1999) と Chomsky (2021) の分析の比較については，当該論文に加え，Saito (2024) を参照されたい．両者とも，繰り上げと制御を統一的に捉えることを目指しており，経験的予測に大きな違いはないが，本書の第9章において，Chomsky の分析を支持する現象を提示する．

(10) a. 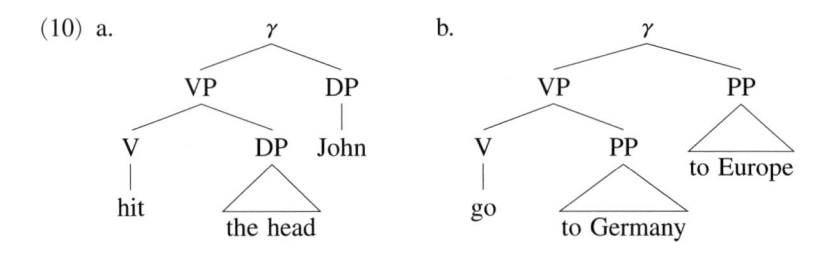　　b.

(10a) と (10b) の双方において，γ は {XP, YP} 構造であり，ラベルを与えられない．

　(9) の例については，θ 規準を仮定することなく，非文法性を説明することができる．では，θ 規準は維持される必要があるのだろうか．それとも，統語理論から除去されるべきなのだろうか．この問いは，(9a) に対応する日本語の例に答えを求めることができる．(11) に日本語の構造を示す．

(11)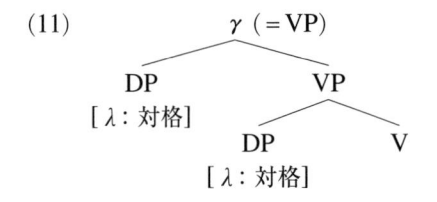

上位の DP も λ 素性があるために，γ は V によりラベル付けされる．また，この λ 素性は，DP と併合する VP のラベル V により，対格として与値される．このように，(9a) に対応する日本語の例では，ラベル付けの問題も格与値の問題も生じない．したがって，(11) の構造を持つ日本語の例が非文法的であれば，θ 規準による説明が必要となり，θ 規準を支持する証拠となる．他方，当該の例が文法的であれば，θ 規準を統語理論から除去すべきことを示す証拠となる．Kuroda (1988) がすでに (11) の構造が日本語では許容されることを示しており，本節では，その議論を紹介し，分析を発展させる．

　(12) が，Kuroda (1988) が提示した例である．

(12) ??正男が花子を頬を打った．

この例は文法的であるとは言い難いが，(13) の場合と同様に，同一単文内

に対格の名詞句が2つあることが容認度が低い原因であると考えられる.

(13) ??花子が太郎を浜辺を3ヶ所歩かせた.

Harada (1973) が指摘するように，この種の「二重対格制約」は表層的なものであり，対格名詞句の1つを文外に移動することにより回避することができる. (14a), (14b) は，それぞれ (12) と (13) の2番目の対格名詞句を分裂文の焦点とした例であり，文法的に適格である.

(14) a. [CP 正男が花子を打ったの] は，頬（を）だ.

　　　b. [CP 花子が太郎を歩かせたの] は，浜辺を3ヶ所だ.

Kuroda は，(14a) が文法的であることから，(12) も文法的には許容されるものとしている. (12) が，同類の目的語が2つ表れる (15) と比して明確に容認度が高いことも，この仮定の根拠となる.

(15) *正男が花子を次郎を打った.

では，(12) はどのように派生され，解釈されるのだろうか. 1つの可能性として，いわゆる所有者繰り上げ (possessor raising) による派生が考えられる. この場合には，(16) に示すように，「花子」は目的語の DP 内で所有者 (possessor) としての意味役割を受け，目的語 DP 内から移動して，動詞により対格を与値される.

(16)　　正男が [VP 花子を [VP [DP 花子（の）頬] を but]]ta.

したがって，動詞は,「花子の頬」のみに主題の意味役割を与えており，θ規準と齟齬はない. しかし，Kuroda (1988) は，以下の例を提示して，この可能性を排除する.

(17) a.　正男が花子の指を2本折った.

　　　b. *正男が花子を指を2本折った.

もし，所有者繰り上げが (16) に示す形で適用できるのであれば，(17a) から (17b) を派生することが可能でなければならない. (17b) の非文法性は，(16) の派生に対する反証となる.

(12) と (17b) は類似しているように見えるが，なぜ，前者のみが文法的に許容されるのだろうか．(17b) の非文法性は，表層的な二重対格制約によるものではない．「指を 2 本」を焦点とした (18) の分裂文も非文法的である．

(18) *[$_{CP}$ 正男が花子を折ったの] は，指を 2 本だ．

ここで，Kuroda (1988) は，(12) では「花子」が目的語として解釈できることに注目する．(19b, c) は，いずれも文法的に適格である．

(19) a. ??正男が花子を頬を打った．(＝(12))
　　 b. 　正男が頬を打った．
　　 c. 　正男が花子を打った．

一方で，(17b) の「花子」は目的語として解釈することができない．(20b) は非文法的である．

(20) a. 　正男が指を (2 本) 折った．
　　 b. *正男が花子を折った．

したがって，(19c) と (20b) の対比は，(19a) の文法性が，2 つの対格名詞句がいずれも主題の意味役割を受け，目的語として解釈できることに依存することを示す．この分析は，日本語においては，θ 規準の予測に反して，目的語が 2 つ表れ，共に主題の意味役割を受けることができることを含意する．

　Kuroda (1988) は，(19a) のような対格の二重項だけでなく，与格の二重項も観察されることを例示している．(21a) がその例である．

(21) a. ??正男が花子に頬にキスした．
　　 b. 　[$_{CP}$ 正男が花子にキスしたの] は，頬にだ．

(21a) は，(19a) と同様に容認度が落ちるが，(21b) のように「頬に」を分裂文の焦点にした場合には，文法的に適格である．[3] また，「花子に」も「頬

---

[3] 表層的な「二重対格制約」は広く仮定されているが，Kuroda が指摘するように，(21) は，「二重与格制約」も存在することを示す．

に」も，動詞「キスする」により，意味役割を与えられうる．

(22) a.　正男が頬にキスした．
　　　b.　正男が花子にキスした．

　(19a)，(21a) に基づき，Kuroda (1988) は，日本語では，1 つの意味役割を 2 つの項に与えることが可能であるとの結論を導く．これは，日本語には，θ 規準が適用されないということである．[4] Kuroda は，英語は θ 規準に従うとしているが，本節 (1.2 節) の冒頭に述べたように，(23) に再掲する (9a, b) の非文法性は，θ 規準に依拠することなく，ラベル付け理論により説明されうる．

(23) a.　*Mary hit the head John.
　　　b.　*Mary went to Germany (three times) to Europe.

したがって，ラベル付け理論をふまえれば，Kuroda (1988) の反証を日本語における θ 規準の適用ではなく，θ 規準そのものに向けられたものとして解釈し直すことができる．

　本節を締めくくる前に，Kuroda (1988) が指摘した二重項現象は，後置詞句や主語でも観察されることを見ておこう．(24a) は，着点 (goal) を表す PP を 2 つ含む．

(24) a. ??花子がヨーロッパへドイツへ 3 回 (だけ) 行った．
　　　b.　[CP 花子がヨーロッパへ行ったの] は，ドイツへ 3 回 (だけ) だ．
　　　c.　ヨーロッパへは，花子がドイツへ 3 回行った．

この例も容認度が低いが，(24b) が示すように，着点を表す 2 つ目の PP を焦点化することで，許容される文になる．[5] (24c) は，1 つ目の PP を主題とすることでも，同様の効果が得られることを示す．始点 (source) を表す

---

　[4] Kuroda は，意味役割の割り当て，文法格の付与などを広い意味での「一致」とみなし，英語では一致が 1 対 1 の関係であるのに対して，日本語では 1 対 0 や 1 対 2 も可能であるとしている．Kuroda 理論の全容については，当該論文を参照されたい．
　[5] (24) の例は，「二重対格制約」として記述されている効果が，同じ文法格を持つ 2 つの名詞句から，さらに，同じ後置詞を主要部とする 2 つの後置詞句へと一般化されることを示唆する．

PP を 2 つ含む (25) でも，類似するパターンが観察される．

(25) a. ??アメリカからニューヨークから（だけ）手紙が届いた．

b. [_CP アメリカから手紙が届いたの] は，ニューヨークから（だけ）だ．

c. アメリカからは，ニューヨークから手紙が届いた．

日本語では，着点や始点の意味役割を与えられる後置詞句の重複も可能なのである．

最後に，外項の重複も許容されることを示す例を (26) に挙げる．

(26) a. ??学生が 1 年生が 3 人だけその会議で発言した．

b. [_CP 学生がその会議で発言したの] は，1 年生が 3 人だけだ．

目的語や後置詞句の場合と同様に，単純な形で外項が 2 つ表れる (26a) の容認度は低いが，「1 年生が 3 人だけ」を焦点化した (26b) は，明確に文法的である．(26a) は，一種の二重主語文であるが，前章でとりあげた (27) のような例とは性質が異なることに留意されたい．

(27) 太郎が娘が 2 人ともとても賢い．

(27) は，太郎について，2 人の娘がとても賢いことを表しており，太郎が賢いという意味は含まれていない．したがって，「娘」のみが「賢い」の項であり，θ 規準と齟齬はない．一方で，(26) の場合は，「学生」と「1 年生」の双方が「発言する」の外項としての意味役割を与えられる．これが，「二重対格制約」に類似する「二重主格制約」の効果が (26a) において見られる理由であろう．

1.3. 多重項に係る意味的条件

前節では，日本語においては，単一の意味役割が 2 つの項に与えられうるとする Kuroda (1988) の考察を紹介した．しかし，多重項は常に許容されるわけではなく，一定の意味的条件の下でのみ可能である．例えば，(28) に再掲する (15) は非文である．

(28) *正男が花子を次郎を打った．（= (15)）

多重項に係る意味的条件とは，どのようなものなのだろうか．本節では 1
つの可能性を提示することとしたい．

　以下に再掲する Kuroda (1988) の (12) および (21a) と (28) の対比は，
同じ θ 役割を受ける 2 項の間に一定の関係がなければならないことを示唆
する．

(29)　a. ??正男が花子を頬を打った．（=(12)）
　　　　b. ??正男が花子に頬にキスした．（=(21a)）

(29) に見られる関係は身体における全体と部分であるが，(24)-(26) は，
二重項の間により広い関係が許容されることを示している．(30) の例から
も，同様の結論が得られる．

(30)　a. ?*花子が果物をリンゴを一つ食べた．
　　　　b.　[CP 花子が果物を食べたの] は，リンゴを一つ（だけ）だ．

(30) を手掛かりとして，二重項を含み，許容される文の意味的性質をより
詳しく見ていくことにしよう．

　Kuroda (1988) が指摘するように，(30) では 2 つの対格目的語がいずれ
も主題の意味役割を受ける．したがって，(30) は，(31a, b) を含意する．

(31)　a.　花子が果物を食べた．
　　　　b.　花子がリンゴを一つ食べた．

同時に，(30) は単一の事象を表す．結果として，(30) が含意する (31a)
と (31b) が表す事象は，同一でなければならない．この二重項文の性質か
ら，(28) の非文法性が予測できる．正男が花子を打つ事象と正男が次郎を
打つ事象は，同一のものではない．

　また，(30a, b) の対比は，2 番目の目的語が焦点として解釈されることを
示唆する．(30a) に比して，2 番目の目的語を分裂文の焦点位置に置いた
(30b) は容認度が高い．(32) に示すように，2 番目の目的語に焦点辞の「だ
け」を添えた場合にも，文の容認度が向上する．

(32)　?花子が果物をリンゴを一つだけ食べた．

この事実も，2 番目の目的語が焦点として解釈される限りにおいて，目的語

の重複が許容されることを示唆する．では，1番目の目的語は，どのような意味的役割を担うのだろうか．Rooth (1992) は，焦点が「代替集合」を伴って解釈されることを提案しているが，1番目の目的語には，この「代替集合」を指定する機能があると考えられる．Rooth による焦点の分析を概観しつつ，この点について見ていこう．

　Rooth は，焦点が代替集合を生成するとする．(33a) を例にとれば，焦点 MARY が生成する代替集合は，(33b) のようなものであると考えられる．

(33) a.　John saw MARY.

　　 b.　{Bill, Susan, Mary, …}

　　 c.　{John saw Bill, John saw Susan, John saw Mary, …}

代替集合は，正確にはコンテクストによって決定されるが，(33) について言えば，ジョンが会った可能性がある人の集合である．代替集合の要素を MARY に置き換えることにより，(33c) に示す文の集合が得られる．MARY を焦点とする (33a) は，(33c) に含まれる文のうち真であるのは，John saw Mary であると解釈される．

　二重項を含む文では，2番目の項が焦点として解釈されると考えられるが，1番目の項がその代替集合を指定することを裏付ける証拠としては，以下の対比が挙げられる．

(34) a.　[$_{CP}$ 花子が果物を食べたの] は，リンゴを一つ（だけ）だ．

　　 b.　[$_{CP}$ 花子が食べたの] は，リンゴを一つ（だけ）だ．

(34a) は，「リンゴを一つ」を焦点とし，その代替集合は，果物の種類と数を列挙した (35a) に類する集合であろう．

(35) a.　{バナナを一本, みかんを三つ, リンゴを一つ, …}

　　 b.　{牛肉を二切れ, レタスを一枚, リンゴを一つ, …}

(34a) は，花子が果物以外の物を食べたかどうかについては言及しておらず，果物に関する限り，(36) のみが真であると解釈される．

(36)　　花子がリンゴを一つ食べた．

「果物を」を省いた (34b) の解釈は明確に異なる．果物を指定するコンテク

ストがなければ，この文は，花子がリンゴ一つ以外は何も食べなかったこと
を含意する．したがって，代替集合は，(35b) のように，果物以外のものを
含む．(34a) は，1番目の目的語「果物を」があるが故に，代替集合が (35a)
になるのである．

　二重項文において，1番目の項が代替集合を指定する役割を担うとする仮
説は，以下に再掲する Kuroda (1988) の (12) にも拡張して適用しうる．

　(37) ??正男が花子を頬を打った．(= (12))

この例の「花子」は，「花子の身体部位」と解釈できる．この解釈の下では，
(37) の焦点は「(花子の) 頬」であり，その代替集合は，(38) であると考え
られる．

　(38)　{花子の腕，花子の頭，花子の頬，…}

また，二重項を含む文は，2つの項を入れ替えた場合に，非文となることも
正しく予測される．(39) は，(37) と明確な対比をなす．

　(39) *正男が頬を花子を打った．

「頬」は，焦点「花子」の代替集合を指定するものとして解釈することができ
ない．

　二重項を含む文では，2番目の項が焦点として解釈され，1番目の項がそ
の代替集合を指定することを論じてきたが，この意味的制約は，どのように
説明されるのだろうか．1つの可能性としては，θ規準を，θ役割に限定さ
れないより広い制約として維持することが考えられる．例えば，(37) では，
「花子」も「頬」も主題のθ役割を受けることから，θ役割は1つの項のみ
に与えられるとするθ規準を維持することはできない．しかし，「頬」は焦
点として，また，「花子」はその代替集合を指定する要素として，意味解釈
上，それぞれ固有の役割を担っている．したがって，θ役割に限定されない
より一般的な制約として，すべての項が意味解釈の上で固有の役割を担わな
ければならないということがあるのではないだろうか．現時点では，憶測の
域を出ないが，このような制約があるとすれば，それはすべての要素が解釈
に貢献しなければならないとする完全解釈の原理 (Principle of Full Inter-
pretation) から導かれるものと考えられる．この原理を，すべての要素は，

固有の役割を担うことで意味解釈に寄与しなければならないという形で再定式化することにより，二重項に課せられる意味的制約を説明する可能性はあろう．

1.4. θ規準の除去へ

本節では，日本語の接辞文法格が反ラベル付け機能を有するとする仮説を議論の出発点として，(40) に再掲するθ規準を完全に除去すべきであることを提案した．

(40) すべての項は 1 つの意味役割（θ役割）を与えられ，すべての意味役割（θ役割）は 1 つの項に与えられる．

まず，Hornstein (1999) による制御文の移動分析と Chomsky (2021) の代案を中心に，1 つの項が複数のθ役割を受けることができるとする仮説を紹介した．その上で，日本語では，1 つのθ役割が複数の項に与えられうるとする Kuroda (1988) の議論を取り上げた．Kuroda の結論は，θ規準が英語には適用されるが，日本語には適用されないというものであったが，本節では，θ規準によって排除されると考えられてきた英語の例は，ラベル付けによって説明しうることを根拠として，θ規準を文法理論から完全に除去すべきであるとの提案を行った．さらに，日本語においても，一定の条件下でのみ，1 つのθ役割が複数の項に与えられうることに鑑み，多重項に課せられる意味的制約についても検討した．

2. 弱主要部としての接辞文法格／述部屈折

第 5 章では，接辞文法格と述部屈折が，反ラベル付け機能を持つとする仮説が，多重主語や自由語順をはじめとする日本語の類型的特徴に説明を与えうることを示した．この分析が正しければ，なぜ接辞文法格と述部屈折がこのような性質を持つのかということが，次に追究すべき課題となる．本節では，文法格を主要部として分析する KP 仮説を採用しつつ，この問題を論じた Saito (2018) の提案を紹介する．2.1 節では，KP 仮説を紹介し，ラベル付けとの関係において論じる．次に，2.2 節で，接辞文法格（K）と述部屈折を Chomsky (2015) が提案する弱主要部とすることにより，両者の

反ラベル付け機能に説明を与える可能性を探る.

2.1. KP 仮説とラベル付け

　本節で仮定する KP 仮説の紹介から議論を始めよう. Travis and Lamon-tagne (1992), Fukuda (1993) は, 文法格を主要部とし, 接辞文法格を伴う名詞句の構造が (41) であることを提案している.[6]

(41)

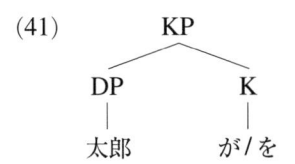

　この KP 仮説を支持する主要な証拠としては, いわゆる格脱落現象がある. Kuno (1973) が指摘するように, 会話において, 目的語に付随する対格「を」を省略することができるが, 主語に付随する主格「が」は省略できない. (42) に具体例を挙げる.[7]

(42) a.　その時 だれ *(が) そこにいたの?
　　　b.　その時 太郎は 何 (を) 食べたの?

さらに, (43) に見られるように, 目的語にスクランブリングを適用して文頭に移動した場合には, 「を」を省略しにくい.

(43)　何 ??(を) その時 太郎は 食べたの?

したがって, 文法格の省略は, 補部の位置でのみ可能であり, (44) に例示する補文標識 that の省略と同様のパターンを示す.

(44) a.　[CP *(That) [TP John was lying]] is obvious.
　　　b.　Mary believes [CP (that) [TP John was lying]].

---

　[6] 例えば, Travis and Lamontagne (1992) は, 英語の格も K 主要部であるとしているが, ここでは, KP 仮説は日本語の格のような接辞文法格のみに適用されるものとして議論を進める.
　[7] Kuno (1973) は, 話題 (トピック) を表す「は」も省略可能であることを指摘している. (42) では, 「は」が省略されている可能性を排除するために, 話題として解釈されえない Wh 句を用いて付随する格の省略の可否を示している.

   c. [$_{CP}$ *(That) [$_{TP}$ John was lying]], we already knew.

Kayne (1981), Stowell (1981) は, (44) を分析するにあたって, that の省略は空の主要部 C を伴うことを仮定して, that が省略された場合の (44a, c) の非文法性を空範疇の分布に関する空範疇原理 (empty category principle, ECP) により説明することを提案している. Travis and Lamontagne (1992), Fukuda (1993) は, (42), (43) についても, 格が省略されている時には, 空の K があるとすれば, 同様の分析が可能であることを指摘する.

　空範疇原理は極小主義理論では仮定されておらず, ここでは Kayne と Stowell の空主要部の分布に関する具体的な分析には立ち入らないが, (42), (43) と (44) が類似する現象であることは明らかであろう. また, KP 仮説は, 日本語の接辞文法格が独立した形態素であることを捉えており, 一定の説得力があると考えられる. 一方で, この仮説の下では, 動詞と項の選択関係を適切に表すことが難しい. 青柳 (2006) などが指摘するように, 例えば, 他動詞が意味的に選択するのは, DP であり, KP ではない. 意味関係を表現しないことは, 文法格の定義の一部である. したがって, 項の位置に現れるのは, KP ではなく, DP であると仮定せざるを得ない.

　しかし, この問題は, 第 4 章で紹介した Chomsky (2015) の弱主要部仮説により, 解決できるものと考えられる. 拡大投射原理の効果, すなわち, 英語において文は必ず主語を伴わなければならない事実を説明するために, Chomsky は, 英語の T が弱主要部であり, (45) の γ はラベル付けがなされないとした.

(45)

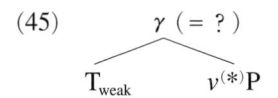

一方で, 指定部に主語がある (46) の δ は, 素性共有により, <φ, φ> とラベル付けされ, この素性共有が T を強主要部として γ のラベル付けを可能にする.

(46)

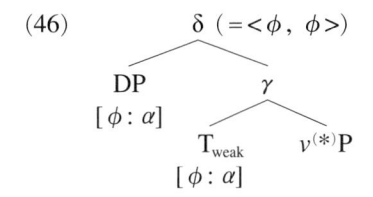

　Chomsky は，$\gamma = \{H,\ XP\}$ において，H が弱主要部であれば，γ はラベルを与えられないとしている．しかし，(45) を排除する方法としては，弱主要部は単にラベル付けに関与せず，XP が γ のラベルを決定するとする可能性もある．具体的には，ラベル付けが以下のメカニズムに従うものとしよう．

(47)　$\gamma = \{\alpha,\ \beta\}$ のラベルを決定するために，γ 内を探索せよ．α が弱主要部であるか α 内の探索が弱主要部を見いだす場合には，β のラベルが γ のラベルとなる．

この提案に従えば，(45) の $\gamma = \{T,\ v^{(*)}P\}$ はラベルを欠くのではなく，$v^{(*)}P$ 内の探索により，$v^{(*)}$ がラベルとなる．しかし，$\gamma = v^{(*)}P$ とすれば，述部－項構造を表すべき $v^{(*)}P$ 内に時制が生じ，意味解釈に齟齬をきたすと考えられる．したがって，弱主要部 T を伴う (45) が排除されるという結論は維持することができる．

　さらに，(47) を仮定し，K を弱主要部とすれば，(48) の構造は，D によってラベル付けされることになる．

(48)

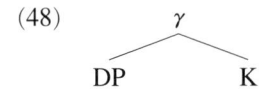

γ 内の探索は，DP と K を見いだすが，K が弱主要部であれば，探索は DP でのみ続けられ，最終的にラベルを供給しうる D に至る．したがって，γ が目的語の位置にある場合にも，DP と解釈されるため，動詞との選択関係に問題は生じない．次節では，K を弱主要部とする仮説が，KP 仮説の問題を解決するだけでなく，接辞文法格の反ラベル付け要素としての性質にも説明を与えることを示す．

2.2.　弱主要部としての接辞文法格と述部屈折

　KP 仮説を採用し，K を弱主要部であると仮定することにより，接辞文法格の反ラベル付け要素としての性質がどのように導かれるかを，(49) を例にとって見ていこう．

(49) a.　そこが景色がいい.

b.

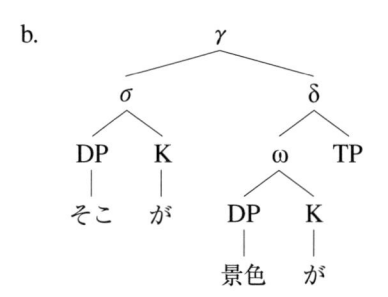

(47) に従えば，(49b) 内の ω = {DP, K} のラベルは，K が弱主要部であるため，DP のラベル，すなわち，D である．同様に，σ = {DP, K} のラベルも D であり，σ は DP と解釈される．δ = {ω, TP} はどうだろうか．ω 内の探索は，弱主要部 K を見いだす．したがって，TP のラベル T が δ のラベルとなる．二重主語を含む γ = {σ, δ} も δ と同様にラベル付けがなされる．σ 内の探索が弱主要部 K を見いだすため，γ のラベルは，δ のラベル，すなわち T となる．

　スクランブリングにより構成素が前置された文にも，同様にラベル付けがなされる．(50) に，目的語が文頭に前置された文とその構造を示す.

(50) a.　太郎を [花子が ___ 叱った].

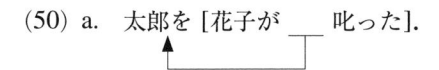

　　b.

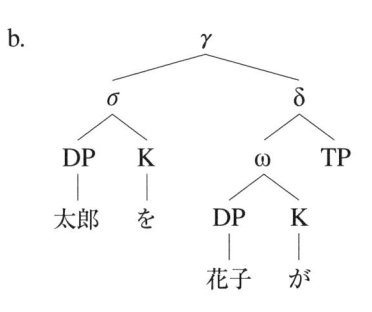

Kが弱主要部であるため，σ と ω のラベルは D である．また，ω 内の探索が K を見いだすため，δ のラベルは，TP のラベル，すなわち，T となる．γ についても，同様の理由で，T としてラベル付けされる．

　副詞句のスクランブリングを伴う例については，述部屈折を弱主要部とすることにより，ラベル付けが可能となる．この分析を示す前に，接辞文法格と述部屈折の与値について触れておこう．K は格素性であり，(51) に示すように与値されなければならない．

(51)
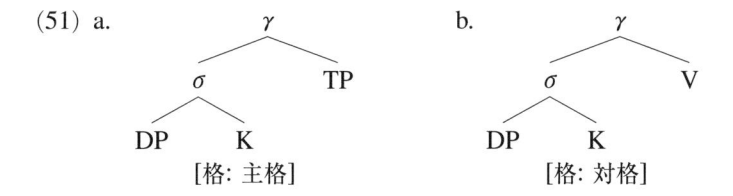

(51a) では，T が K の格素性を主格として与値し，(51b) では，他動詞 V が K の格素性を対格として与値する．これは，(52) に示すメカニズムによって可能となる．

(52)　$\gamma = \{\alpha, \beta\}$ において，α 内の探索により見出される未与値素性は，β のラベルにより与値される．

　述部屈折の与値も同様のメカニズムに従うものと考えられる．副詞句の連用屈折を例にとって，この点を見よう．

136

(53) a. 花子が 静かに 座った.

b.
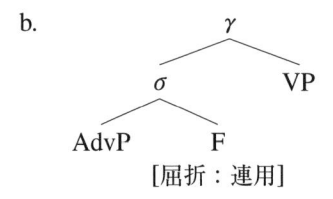
[屈折：連用]

σ 内に F として示した屈折は，VP のラベル，すなわち，V によって連用として与値される．F が K と同様に弱主要部であるとすれば，γ のラベル付けも適切になされる．σ は，AdvP によってラベル付けされ，σ 内の探索がF を見いだすため，VP のラベルが γ のラベルとなる．また，副詞句のスクランブリングを伴う文も，(54b) に示すように，適切にラベル付けがなされる．

(54) a. 静かに [花子が ___ 座った].

b.
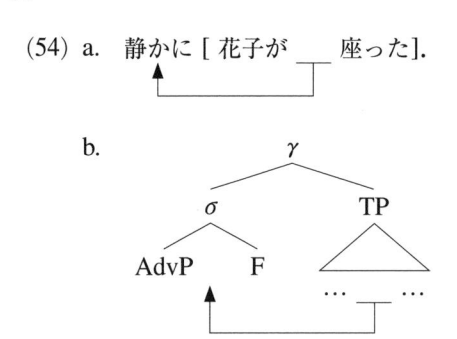

σ のラベルは，AdvP によって与えられ，σ 内の探索が弱主要部 F を見いだすため，γ は TP によってラベル付けされ，TP と解釈される．

以上，接辞文法格と述部屈折を弱主要部とすることにより，それらが反ラベル付け要素として機能することに説明を与える分析を提示した．この分析は，λ素性といった新たな素性を導入することなく，弱主要部というすでに仮定されている性質のみに依存する点が長所であろう．本節を締めくくる前に，この分析に基づいて，多重主語やスクランブリングに加えて，前章でとりあげた日本語文法の他の特徴にも説明を与えることができるかを検討しておこう．語彙的複合動詞の性質や多様な名詞修飾節については，前章で提示した分析をほぼそのままの形で維持することができ，項省略についても，分

析を深めつつ維持しうることを見ていく.

　前章では, (55) に例示する語彙的複合動詞が, 2 つの動詞の統語的併合によって形成されることを提案し, その主要な性質である他動性調和が帰結として導かれることを示した.

(55) a.　花子が太郎を押し倒した.
　　 b.　太郎が穴に滑り落ちた.

その上で, 通常はラベル付け理論によって排除される 2 つの動詞の併合が, なぜこの場合には可能なのかを論じ, その答えを左側の動詞が連用屈折を伴うことに求めた.「滑り落ち」の場合には, (56) に示すように, suber に λ 素性があり, これが oti により連用と与値され, i として具現化する.

(56)

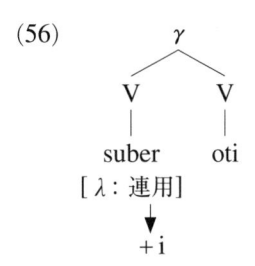

λ 素性が suber をラベル付けにおいて不可視的にするため, γ は, 動詞 oti によってラベル付けされる. 前章の分析は, 連用屈折として具現化する λ 素性が, γ = {V, V} のラベル付けを可能にしているというものであった.

　述部屈折を λ 素性ではなく, 弱主要部とみなした場合には, この分析の基本的な考え方をより単純化された形で維持することができる.「滑り落ち」の構造は, (56) に代わり, (57) となる.

(57)

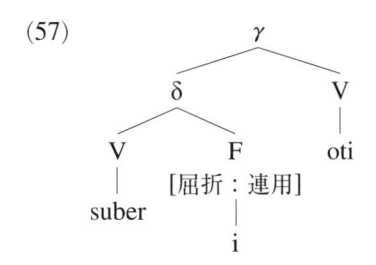

F は，oti によって連用と与値される．F が弱主要部であるため，δ は suber により V とラベル付けされる．また，γ は内部の探索により見いだされる唯一の主要部 oti により，V とラベル付けされる．

(58) のような複合名詞句についても，ラベル付けのメカニズムに大きな変更の必要性は生じない．

(58) a. 魚が焼ける匂い
b. 誰かがドアを閉める音

(58a) を例にとって，この点を見よう．前章の分析によれば，(59) に示すように，修飾節は，修飾される名詞によって連体と与値される λ 素性を伴う．この λ 素性が反ラベル付け要素であるために，複合名詞句 γ は，修飾される NP によりラベル付けされる．

(59)

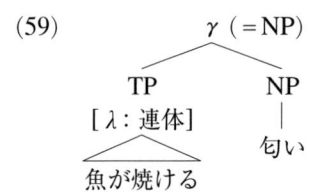

述部屈折を弱主要部とする分析に従えば，(58a) の構造は，(60) である．

(60)

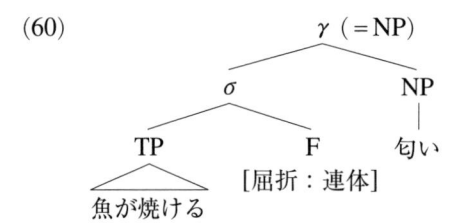

F は，名詞「匂い」により，連体と与値される．F が弱主要部であることから，σ は TP によりラベル付けされる．γ については，σ 内の探索が F を見いだすため，NP の主要部 N がそのラベルとなる．

日本語において項省略が許容される事実についても，K を弱主要部とする仮説により説明することが可能であると思われる．まず，前章で提示した (61) と (62) の分析を振り返ろう．

(61) a. 太郎はいつも自分の博士論文を引用する．

　　　 b. でも，次郎は全然 ___ 引用しない．

　　　 （___ ＝太郎の博士論文または次郎の博士論文）

(62) a. John always cites [_DP his dissertation].

　　　 b. *But Bill doesn't cite ___ .

前章では，省略の LF コピー分析に加え，省略された要素は統語的には主要部とみなされるとする Richards (2003) の仮説を採用して，(61b) の文法性と (62b) の非文法性を説明することを提案した．(62b) の空所には，(62a) から his dissertation が (63b) に示すようにコピーされる．

(63) a.

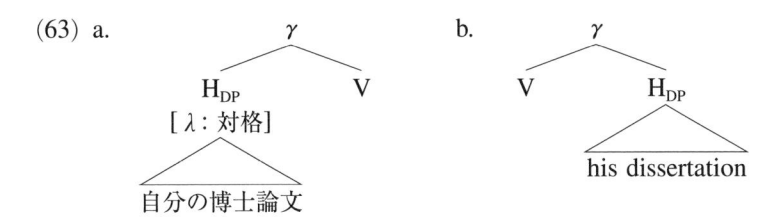

しかし，コピーされた要素は主要部とみなされるため，γ は2つの主要部によって構成されており，ラベルが与えられない．したがって，英語では，動詞補部の省略は許容されない．

　一方，(61b) の空所には，(61a) から「自分の博士論文を」がコピーされ，(63a) の構造が形成される．コピーされた要素は主要部とみなされるが，対格として与値された λ 素性を伴う．この λ 素性が，コピーされた要素をラベル付けにおいて不可視的にするため，日本語の場合には，γ が V によって適切にラベル付けされる．前章の分析の骨子は，λ 素性が日本語における項省略を可能にしているということであった．

　接辞文法格を弱主要部 K とし，省略される項が {DP, K} であると仮定した場合には，(63a) の構造は，(64) となる．

140

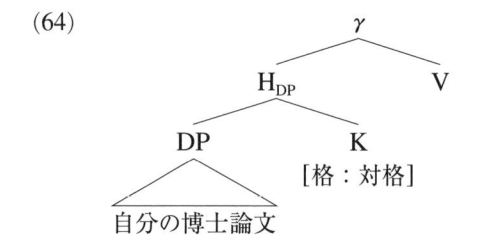

(64)

この構造に基づいて前章の分析を維持するためには，H_{DP} は主要部とみなされるものの，H_{DP} 内の探索が弱主要部 K を見いだすため，γ のラベル付けには関与できないとしなければならない．H_{DP} をラベル付けにおいては主要部として扱うこととその内部を探索することに，厳密な意味での矛盾はないが，分析として説得力にかけることは否めない．

　しかし，この問題を回避する分析として，項省略において省略される要素は，{DP, K} ではなく，K を除外した DP であるとする可能性が考えられる．この仮説の下では，(61b) の空所に，先行詞「自分の博士論文」が以下のようにコピーされる．

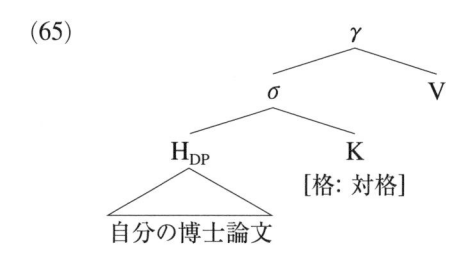

(65)

K が弱主要部であることから，σ のラベルは，H_{DP} のラベル，すなわち D となる．また，γ はそれが直接含む唯一の主要部 V によってラベル付けされる．この分析を維持することができれば，日本語において項省略が許容される事実も，弱主要部としての K の存在に帰することができる．[8]

---

[8] KP 仮説に基づいて，項省略を K の補部である DP の省略として分析する先行研究に Otaki (2011) がある．Neeleman and Szendrői (2007) は，代名詞の格が屈折によらない言語のみが，すべての項の位置に pro を許容するとする一般化を提示し，形態論に基づく分析を提示している．Otaki は，この分析を項省略に拡張し，日本語の項 (DP) 省略は，K が屈折の要素ではないことにより可能になるとしている．

　(65) に示した分析では，K の格素性が V により対格として与値される．したがって，事実に反して，この格素性を音声的に具現化する「を」が生じることが予測されるとも考えられる．しかし，目的語に位置する DP が空代名詞 pro である場合にも，「を」は表れない．一般的に，K は接辞であり，K が付随する DP が空である時には，K も空となると仮定することができる．また，(66) が示すように，省略される DP の格が，先行詞の格と同一である必要はない．

(66) a.　太郎は自分の母親を訪ね，花子は（自分の母親に）電話をした．
　　 b.　太郎は自分の母親に会ったが，花子は（自分の母親を）追い返した．

(65) の分析は，この事実とも整合性がある．例えば，(66b) の「追い返す」を主要部とする VP は，以下のように分析できる．

(67)
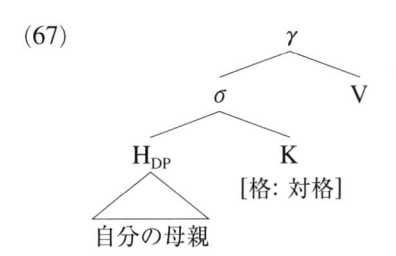

「自分の母親」が先行する文からコピーされ，K の格素性は対格として与値される．
　主語の項省略も同様に分析しうる．(68a) を例にとろう．

(68) a.　3 人以上の学生が台北に行った．＿＿ソウルにも行った．

　　 b.
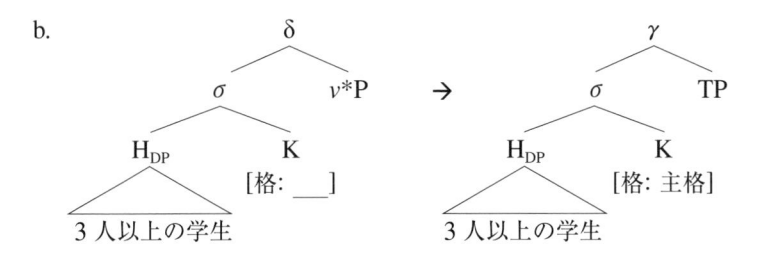

142

(68b) の左側の樹形図は，（68a）の 2 つ目の文の v*P 構造である．「3 人以上の学生」がコピーされ，K と併合して $\sigma = \{H_{DP}, K\}$ が形成される．K が弱主要部であるため，σ のラベルは H_{DP} のラベル，すなわち D となる．次に，σ が θ 位置である v*P 指定部に併合して，$\delta = \{\sigma, v$*P$\}$ が派生される．σ は TP 指定部に移動し，（68b）の右側に示した構造が形成される．この時点で，K の格素性は主格と与値される．また，σ 内の探索が弱主要部 K に至ることから，TP のラベルが γ のラベルとなる．[9]

　本節では，日本語の接辞文法格と述部屈折を弱主要部とすることにより，それらの反ラベル付け要素としての性質を導きうることを論じた．日本語がスクランブリング，多重項，そして多様な名詞修飾節を許容し，語彙的複合動詞が他動性調和の性質を示す事実は，前章の分析をほぼそのままの形で維持することができる．また，日本語文法のもう 1 つの特徴である項省略についても，前章の分析に若干の修正を加えることにより，説明を与えることができることを示した．

3.　修飾の要素を伴う句のラベル付け

　第 5 章および本章 2 節において，（69）を例とする日英語の名詞修飾節に関する相違を，ラベル付け理論に基づいて説明することを提案した．

(69) a.　魚が焼ける匂い
　　　b. *the smell that fish burns

この分析は，言語類型論に対するアプローチや修飾の要素を含む句のラベル付けに関する帰結を伴う．本節では，これらの帰結について検討する．

3.1.　複合名詞句の類型論

　Matsumoto, Comrie and Sells (2017) は，（69）に見られる日英語の相違に注目し，多くの言語について，このような例を許容する日本語タイプと許

---

[9] σ 内の探索は，2 つの主要部 H_{DP} と K を同時に見いだすが，（i）に再掲する（47）を文字通りに解釈すれば，このような場合にも，TP のラベルが γ のラベルとなる．

　(i)　$\gamma = \{\alpha, \beta\}$ のラベルを決定するために，γ 内を探索せよ．α が弱主要部であるか α 内の探索が弱主要部を見いだす場合には，β のラベルが γ のラベルとなる．

容しない英語タイプのどちらに属するのかを考察する論文を収録している.
結果は, 必ずしも, すべての言語が, 日本語タイプと英語タイプにきれいに
二分されるということではないようであるが, 本書で提示した分析によれ
ば, (69) のような複合名詞句が文法的であるか否かによって言語を分類す
ることに, どのような意味があるかは明白ではない. むしろ問題となるの
は, 複合名詞句の例が, 当該の言語の文法に従って, 適切にラベル付けされ
るか否かである.

収録論文の1つである Kim and Sells (2017) では, 韓国語が, 日本語と
同様に極めて多様な複合名詞句を許容することが示され, また, 韓国語で
は, (70) に見られるように, 述部屈折が日本語よりも顕在的に表れること
が指摘されている.

(70) 韓国語の時制

	Future	Present	Past
main clause, active	-ul kes-i / -keyss	-n / nun	-ass / ess
main clause, stative	-ul kes-i / -keyss	Ø	-ass / ess
adnominal, active	-ul	-nun	-un
adnominal, stative	-ul	-un	-ass / ess-ten

この述部屈折が弱主要部であれば, 韓国語が, 日本語と同様に多様な複合名
詞句を許容することが正しく予測される. (71) は, Kim and Sells の代表
的な例である.

(71) a. [sayngsen-i tha-nun]   naymsay
        fish-NOM burn-Adn.Pres. smell
        'the smell of fish burning'
    b. [chayk-ul   pha-n]   ton
        book-ACC sell-Adn.Past money
        'the money from selling books'

また, 英語でも, (69b) は非文法的であるが, (72) は文法的に適格である.

(72) a. the smell of fish burning
    b. the sound of someone closing the door

144

したがって，英語において，(69a) に類似する意味を表す複合名詞句が許容
されないというわけではない．本論の分析を仮定するならば，(72) の文法
性は，(69b) とは異なり，このような例には適切にラベル付けがなされると
いうことを示す．ここでは，詳細な分析を提示することはできないが，主名
詞に後続する of が弱主要部であるがゆえに，ラベル付けが適切になされる
という可能性を指摘しておこう．(72a) の例は，以下の構造を含むと考えら
れる．

(73)

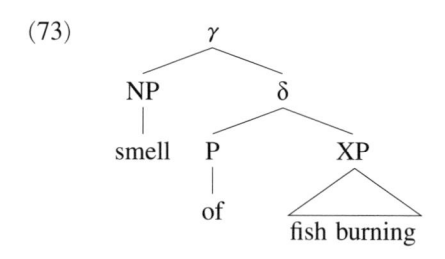

この構造内の of は，典型的には (74) の例に表れるいわゆる of 挿入の前置
詞であろう．

(74) the destruction of the city

この種の of が弱主要部であれば，(73) の構造は正しくラベル付けがなさ
れる．まず，δ のラベルは XP 内の探索により決定される．また，γ = {NP,
δ} については，δ 内の探索が弱主要部 of，NP 内の探索が強主要部 N を見
いだすため，N が γ のラベルとなる．

(74) の of を弱主要部とすることは，選択の観点からも裏付けられる．主
名詞 destruction が内項として選択するのは，PP ではなく the city であり，
of the city のラベルは the city が決定すべきであると考えられる．ここに
提案した (73) の分析が正しければ，日本語だけではなく，英語でも，複合
名詞句のラベル付けが弱主要部により可能になる場合があることになる．し
たがって，この分析は，どのような複合名詞句が可能かは，言語により決定
されているわけではなく，当該の複合名詞句に適切にラベル付けがなされる
か否かによることを支持するさらなる証拠となりうるものである．

3.2.　{形容詞句, 名詞} のラベル付け

　前節では，修飾節を伴う名詞句の文法性をラベル付けの観点から説明する分析をさらに深めた．しかし，第2章で述べたように，修飾節や修飾句は，(75) に示す付加構造を形成することが広く仮定されている．

(75)

　また，付加構造では，ラベル付けの問題は生じないことも広く仮定されてきた．これらの仮定の下では，以下に (76) として再掲する (69b) の非文法性を，ラベル付けに基づいて説明することはできない．

(76) *the smell that fish burns

付加構造を仮定した場合には，(76) は，(77) に示す構造を持つことになり，ラベル付けの問題は生じない．

(77)

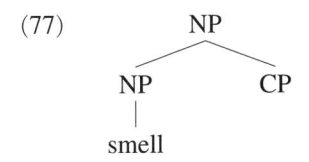

したがって，本論の分析は，広く仮定されている分析とは異なり，修飾関係にある2つの要素を含む構成素も，他の場合と同じようにラベル付けがなされなければならないとすることにより成立する．しかし，この仮定の下では，副詞句が動詞句を修飾する構造 {AdvP, VP} や形容詞句が名詞句を修飾する構造 {AdjP, NP} について再考する必要が生じる．本節では，後者の形容詞句による修飾構造を取り上げて，すでに実質的に解決の方向性を示している Baker (2003) の形容詞の分析を紹介しつつ，どのようにラベル付けがなされるかを検討する．[10]

　Baker (2003) は，Miyagawa (1987)，Murasugi (1990) による分析を基礎として，日本語における形容詞の特殊性に説明を与えることを目的として

---

[10] Baker (2003) の形容詞の分析が，ここで取り上げる問題に密接に関連していることは，村杉恵子氏に指摘していただいた．

いる．まず，事実として，日本語では，文において叙述的形容詞が表れるものの，名詞句における限定的形容詞が観察されないことを示す．(78) は，日英語の叙述的形容詞の例である．

(78) a. That old person is very wise.
    b. あの年寄りは，とても賢い．

いずれの文においても，形容詞や副詞を修飾する very/「とても」を伴った形容詞句が述部となっている．

英語では，(79) に例示するように，名詞(句)を修飾する限定的形容詞も観察される．

(79) the wise old person

一方，日本語では，形容詞が名詞(句)を修飾しうるかは明らかではない．(80) の例について，考えてみよう．

(80) a. 賢い年寄り
    b. (昔は) 賢かった年寄り

(80) において名詞「年寄り」を修飾する形容詞は，kasiko + i (現在)，ka-siko + katta (過去) のように時制を伴う．したがって，(80) は，英語の (81) に対応し，形容詞句ではなく，関係節による名詞修飾の例であると考えられる．

(81) the old person who is/was wise

Baker (2003) は，(80) のような例が関係節による修飾を伴うことを示すさらなる証拠があるとしている．2つの形容詞が名詞を修飾する時，形容詞間の語順が固定されている場合がある．(82) は，その一例である．

(82) a. the small square house
    b. *the square small house

このような制限は，(83) が示すように，日本語の類似する例では，観察されない．

(83) a.　小さな　四角い　家

　　　b.　四角い　小さな　家

(84) に見られるように，英語においても，2 つの関係節の間には，この制限は観察されない.

(84) a.　the house that's small that's square

　　　b.　the house that's square that's small

したがって，日本語において名詞を修飾する形容詞 / 形容動詞は，英語の関係節と同様のパターンを示す.[11]

　日本語において，一見限定的形容詞に見える修飾の要素は関係節であるという結論を受けて，Baker (2003) は，なぜ日本語の形容詞は，限定的形容詞となり得ないのかを問う. 以下の例は，いずれも非文法的である.

(85) a.　*賢老人

　　　b.　*小さ家

このような例の非文法性は，形容詞が拘束形態素であり，時制と結合する必要があることによると考えられてきた. しかし，そうであるとしても，なぜ日本語には自由形態素である形容詞が存在しないのかという疑問は残る.

　この問いに答えるために，Baker (2003) は，形容詞句による名詞修飾には，(86a) の条件が課されることを提案する.

(86) a.　修飾句が N^x に付加しうるのは，修飾句と N^x の間に ϕ 素性の一致がある時のみである.

　　　b.　X と Y の併合は，X が Y の素性を照合する時にのみ許容される.

Baker は，(86a) を一般化した条件として (86b) も提示しているが，ここでは，(86a) がどのように適用されるかを見ていこう. (87) に見られるように，英語では，限定的形容詞と修飾される名詞の間に，顕在的な ϕ 素性の

---

[11] 監修者の方から，(83) に見られる「自由語順」は，スクランブリングによる可能性があるとの指摘をいただいた. この可能性を排除し，(83) を関係節分析のさらなる証拠として確立するためには，(83) の 2 例と (84) の 2 例の解釈を詳細に検討する必要がある.

148

一致は観察されない.

(87) [[_{AP} very wise] [_{NP} old person]]

しかし，Baker は，φ素性一致のある言語では，修飾句と名詞の一致現象が広く観察されることを指摘する.

　Baker が示す具体例を見ていこう.

(88)　スペイン語
　　　a.　este　　　　libro
　　　　　this (M.SG)　book (M.SG)
　　　b.　estas　　　　mesas
　　　　　these (F.PL)　tables (F.PL)
　　　c.　el　　　　　libro　　　　rojo
　　　　　the (M.SG)　book (M.SG)　red (M.SG)
　　　d.　las　　　　　mesas　　　　rohas
　　　　　the (F.PL)　tables (F.PL)　red (F.PL)

(88a, b) では指示詞，そして (88c, d) では冠詞と形容詞が，名詞の性と数を表している. また，(89) が示すように，キナンデ語では，関係節の主要部が修飾する名詞のクラスを表す.

(89)　キナンデ語
　　　Maria anz-ire　　eri-tunda ery-o　　Kambale a-gul-a.
　　　Mary　like-ASP　CL5-fruit CL5-that　Kambale 3sS / T-buy-FV
　　　'Mary likes the fruit that Kambale bought.'

(86a) によれば，このような一致が，形容詞句や関係節による名詞修飾を可能にしている. Baker (2003) は，英語においても，非顕在的であるものの，スペイン語と同様のφ素性一致があり，結果として，限定的形容詞が認可されるとする. 一方，φ素性一致を欠く日本語では，限定的形容詞が許容されないことが，(86a) から導かれる.[12]

---

[12] Baker は，日本語と同様にφ素性一致を欠き，限定的形容詞を許容しない言語として，スレイビー語とイカ語を挙げている.

　Baker (2003) は，ラベル付け理論を提案した Chomsky (2013) に先立っ
て発表された論文であるが，(86a) は，γ = {修飾句，NP} のラベル付けに
関する条件と見なすことができる．限定的形容詞句を伴う日英語の名詞句の
構造を (90) に示す．

(90) a.　英語　　　　　　　　　　　　b.　日本語

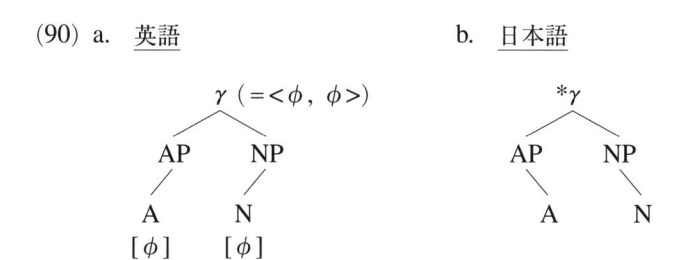

(86a) は，形容詞と名詞の一致が，(90a) の修飾構造を認可するとしている
が，形容詞と名詞の ϕ 素性共有により，γ が <ϕ, ϕ> とラベル付けされる
ことが可能になると考えることができる．(90b) に示した日本語の構造で
は，ϕ 素性共有がないため，γ はラベルを与えられない．したがって，ϕ
素性一致を欠く日本語では，限定的形容詞を含む構造は許容されない．

　ラベル付けに基づいて，Baker の分析を再解釈する場合には，強主要部に
よるラベル付けについて微修正が必要となる．Baker は，名詞句内の修飾句
が N^x に付加するものと仮定しているが，本書では，修飾句にも通常の併合
が適用され，形成された構造にラベルが与えられなければならないとしてい
る．この点をふまえて，以下の例について考えよう．

(91) a.　[$_\gamma$ wise [old person]]
　　 b.　[$_\gamma$ [very wise] person]

(91a) の構造は {A, XP}，(91b) の構造は {XP, N} である．したがって，
もし {H, XP} において H がラベルとなるとすれば，(91a) のラベルは A，
(91b) のラベルは N となる．然るに，上記の分析によれば，(91a, b) のラ
ベルはこのようには決定されず，ϕ 素性共有に基づくものでなくてはならな
い．これまでの議論で，H が {H, XP} のラベルと分析される例は，H が
XP を選択する場合に限られており，(91a, b) のように H と XP が修飾関
係にある場合は含まれていない．そこで，主要部によるラベル付けを以下の

150

ように定義することで，(91a, b) が提示する問題を解決することができる．

(92) $\gamma = \{H, XP\}$ において，H が強主要部であり，XP を選択していれ
　　　ば，H が γ のラベルとなる．

修飾句を含む名詞句のラベル付けを問題とする際には，この微修正は必要で
あり，(92) を仮定して議論を進めることとする．

　ここまでの議論で，Baker (2003) の分析に基づいて，英語における限定
的形容詞を含む名詞句の存在と日本語におけるその欠如を，ラベル付け理論
から導く可能性を見てきた．Baker の分析で残された問題としては，日本語
における関係節の認可がある．(89) に示したキナンデ語の例から明らかな
ように，Baker は，関係節も，修飾する名詞との一致により認可されるとし
ている．この分析をラベル付けに基づいて言い換えれば，(93a) は，(93b)
に示すようにラベル付けされることになる．

(93) a. the fruit that John bought

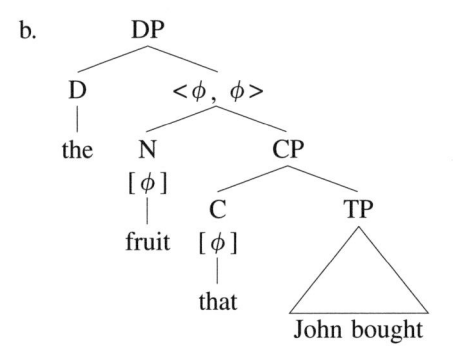

b.

{N, CP} は，N が CP を選択しておらず，N がラベルとはならない．しか
し，N と関係節主要部の C が ϕ 素性を共有していることから，$<\phi, \phi>$ と
ラベル付けされる．

　では，ϕ 素性一致を欠く日本語において，関係節を含む複合名詞句は，ど
のようにラベル付けされるのだろうか．Baker の分析では，(94) のような
例にどのようにラベルが与えられるかは定かではない．

(94) a.　太郎が買った果物

　　　 b.　花子が嫌いな果物

前章と本章で提案した日本語における複合名詞句の分析は，この問いに答え
るものでもある．日本語の関係節は，他の名詞修飾節と同様に，連体屈折を
伴う．したがって，例えば，(94a) の構造は (95) に示すようになる．

(95)

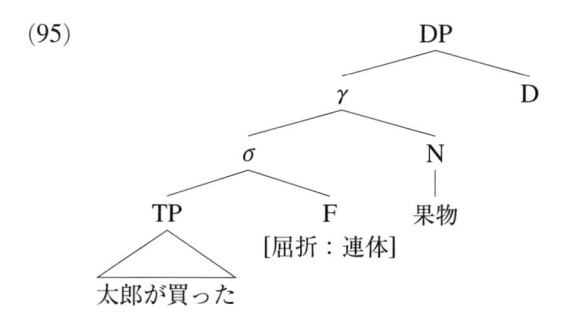

述部屈折 F が弱主要部であることから，σ のラベルは T である．英語の場
合と異なり，γ は φ 素性共有によってラベル付けされない．しかし，σ 内の
探索は弱主要部 F を見出し，結果として，N が γ のラベルとなる．本書の
分析によれば，日本語における関係節を含む複合名詞句のラベル付けは，φ
素性共有ではなく，弱主要部である述部屈折により可能になる．そして，こ
のラベル付けのメカニズムが，関係節のみならず，(96) に再掲する多様な
複合名詞句をも可能にするのである．[13]

(96) a.　魚が焼ける匂い

　　　 b.　誰かがドアを閉める音

日本語における限定的形容詞の欠如と名詞修飾節の多様性は，表裏一体をな
す現象であると言える．

---

[13] (96) のような複合名詞句の性質を詳細に検討した Matsumoto (1997)，Murasugi
(2000) が共に，日本語の関係節は，英語の関係節とは異なり，むしろ (96) の名詞修飾節
と同様に，日本語において比較的自由な文による名詞修飾の一形態とみなされるべきであ
るとしていることは，興味深い．ラベル付けの観点からは，文字通りその提案が支持され
る．

4. 結論

　本章では，まず，1節で，日本語の接辞文法格と述部屈折が反ラベル付け
機能を担うとする前章の提案の帰結として，Kuroda（1988）の考察に基づ
き，文法原理としての θ 規準を除去すべきであることを論じた．2節では，
接辞文法格と述部屈折は弱主要部であり，結果として反ラベル付け機能を有
するとする仮説を提示した．Chomsky（2013）は，$\gamma = \{XP, YP\}$ がラベル
付けされるのは，(i) XP が γ 外に移動する時，および (ii) X と Y が主要
素性を共有する時であるとした．2節で示した仮説は，ラベルを供給できな
い弱主要部が存在するとした Chomsky（2015）の提案に基づき，$\{XP, YP\}$
構造のラベル付けには，もう一種の可能性があることを含意する．この仮説
によれば，$\gamma = \{XP, YP\}$ において XP 内の探索が弱主要部に至れば，YP の
ラベルが γ のラベルとなる．すべての言語において，素性共有と弱主要部
に基づく $\{XP, YP\}$ 構造のラベル付けが可能であると思われるが，時制文
$\{DP, TP\}$ は，英語では ϕ 素性の共有によりラベル付けされるのに対して，
ϕ 素性一致を欠く日本語では，もう1つの可能性である弱主要部に基づく
ラベル付けがなされる．そして，弱主要部に基づくラベル付けは，日本語の
多重項や自由語順なども可能にする．2節では，述部屈折も弱主要部である
と仮定することにより，副詞句のスクランブリング，語彙的複合動詞の生
成，多様な名詞修飾節など，日本語文法の他の特徴にも説明が与えられるこ
とを示した．また，項省略についても，弱主要部仮説による分析が可能であ
ることを論じた．
　3節では，形容詞句による名詞（句）修飾を取り上げて，Baker（2003）の
分析をラベル付け理論に基づいて発展させ，英語では，$\{AP, N(P)\}$ 構造が
A と N の ϕ 素性共有によりラベル付けされることを提案した．一方，Baker
が指摘するように，ϕ 素性一致を欠く日本語では，$\{AP, N(P)\}$ 構造は許容
されず，名詞を修飾する形容詞句は，関係節として表れる．日本語の関係節
は，他の名詞修飾節と同様に，弱主要部としての連体屈折を伴うことから，
関係節のラベル付けも，弱主要部に依存してなされる．副詞句の併合を伴う
$\{AdvP, XP\}$ 構造については，日本語において連用屈折を示す副詞句を取り
上げてラベル付けのメカニズムを提案したが，英語等の例を含むより広範な
データの分析が今後の課題となる．形容詞句による名詞（句）修飾の場合と

同様に，Adv と X の間に何らかの素性共有があるのだろうか．Cinque (1999) は，文内の副詞句について，例えば，fortunately は $Mood_{evaluative}$, probably は $Mood_{epistemic}$, usually は $Asp_{habitual}$ といった副詞句の意味に対応する機能範疇の指定部に表れることを提案している．この分析の下では，γ = {AdvP, XP} が Adv と X の素性共有によりラベル付けされることになろう．こうした可能性も含め，副詞句による修飾を伴う構造のラベル付けについて考えることが今後の課題として残される．

第 7 章

フェイズ理論と局所性

　前章までの議論で，ラベル付け理論が，名詞句の分布や移動の性質に統一的な説明を与え，さらに，日本語の文法的特徴を捉える可能性があることを見てきた．本章からは，種々の局所性に説明を与えるフェイズと転送の理論を取り上げる．Chomsky (2001, 2008) は，統語構造の派生がフェイズ，すなわち CP と v*P を単位とし，フェイズが完成した時点で，その補部が意味と音声の解釈部門に転送されるとすることにより，移動と一致の局所性を導くことを提案している．1 節では，この提案を概観する．2 節では，フェイズと転送の理論のさらなる帰結として，照応形束縛の局所性を説明することを試みた Quicoli (2008) の分析を紹介する．

1.　障壁理論からフェイズ理論へ

　まず，(1a) を例にとって，Chomsky (2001, 2008) が提案するフェイズ理論の概要を見ておこう．

　(1) a.　John said that Mary solved the problem.

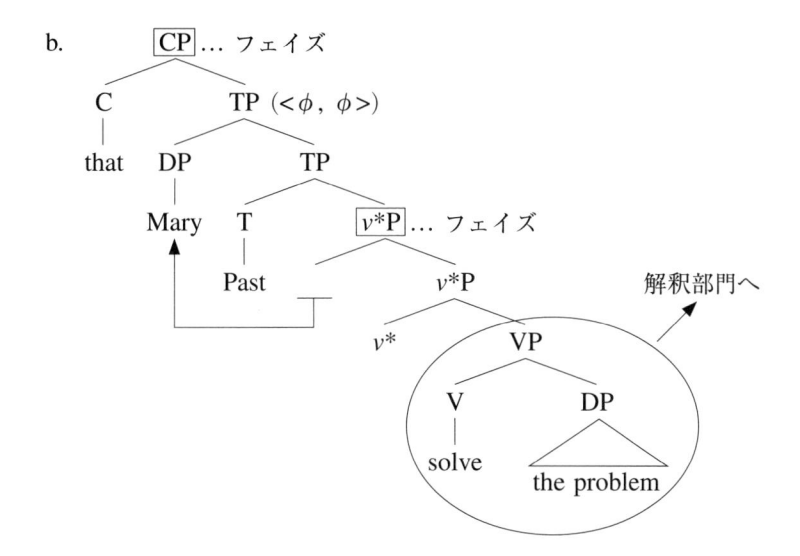

（1b）は，（1a）の補文の構造である．この構造を併合によって下位から形成し，最初のフェイズである $v*$P が完成した時点で，補部の VP が解釈部門に転送される．派生は継続し，次のフェイズである CP が形成される．ここで，再びフェイズの補部である TP（$<\phi, \phi>$）が解釈部門に送られる．本節では，構造の派生がフェイズを単位とすると仮定されるに至った経緯に言及した上で，フェイズと転送の理論により，どのように一致と移動の局所性が説明されるかを見ていくことにしよう．

　統語構造の派生がフェイズを単位として行われるとする仮説は，当初，Chomsky（2000）による以下の対比の分析を契機として提案された．

(2) a. There is likely [$_{TP}$ ___ [$_{TP}$ to [$_{vP}$ be a mouse in the room]]].
　　 b. *There is likely [$_{TP}$ a mouse [$_{TP}$ to [$_{vP}$ be ___ in the room]]].

Chomsky はこの時点では，TP には主語がなければならないとする拡大投射原理（EPP）を仮定している．派生が補文の {to, vP} に至った段階で，there を併合して EPP を満たし，その後，there を主文主語の位置に移動することにより，（2a）が派生される．一方，（2b）では，a mouse を TP 指定部に移動することにより EPP を満たし，主文主語の位置に there を併合している．（2a）の文法性と（2b）の非文法性は，補文が EPP を満たす手段と

して，a mouse の移動ではなく，there の外的併合が適用されなくてはならないことを示す．この事実を捉えるために，Chomsky (2000) は，(3) を提案する．

(3)　外的併合が，移動（内的併合）に優先される．

(3) は (2) の対比を捉えるが，Alec Marantz 氏により，(3) に対する反例として (4) のような例が指摘された．

(4)　a.　There is a possibility [$_{CP}$ that a mouse is ___ in the room].

　　　b.　It is likely [$_{CP}$ that a mouse is ___ in the room].

例えば (4a) では，a mouse が補文 TP の指定部に移動し，there が主文主語の位置に併合されている．この例は，(3) に抵触するにもかかわらず，文法的に適格である．

　この指摘に応えて，Chomsky (2001) は，派生がフェイズ毎になされることを提案する．CP がフェイズであると仮定しよう．(4a) の派生では，まず，補文 CP の派生に必要な語彙がレキシコンから選択され，選択された語彙に併合を適用して補文 CP を派生する．EPP により，補文 TP の指定部に句を併合しなければならないが，there は補文 CP の派生のための語彙には含まれておらず，この位置に併合することができない．結果として，a mouse のこの位置への移動が唯一の選択肢となり，(3) と矛盾は生じない．一方，(2) の場合には，補文が TP であり，フェイズを構成しない．(2) にはフェイズが埋め込まれていないことから，派生に先立って，主文を派生するための語彙がレキシコンから選ばれる．したがって，派生が補文 TP の主語位置に至った時点で，there を併合する可能性があり，(3) によりこの選択肢が優先される．

　第4章においてすでに見たように，(2b) の非文法性については，後に提案されるラベル付け理論によって，より深められた説明が与えられる．この例では，a mouse の移動により形成された {DP, TP} は，ϕ 素性の共有がなく，ラベルを与えられない．(2) の対比は，現時点ではフェイズを仮定する根拠にはならないが，フェイズに基づいて，一致と移動の局所性に説明を与えようとする Chomsky (2001, 2008) のアプローチは，現在も広く仮定され，追究されている．以下，このアプローチを概観することにしよう．

　局所性に関する最も重要な文献の 1 つに，現在では一致の反映と考えられている格付与（与値）の局所性と移動の局所性を統一的に捉えようとした Chomsky (1986b) がある．Chomsky は，CP と TP の対が，移動においても，格付与においても，障壁となることを論じる．まず，(5) に示す Wh 移動の例を取り上げよう．

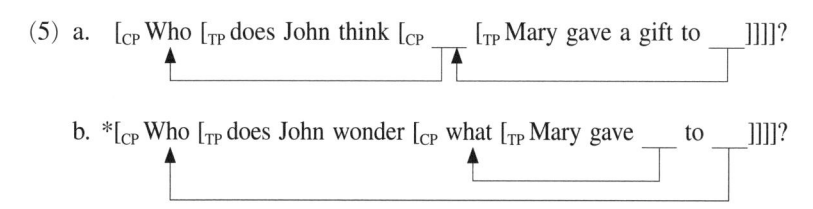

(5) a.　[$_{CP}$ Who [$_{TP}$ does John think [$_{CP}$ ___ [$_{TP}$ Mary gave a gift to ___]]]]?

　　b. *[$_{CP}$ Who [$_{TP}$ does John wonder [$_{CP}$ what [$_{TP}$ Mary gave ___ to ___]]]]?

(5a) と (5b) の双方において，who が補文内から主文 CP の指定部に移動している．補文 CP の指定部が空である (5a) は文法的であるが，補文 CP 指定部が what によって占められている (5b) は非文法的である．したがって，Chomsky (1977) が指摘するように，CP からの取り出しを伴う Wh 移動は，補文 CP の指定部を経由しなければならないと考えることができる．(5a) では，who が最初の移動で補文 TP 内から取り出され，2 番目の移動で補文 CP 内から取り出されている．TP，CP とも，単独では移動の障壁とならないことがわかる．一方，(5b) における Wh 移動では，who が補文の TP と CP から同時に取り出されている．この例の非文法性は，CP と TP が対として移動の障壁となっていることを示す．

　Chomsky (2001, 2008) は，CP をフェイズとして，以下の条件によりこの事実を説明することを提案している．

(6)　フェイズ不可侵条件 (Phase Impenetrability Condition = PIC)
　　フェイズ [$_{HP}$ α [H XP]] が完成した時点で，エッジに位置する α と H のみが統語操作の対象となりうる．

この条件によれば，(5b) の補文 CP が完成した時点で，補部 TP 内にある who は，統語操作の対象となりえず，移動することができない．一方，(5a) では，補文 CP の完成時に who は CP のエッジにあり，さらに移動することができる．Chomsky はまた，フェイズが完成した時点で，その補部が解釈部門に転送されるとすることにより，フェイズ不可侵条件の効果を導くこ

とを示唆している．(7) に示すように，CP の完成時に，補部である TP が
解釈部門に転送されるとすると，TP 内の要素に解釈の変更を伴う操作を適
用することができない．

(7)

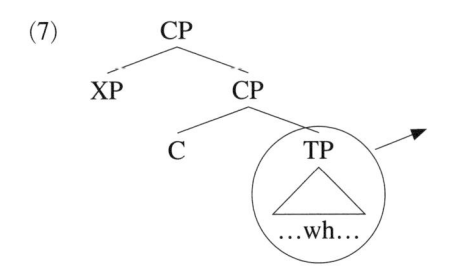

この示唆を採用し，(6) が転送のメカニズムによって説明されることを仮定
して，議論を進めることにしよう．

　主語の位置への NP 移動についても，CP と TP の対が障壁となると考え
られる．(8)，(9) に見られるように，例えば，decide と believe は異なる
パターンを示す．

(8)　a.　John decided [CP [TP PRO to go to college]].

　　b.　*John was decided [CP [TP ___ to go to college]].

　　c.　*Mary decided [CP [TP John to go to college]].

(9)　a.　*Mary believes [TP PRO to be smart].

　　b.　Mary is believed [TP ___ to be smart].

　　c.　John believes [TP Mary to be smart].

Chomsky (1981) は，この相違が，decide が CP を補部とするのに対して，
believe が TP を補部とすることに起因するとしている．[1] この仮定の下では，
(8b) の非文法性は，CP と TP の対が移動の障壁を構成することを示すさ
らなる証拠となる．補文 CP が完成した時点で，補部の TP が解釈部門に転
送されるため，この TP に含まれる John は移動することができない．[2] (9b)

---

[1] この仮定については，次章で取り上げ，再考する．

[2] ここでは，NP 移動が CP 指定部を経由した場合には，A-A'-A という非適正移動とし

は CP を含まず，補文 TP に転送が適用されないため，Mary は主文主語の
位置に移動することができる．

(8c) と (9c) の対比は，CP と TP の対が，一致に対しても障壁となるこ
とを示す．(8c) では，補文主語 John が，主文動詞 decide との一致を通し
て，格を与値されなければならない．しかし，補文 CP が完成し，decide
が併合される以前に，John を含む補文 TP が解釈部門に転送される．した
がって，John は未与値の格素性を伴って意味解釈部門と音声解釈部門に送
られることになり，(8c) の非文法性が説明される。一方，(9c) では，補文
にフェイズを構成する CP がなく，主文動詞 believe が併合する前に補文
TP の転送がなされない．補文主語の Mary は，believe との一致を通して
適切に対格を与値された後に解釈部門に転送される．

CP に加えて，動詞句がフェイズを構成するとする提案についても，その
起源を Chomsky (1986b) に見ることができる．Chomsky (1986b) では，
VP 内主語仮説や $v^{(*)}$P は仮定されておらず，外項は直接 TP 指定部に併合
されることを前提として，VP がどのような場合に障壁となるかが論じられ
ている．(10) の非文法性は，V が主語に対格を与え，T が目的語に主格を
与えることができないことを示す．

(10) *Her saw he. (cf. She saw him.)

したがって，VP が格与値の障壁となり，(11) に示すように，T が目的語に
主格を与え，V が主語に対格を与えることを不可能にしていると考えられる．

(11)

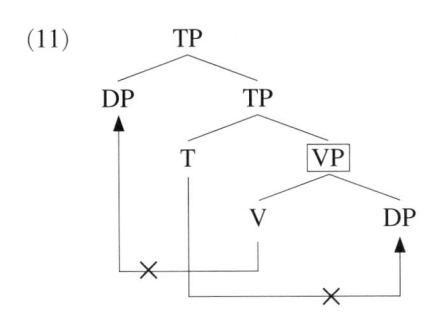

て排除されることを仮定している．非適正移動の説明については，May (1981)，Fukui
(1993)，Saito (2016) などを参照されたい．

160

しかし一方で, (12) の文法性は, 移動においては VP からの取り出しが可能であることを示す.

(12) What did you [VP buy ___]?

Chomsky (1986b) は, VP が移動と格付与の双方において障壁となるとし, (12) の文法性は, Wh 句の移動が VP 付加の位置を経由しうることに起因すると提案している. この分析によれば, (12) の Wh 移動は, (13) に示すように適用される.

(13) What did you [VP ___ [VP buy ___]]?

ここで, Chomsky は, 付加により形成された VP の対が単一の範疇を構成するとする May (1985) の仮説を採用する.「VP 内」を, 対をなす2つの VP 双方に支配される領域,「VP 外」を, 2つの VP のいずれにも支配されない領域と定義すれば, what の最初の移動は VP 外への移動ではなく, また2つ目の移動は VP 内からの移動ではない. したがって, いずれの移動も, VP 内から VP 外への移動ではない. 移動の場合には, このように, VP への付加により, VP の障壁としての効果を回避できるものと考えられる.

 VP を障壁とする Chomsky (1986b) の分析は, $v^{(*)}P$ を仮定した構造の下では, v^*P をフェイズとすることにより, 基本的に維持することができる. まず, T による目的語の格素性与値について考えよう.

(14) TP ($=<\phi, \phi>$)

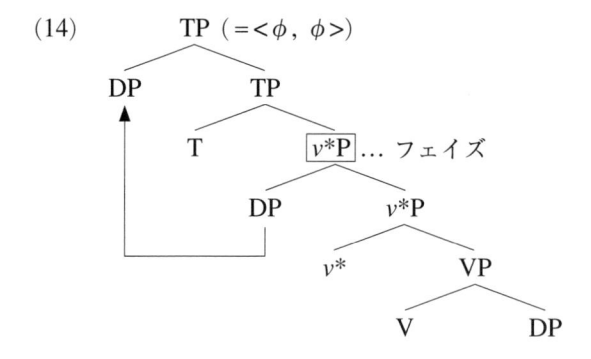

フェイズである v*P が完成した時点で，v* の補部である VP が解釈部門に
転送される．しかし，この時点では，T は構造に表れていない．したがっ
て，目的語の DP は，T により格素性を主格と与値されて解釈部門に送ら
れることはない．

　また，(12) の Wh 移動は，以下に示すように，v*P のエッジを経由する
ものとして分析できる．

(15)　　What did you [$_{v*P}$ ____ [$_{v*P}$ [$_{VP}$ buy ____]]]?

ここでも，v*P の完成後に，補部の VP が解釈部門に転送される．この時
点で，what は転送される VP 内から v*P のエッジに移動しており，した
がって，さらに CP 指定部に移動することができる．

　Chomsky (2001, 2008) のフェイズと転送の理論は，このように，CP と
TP の対，そして VP が格付与と移動の障壁となるとする Chomsky (1986b)
の一般化に説明を与えるものである．ここで，Chomsky は，CP と v*P を
フェイズとしており，非対格動詞を選択する v を主要部とする vP をフェイ
ズとしていないことを指摘しておこう．vP をフェイズとした場合には，例
えば，(16a) を誤って排除することになる．

(16) a.　The boat sank.

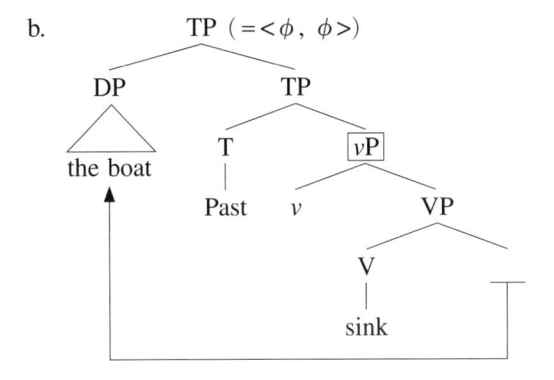

　b.　TP (=<ϕ, ϕ>)

vP がフェイズであれば，vP の完成時に，the boat を含んだ VP が解釈部門
に転送されることになる．よって，the boat は主語の位置に移動することが

できない．このように，*v*P はフェイズを構成しないと仮定する理由は明確であるが，この仮定は問題も孕む．Chomsky は，CP と *v**P がフェイズである概念的根拠として，それぞれが明確な意味上の単位をなしていることを挙げている．*v**P は述部－項構造を表し，CP はさらに時制や演算子を含む節の単位である．しかし，Legate (2003) 等が指摘するように，*v*P も完成された述部－項構造を表す単位であり，その限りにおいて，なぜフェイズを構成しないかは明らかではない．この問題については，次章で検討する．

CP と TP の対が障壁を構成するとする Chomsky (1986b) の一般化は，CP をフェイズとする直接的な証拠となる．CP が完成した時点で TP が転送されるとすれば，TP 内の DP の格素性を CP 外の主要部が与値することはできず，また，TP 内の要素が直接 CP 外に移動することもできない．また，VP を障壁とする Chomsky (1986b) の分析は，*v**P をフェイズとする分析として言い換えることができる．しかし，CP をフェイズとする場合と異なり，VP が障壁であるとする Chomsky (1986b) の議論は，*v**P をフェイズとする根拠とはならない．(14) の構造を再考しつつ，この点について考えよう．(14) に φ素性と格素性を加えて，(17) として再掲する．

(17)　　　　TP （=<φ, φ>)

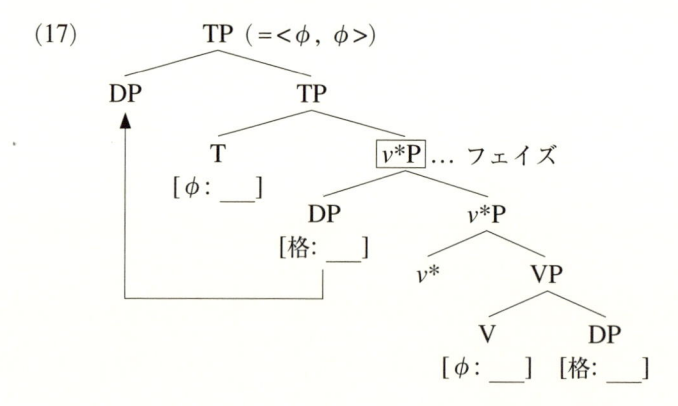

V は φ素性与値のために，DP を求めてその領域内を探索する．主語の DP は領域外にあるため，V は主語とは一致の関係に入れず，主語の格素性を与値することができない．また，T は *v**P 内を探索して，主語の DP を見いだし，一致の関係に入る．結果として，T は主語の格素性を与値し，目的語の格素性を与値することができない．したがって，(18) に再掲する (10)

は，v*P がフェイズであるか否かにかかわらず，排除される．

(18) *Her saw he.　(cf. She saw him.)

Chomsky (1986b) の議論は，v*P をフェイズとする仮説に根拠を提供する
ものではないが，次節および次章で見るように，フェイズ理論をさらに展開
していく中で，この仮説の有効性が明確にされていくことになる．

2.　フェイズ理論と照応形束縛の局所性

前節では，CP フェイズを中心として，フェイズと転送の理論が，移動と
一致の局所性に説明を与えることを見た．フェイズ理論により，さらに照応
形束縛の局所性を捉えようとする試みが，Quicoli (2008), Charnavel and
Sportiche (2016) などによりなされている．本節では，その背景を概観し
た上で，Quicoli (2008) の分析を取り上げて紹介する．

名詞句は，以下のように，照応形，代名詞，指示表現に分類される．

(19) a.　照応形：herself, themselves, each other, …
　　 b.　代名詞：she, they, it, …
　　 c.　指示表現：Mary, John, the idiot, …

照応形 α は，文内に α を c 統御する先行詞を持たなくてはならない．この
条件を満たす (20a) は，文法的であるが，himself が先行詞を欠く (20b)
や先行詞に c 統御されていない (20c) は，いずれも非文法的である．

(20) a.　John nominated himself.
　　 b. *Himself went to the store.
　　 c. *John's mother loves himself.

さらに，(21) のパラダイムは，照応形は先行詞を必要とするだけではな
く，「近く」に先行詞を持たなければならないことを示す．

(21) a.　John nominated himself.
　　 b.　John believes [$_{TP}$ himself to be qualified].
　　 c. *John believes [$_{CP}$ that [$_{TP}$ himself is qualified]].

    d. *John believes [$_{TP}$ Mary to have nominated himself].

    e. *John believes [$_{CP}$ that [$_{TP}$ Mary nominated himself]].

そこで，Chomsky (1981) は，照応形が先行詞を必要とする領域をその「束縛領域」として，照応形の分布に関する原理を以下のように定式化している．

  (22)   束縛原理 (A)： 照応形は，その束縛領域において，同一指示の名詞句 (先行詞) により c 統御されていなくてはならない．[3]

  一方で，代名詞は，先行詞を必要とせず，また，先行詞がある場合でも，先行詞に c 統御される必要がない．(23a, b) はいずれも文法的である．

  (23) a. He went to the store.

       b. John's mother loves him. (John = him, 可)

しかし，代名詞は，いかなる名詞句も先行詞とすることができるわけではない．(21) と (24) の対比が示すように，代名詞は，照応形と相補分布をなす．

  (24) a. John nominated him. (John = him, 不可)

       b. John believes [$_{TP}$ him to be qualified]. (John = him, 不可)

       c. John believes [$_{CP}$ that [$_{TP}$ he is qualified]]. (John = him, 可)

       d. John believes [$_{TP}$ Mary to have nominated him].

          (John = him, 可)

       e. John believes [$_{CP}$ that [$_{TP}$ Mary nominated him]].

          (John = him, 可)

(24a, b) においては，him は John と同一の人物を指すことができない．(25) が，Chomsky (1981) が提案する代名詞に係る原理である．

  (25)   束縛原理 (B)： 代名詞は，その束縛領域において，同一の指示対象をもつ名詞句に c 統御されてはならない．

(24a, b) は，him が John を先行詞とする場合には，この原理に抵触する．

---

[3] 束縛領域の定義については，Chomsky (1981, 1986a) などを参照されたい．次章でフェイズの定義を再考する際に，Chomsky (1981) の提案をより詳細に紹介する．

指示表現は，先行詞を持つことができない．また，第 2 章で取り上げた
(26a) が示すように，指示表現は，同じ指示対象をもつ名詞句に c 統御さ
れてはならない．

(26) a.　He loves John's mother.　(He = John, 不可)

　　　 b.　He thinks that Mary will nominate John.　(He = John, 不可)

(26b) は，この一般化が特定の領域内で観察されるものではなく，主文全体
を対象とすることを示す．第 2 章で述べたように，(26) の事実を説明する
原理は，束縛原理 (C) として定式化されるが，本節では，束縛原理 (A) と
(B) を中心に議論を進めることとする．

　束縛原理 (A)，(B) は，照応形と代名詞の分布に説明を与えるが，特定の
統語現象を対象とする原理を廃し，言語が言語として成立するために必要な
最低限のメカニズムのみを仮定する極小主義アプローチでは，統語原理とし
て維持することができない．Chomsky (1993), Chomsky and Lasnik (1993)
は，この点をふまえ，また，束縛原理が名詞句の解釈に関するものであるこ
とに鑑みて，束縛原理を意味解釈規則として再定式化している．(27a, b)
が，束縛原理 (A)，(B) に代わる意味解釈規則である．

(27) a.　α が照応形であれば，その束縛領域内で α を c 統御する名詞句
　　　　 と同一指示 (coreferential) であると解釈せよ．

　　　 b.　α が代名詞であれば，その束縛領域内で α を c 統御するすべて
　　　　 の名詞句と非同一指示 (disjoint in reference) であると解釈せよ．

例えば，(27a) は，照応形が解釈を受けるために先行詞を必要とし，先行詞
の指示対象を受け継ぐことを表している．これは，照応形の意味的特徴に起
因すると考えられる．しかし，(27a) の定式化は，照応形がなぜ束縛領域内
に先行詞を持たなければならないのかという疑問を提示する．Quicoli
(2008) は，フェイズに依拠して，この疑問に答えることを目的としている．
Quicoli の分析を具体的に見ていくことにしよう．

　(28) が Quicoli (2008) の照応形に関する提案である．

(28)　照応形の指示対象に関する情報は，照応形が意味解釈部門に転送
　　　 される時に，意味解釈部門に送られる．

166

(29a, b) を例にとって，(28) がどのように適用されるかを見よう．

  (29) a. John nominated himself.

       b. *John believes that Mary nominated himself.

(29a) の派生では，まず，v*P が (30) のように形成される．

  (30) [$_{v*P}$ John [v* [$_{VP}$ nominate himself]]] (himself = John)

この段階で，himself を含む網掛けで示した VP が意味解釈部門に転送される．(28) は，この時に，himself の指示対象に関する情報も同時に転送されるとしている．これは，v*P が himself の束縛領域となることを意味する．(30) の構造では，John が himself を c 統御しており，その先行詞となりうる．したがって，himself と John は同一の指示対象を持つという情報を意味解釈部門に送ることができ，再帰代名詞は解釈を受けることができる．(29b) の派生でも，(29a) の v*P に類似する形で，まず補文 v*P が (31) に示すように形成される．

  (31) [$_{v*P}$ Mary [v* [$_{VP}$ nominate himself]]] (himself = ?)

この場合も，網掛けで示した VP が意味解釈部門に転送されるが，(31) には himself の先行詞となりうる名詞句がない．結果として，himself の指示対象に関する情報は意味解釈部門に送られず，再帰代名詞は解釈を受けることができない．

  Quicoli (2008) は，代名詞を対象とする (27b) の局所性も，以下のように，フェイズ理論から導くことを提案している．

  (32)   代名詞の非同一指示に関する情報は，代名詞が意味解釈部門に転送される時に，意味解釈部門に送られる．

(33) は，(29) の再帰代名詞と相補分布をなす代名詞の例である．

  (33) a. John nominated him. (John = him, 不可)

       b. John believes that Mary nominated him. (John = him, 可)

(33a) の v*P，(33b) の補文 v*P は，それぞれ (34a), (34b) のように形成される．

(34) a. 　[$_{v*P}$ John [$v*$ [$_{VP}$ nominate him]]]　 (him = John, 不可)

　　 b. 　[$_{v*P}$ Mary [$v*$ [$_{VP}$ nominate him]]]　 (him = Mary, 不可)

(34a) の VP が転送されるときに，him が John と非同一指示であるという情報が意味解釈部門に送られる．(34b) の場合には，送られる情報は，him が Mary と非同一指示であるということであり，これは，him と John の同一指示を排除しない．このように，(33) における代名詞の解釈が正しく予測される．

　(29) と (33) の「束縛領域」が，$v*P$ フェイズとそれに伴う補部 VP の転送から導かれることを見てきたが，CP フェイズも「束縛領域」の説明において重要な役割を果たす．(35a, b) に再掲する (21c) と (24c) を例にとって，この点を確認しよう．

(35) a. 　*John believes [$_{CP}$ that [$_{TP}$ himself is qualified]].

　　 b. 　John believes [$_{CP}$ that [$_{TP}$ he is qualified]].　 (John = him, 可)

(35a, b) の補部 CP は，それぞれ (36a, b) に示すように形成される．

(36) a. 　[$_{CP}$ that [$_{TP}$ himself is qualified]]　 (himself = ?)

　　 b. 　[$_{CP}$ that [$_{TP}$ he is qualified]]

この時点で，網掛けで示した TP が意味解釈部門に転送される．(36a) では，himself を c 統御する名詞句がなく，この再帰代名詞の指示対象に関する情報を解釈部門に送ることができない．himself は解釈されず，(35a) の非文法性が説明される．一方，(36b) においては，he を c 統御する名詞句がないため，この代名詞の非同一指示に関する情報は解釈部門に送られない．結果として，(35b) では，he と John の同一指示が許容される．

　Quicoli (2008) の分析は，照応形解釈における再構築効果も正しく捉える．(37) では，himself は，John と Bill のいずれも先行詞とすることができる．

(37)　 Bill wonders which picture of himself John bought.

この例は，以下に示すようにフェイズ毎に派生される．

(38) a. 　[$_{v*P}$ [which picture of himself] [John [$v*$ [$_{VP}$ buy [which picture of himself]]]]]

(himself = John)

b. [CP [which picture of himself] [C [TP John [T [v*P [which picture of himself] [John [v* [VP …]]]]]]]]

(himself = John)

c. [v*PBill [v* [VP wonders [CP [which picture of himself] [C [TP …]]]]]]

(himself = Bill)

　まず，補文 v*P が，which picture of himself のエッジへの移動を伴って，(38a) のように形成される．この時点で，which picture of himself のコピーを含む VP が解釈部門に転送される．John がコピー内の himself を c 統御しており，himself が John と同一指示であるという情報も同時に解釈部門に送ることができる．また，この場合には，which picture of himself が転送領域外にもあることから，himself の指示対象については保留し，情報をより上位のフェイズ完成時に解釈部門に送ることもできる．(38b) は，T と C の併合および主語と Wh 句の移動により形成される補文 CP の構造である．網掛けが示す TP が転送の対象となるが，ここでも himself が John に c 統御されており，himself と John の同一指示を解釈部門に伝えることができる．主文 v*P の構造である (38c) では，補文 CP の指定部内の himself が，主文主語の Bill に c 統御されている．したがって，主文 VP の転送時に，himself が Bill と同一指示であるという情報を解釈部門に送ることができる．このように，派生のどの段階で，himself の指示対象に関する情報を解釈部門に送るかにより，himself が John を先行詞とすることも，Bill を先行詞とすることもできる．

　(37) に見られるような照応形解釈の曖昧性は，日本語においても観察される．(39) は，Dejima (1999) が提示する例である．

(39) a. 太郎が [CP 花子が [CP 次郎が自分自身を批判したと] 言ったと] 思っている（こと）
（自分自身＝次郎）

b. 太郎が [CP 花子が [CP 自分自身を次郎が批判したと] 言ったと] 思っている（こと）
（自分自身＝次郎，花子）

c.　太郎が [_{CP} 自分自身を花子が [_{CP} 次郎が批判したと] 言ったと]
　　思っている（こと）
　　（自分自身＝次郎，花子，太郎）

中村（1986）等で論じられているように，「自分自身」の先行詞は，束縛領
域内の主語に限られる．したがって，（39a）の「自分自身」は「次郎」を先
行詞とする．しかし，スクランブリングによって，「自分自身」を最も深く
埋め込まれた CP の文頭に移動した（39b）では，「次郎」に加えて，「花子」
も先行詞となりうる．さらに，「自分自身」を主文主語に後続する位置に移
動した（39c）では，「自分自身」は，主文主語の「太郎」を先行詞とするこ
とができる．Quicoli（2008）の提案は，この事実にも，（37）と同様の説明
を与える．
　例えば，（39a）の最も深く埋め込まれた v*P は，（40a）のように形成さ
れる．

(40) a.　[_{v*P} 次郎が [[_{VP} 自分自身を hihans] v*]]
　　　b.　[_{v*P} 花子が [v* [_{VP} [_{CP} [自分自身を] [[_{TP} 次郎が自分自身を批判し
　　　　た] と]] iw]]]

（40a）が完成した時点で，網掛けで示した VP が意味解釈部門に転送され
る．「自分自身」を c 統御している名詞句は「次郎」であり，「自分自身」が
「次郎」と同一指示の関係にあるとの情報が解釈部門に送ることができる．
（39b）では，「自分自身」が最も深く埋め込まれた CP の指定部にあると考
えられる．この場合，「自分自身」は，（40b）に示すように，「花子」を主語
とする文の v*P が完成した時点で，意味解釈部門に送られる．この際に，
「花子」が「自分自身」の先行詞であるとの情報を合わせて送ることができ
る．（39c）において，「太郎」が「自分自身」の先行詞になりうることも同様
に説明される．

3.　照応形束縛に見られる言語間変異

　本章では，フェイズと転送の理論により，文法現象に見られる様々な局所
性を説明しようとする試みを概観した．Chomsky（2001, 2008）による移動

と一致の局所性の分析を紹介し，フェイズによる説明を照応形束縛の局所性に拡張しようとした論文の1つとして Quicoli (2008) を取り上げた．Quicoli の分析において解決すべき問題の1つに，表層的には，照応形束縛の局所性に言語間変異が見られることがある．例えば，(41a) は非文法的であるが，Huang (1982)，Yang (1983) により，ϕ 素性一致を欠く東アジアの言語では，対応する例が文法的に適格であることが指摘されている．

(41) a. *John thinks [$_{CP}$ that [$_{TP}$ himself will be elected]].
　　 b. 　太郎は [$_{CP}$ [$_{TP}$ 自分自身が選ばれる] と] 思っている．

日本語も例外ではなく，(41b) は文法的である．Quicoli (2008) が仮定する Chomsky (2001, 2008) のフェイズと転送領域の定義によれば，(41b) においても，補部 CP が完成した時点で，「自分自身」を含む補文 TP が解釈部門に転送される．したがって，「自分自身」の指示対象に関する情報を同時に送ることができないため，(41b) が非文であることを誤って予測する．(41) の対比は，フェイズと転送領域を，C や v^* といった範疇のみならず，ϕ 素性一致の有無に言及する形で定義しなければならないことを示唆している．次章で，この課題に取り組むことにしよう．

第 8 章

フェイズの定義再考

　前章では，照応形束縛の局所性をフェイズ理論から導く Quicoli (2008) の分析を概観した．本章の目的は，フェイズと転送領域の定義に修正を加えることにより，この分析を発展させることにある．[1] 1 節では，Chomsky (1981) の照応形束縛の局所性に関する議論をとりあげ，そこで提示されている一般化に沿って，φ素性に言及する形にフェイズの定義を修正することを提案する．また，提案の帰結として，v^* のみならず，外項をとらない v もフェイズ主要部と見なすべきこと，そして小節を除き，例外的格付与文の補文を含むすべての補文を CP として分析すべきであることを示す．

　2 節では，第 6 章で紹介した Hornstein (1999) による制御の移動分析について，新たなフェイズの定義との関係において論じる．まず，日本語スクランブリングのデータに基づき，制御の移動分析を支持する証拠を提示した Takano (2010) の議論を紹介する．その上で，本章で提案するフェイズの定義がフェイズ理論と制御の移動分析の間の矛盾を解消することを示す．また，新たなフェイズの定義と制御の移動分析が，同じ過剰生成の問題を孕むことを指摘し，問題の解決の方向性を示唆する．[2]

---

[1] 本章は，Saito (2017b) に基づいており，そこで提示した議論と分析を，修正を加えつつ紹介するものである．

[2] 2 節では，主に制御の移動分析を取り上げるが，議論は，Chomsky (2021) が代案として提案するコピー形成分析にも同様に適用されるものである．

1. φ素性と束縛領域

1.1. Chomsky (1981) の洞察

　本節では，Chomsky (1981) による照応形束縛の局所性の分析を概観する．その上で，Quicoli (2008) のフェイズに基づく分析にとって問題となる Chomsky の例を指摘し，フェイズの定義に修正を加えることにより，問題の解決を試みる．

　Chomsky (1981) の照応形束縛に関する議論を紹介するにあたって，まず，前章でも提示した照応形の分布を見よう．

(1) a. John nominated himself.
　　b. John believes [$_{TP}$ himself to be qualified].
　　c. *John believes [$_{CP}$ that [$_{TP}$ himself is qualified]].
　　d. *John believes [$_{TP}$ Mary to have nominated himself].
　　e. *John believes [$_{CP}$ that [$_{TP}$ Mary nominated himself]].

照応形がその中で先行詞により c 統御されていなくてはならない領域を束縛領域と呼ぼう．(1a, b) と (1d, e) の対比は，束縛領域を以下のように定義することで捉えることができる．

(2)　束縛領域 (1)：
　　　α の束縛領域 $=_{定義}$ α および α を c 統御する主語を含む最小の領域

(1a, b) では，主文が himself の束縛領域となり，(1d, e) では，himself と himself を c 統御する主語 Mary を含む補文 TP が，himself の束縛領域となる．よって，(1a, b) の文法性と (1d, e) の非文法性が正しく予測される．(2) を支持する証拠は，(3) の対比からも得られる．

(3) a. John saw [$_{DP}$ a picture of himself].
　　b. *John saw [$_{DP}$ Mary's picture of himself].

(3b) の目的語には主語 Mary があるため，目的語の DP が himself の束縛領域となる．

　ここで問題として残る例が，(4) に再掲する (1c) である．

(4) *John believes [$_{CP}$ that [$_{TP}$ himself is qualified]].

(2) に従えば，主文が himself の束縛領域となり，この例は許容されること
が予測されるが，実際には非文法的である．また，一般的に，補文主語の位
置に照応形が表れないということはない．(1b) や (5a, b) は文法的である．

(5) a.　John prefers [$_{CP}$ for [$_{TP}$ himself to be nominated]].

　　　b.　They want very much [$_{CP}$ for [$_{TP}$ each other to succeed]].

Chomsky (1981) は，(4) の非文法性に鑑みて，(2) に加え，(6) に示すよ
うに，照応形と一致する T を含む領域も束縛領域となるとしている．

(6)　束縛領域 (2)：
　　　α の束縛領域 =$_{定義}$ α および α と一致の関係にある T を含む最小の
　　　領域

Chomsky は，さらに，(6) の定義を (2) に組み込むことを試みる．具体的
には，当時仮定されていた (7) の文構造に基づき，T の φ 素性が，「広義の
主語」として機能するとして，(8) の定義を最終的に提案している．[3]

(7)
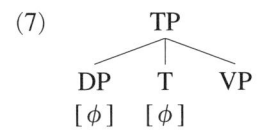

(8)　束縛領域：
　　　α の束縛領域 =$_{定義}$ α および α を c 統御する「広義の主語」(TP に
　　　直接支配される DP または φ 素性) を含む最小の領域

　X′ 理論の発展に伴い，(7) の文構造は現在では仮定されておらず，(8)
の定義を維持することはできない．しかし，T の φ 素性の有無が，照応形が
先行詞によって c 統御されなければならない領域を決定する要因となり，
結果として (4) と (5) の相違が観察されることは明らかであろう．(4) と

---

[3] (7) は，本書の現時点の議論に合わせた表記としている．Chomsky (1981) は，DP を
NP，T を I，TP を IP，φ を AGR としており，また，他動詞が φ 素性を伴うことは，仮
定していない．

（5）の対比が，補文の T が φ 素性を伴うか否かに起因することについては，Huang（1982），Yang（1983）が，それぞれ中国語と韓国語からさらなる証拠を提示している．中国語と韓国語では，φ 素性一致がなく，時制文の T も φ 素性を持たない．したがって，補文が顕在的な時制を伴う（4）に対応する例は，これらの言語においては文法的である．日本語でも，φ 素性一致がないため，同様の現象が観察される．前節でも述べたように，「自分自身」は主語指向性を伴う照応形である．（9）では，補文 TP が「自分自身」の束縛領域であり，「自分自身」は「花子」を先行詞とする．

 （9） 太郎は [_{CP} [_{TP} 花子が自分自身を推薦する] と] 思っている．
   （自分自身＝花子）

一方で，（10a, b）は，ともに文法的に適格であり，英語の（4）と対比をなす．

 （10）a. 太郎は [_{CP} [_{TP} 自分自身が推薦される] と] 思っている．
   b. 花子は [_{CP} [_{TP} 自分自身がそれを見た] と] 主張した．

（10a, b）では，補文の T が φ 素性を欠くため，「自分自身」の束縛領域は，主文となる．したがって，（5a, b）と同様に，補文主語の位置にある照応形が，主文主語を先行詞とすることができる．

 以上の束縛領域に関する議論をふまえて，再び，Quicoli（2008）の分析について考えよう．φ 素性一致の有無にかかわらず，CP が常にフェイズを構成し，補部の TP が解釈部門に転送されるとする仮説の下では，（5）や（10）が文法的であることを説明することができない．（10b）を例にとって，この点を見よう．補部の CP は，（11）に示すように形成される．

 （11） [_{CP} [[_{TP} 自分自身が [[_{v*P} 自分自身が [[_{VP} それを見] $v*$]] T_[+Past]]] と]]

この時点で，「自分自身」を含む網掛けで示した部分が解釈部門に転送されるが，「自分自身」の指示対象に関する情報を同時に送ることはできない．結果として，（10b）が（4）と同様に非文法的であることが誤って予測される．

 この問題は，CP フェイズが完成した時点で，補部 TP の T が φ 素性を伴わない場合には，TP ではなく，主語を含まないより小さな単位が解釈部門

に転送されるとすることにより回避される．例えば，T に ϕ 素性がある場合には，(12a) のように TP が転送され，T に ϕ 素性がない場合には，(12b) に示すように，$v^{(*)}$P が転送されるとしよう．

(12) a. $[_{CP} \cdots [_{TP} \cdots [_{TP} \text{T} [_{v(*)P} \cdots] \cdots]] \cdots]$
$[\phi]$

b. $[_{CP} \cdots [_{TP} \cdots [_{TP} \text{T} [_{v(*)P} \cdots] \cdots]] \cdots]$

(12b) に従えば，(10b) の補部 CP が完成した時点で，転送されるのは，補文の v^*P である．したがって，(13a) に示すように，主語の位置にある「自分自身」は，この段階では解釈部門に送られない．

(13) a. $[_{CP} [[_{TP} \text{自分自身が} [[_{v^*P} \text{自分自身が} [\text{VP } v^*]] \text{T}_{[+Past]}]] \text{と}]]$

b. $[_{v^*P} \text{花子が} [_{VP} [_{CP} [_{TP} \text{自分自身が} [_{TP} v^*\text{P } \text{T}_{[+Past]}]] \text{と}] \text{主張し}]]$

その後，主文 v^*P として (13b) が形成される．ここで補文主語の「自分自身」を含む主文 VP が解釈部門に転送される．この「自分自身」は主文主語の「花子」に c 統御されており，「花子」と同一指示であるとの情報を同時に解釈部門に送ることができる．

　次節において，転送領域に関する (12) の一般化を導く仮説を提案するが，その前に，もう 1 つ解決すべき問題を提示しておこう．(8) に示した束縛領域の定義を (14) に再掲する．

(14)　束縛領域：
　　　α の束縛領域 $=_{定義} \alpha$ および α を c 統御する「広義の主語」(TP に直接支配される DP または ϕ 素性) を含む最小の領域

この定義によれば，照応形およびそれを c 統御する主語を含む最小の領域，すなわち典型的には TP が束縛領域となる．したがって，補部が TP であると仮定されている (15) のような例の非文法性も正しく予測する．

(15) a. *John expects $[_{TP}$ Mary to be introduced to himself].

b. *Mary believes $[_{TP}$ the guests to have been introduced to her-self].

いずれの例においても，再帰代名詞が補文の主語に c 統御されており，補文 TP がその束縛領域となる．しかし，補文は受動文であり，外項に θ 役割を与える $v*$ はない．また，主文動詞の補部が TP であれば，補文に CP も存在しない．したがって，CP と $v*$P のみをフェイズとし，(15) のような例の補部を TP であると仮定した場合には，これらの例を誤って文法的であると予測する．(15a) を例にとって，この点をより具体的に見よう．(15a) を下位から派生して，最初に形成されるフェイズは，(16) に示す主文 $v*$P である．

(16)　$[_{v*P}$ John $[v*$ $[_{VP}$ expect $[_{TP}$ Mary to $[_{vP}$ be introduced Mary to himself$]]]]]$

この時点で，himself を含む網掛けで示した VP が解釈部門に転送されるが，John が himself を c 統御しており，himself が John と同一指示であるとの情報を同時に解釈部門に送ることができる．

　本節では，照応形束縛の局所性について，Chomsky (1981) の分析の概観から議論を始め，(10) および (15) のような例が分析できるように Quicoli (2008) の提案を修正する必要があることを示した．次節では，修正の試案を提示する．

1.2.　φ素性とフェイズ

　1.1 節では，CP フェイズが完成した時点の転送領域を，(17) に網掛けで示した領域とすることができれば，(5) や (10) が文法的であることを説明しうることを指摘した．

(17)　a.　$[_{CP}$ ... $[_{TP}$ ... $[_{TP}$ T $[_{v(*)P}$ ...] ...]] ...]　(= (12))
　　　　　　　　　　$[\phi]$

　　　b.　$[_{CP}$ ... $[_{TP}$ ... $[_{TP}$ T $[_{v(*)P}$ ...] ...]] ...]

本節では，(17) を含意するフェイズと転送領域の修正試案を提示し，その帰結を論じる．帰結には，$v*$ に加えて v もフェイズ主要部であること，(15) に例示した例外的格付与動詞の補部も含め，T を伴う補部節が一様に CP であるとしうることがある．これらの帰結をもって，(15) の非文法性にも説明が与えられることを示す．

(17) を検討するにあたって，まず，フェイズと φ 素性の関係に関する Chomsky (2000, 2008) の仮説に触れておこう．Chomsky は，T の φ 素性など，意味解釈を受けない素性は，フェイズ主要部の一部として派生に現れると考える．その上で，以下に示すように，T が C から，そして V が $v*$ から，φ 素性を受け継ぐとしている．

(18) a. 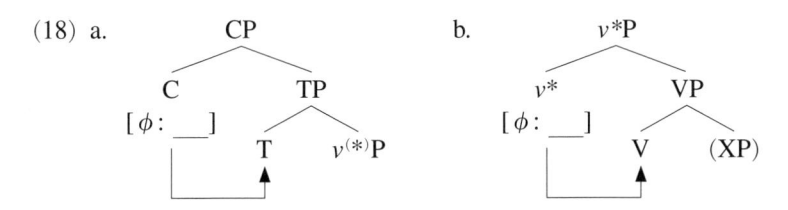 b.

Chomsky は，意味解釈を受けない φ 素性がフェイズ主要部に属するとしているが，同時に，意味解釈を受けない φ 素性を持つ主要部はフェイズ主要部になるとしよう．この仮説を (19) に示す．

(19)　T, V はそれぞれ C, $v*$ から φ 素性とともに，フェイズ主要部としての性質を受け継ぐ．

(19) に従えば，(18) において，TP と VP はフェイズを構成することになる．Chomsky (2001, 2008) では，CP フェイズ，$v*$P フェイズの完成時に，補部の TP, VP が解釈部門に転送されるとしている．(19) の下では，この転送メカニズムを (20) に示すように書き換えることができる．[4]

(20)　フェイズは，上位のフェイズが完成した時点で解釈部門に転送される．

(19) と (20) に提示した仮説は，φ 素性を伴う CP, $v*$P については，(21) に示すように，Chomsky の分析と同様の予測をする．

---

[4] 分析の詳細は異なるが，フェイズ補部ではなく，フェイズが転送領域となるという仮説は，Chomsky (2000) が取り上げ，Bošković (2016) が提案している．

178

(21) a.

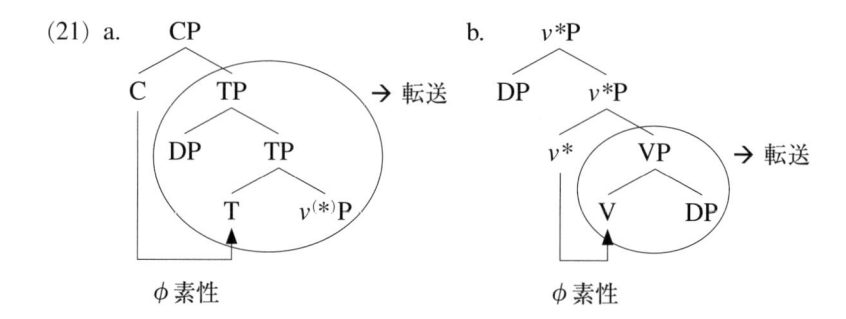

CP の場合，T が C から φ素性を受け継ぐため，TP がフェイズとなる．し
たがって，CP が完成した段階で，下位のフェイズである補部の TP が転送
される．v*P の場合も，同様に，VP が下位のフェイズとなり，解釈部門に
送られる．しかし，φ素性を持たない CP については，予測が異なる．以下
に再掲する (10b) を例にとって，この点を見よう．

(22)　花子は [CP [TP 自分自身がそれを見た] と] 主張した．（= (10b)）

(23) が，補部 CP の構造である．

(23)

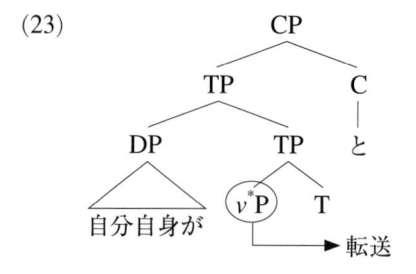

T は，C から φ素性を受け継がず，フェイズ主要部とはならない．したがっ
て，CP 完成時に解釈部門に転送されるのは，TP ではなく，CP の下位の
フェイズである v*P となる．(19), (20) の提案は，このように，(24) に見
られる日英語の対比を正しく予測する．

(24) a. *Mary said [CP that [TP herself witnessed it]].
　　 b.　花子は [CP [TP 自分自身がそれを目撃した] と] 言った．

(19), (20) の提案は，vP の分析に関しても，Chomsky (2001, 2008) と

は異なる予測をする．前章で述べたように，Chomsky は，vP をフェイズと
みなしていない．vP をフェイズとした場合には，(25) の移動が許容されな
いことが，その根拠の 1 つであった．

(25) a.　John said that the boat sank.

　　 b.　[$_{CP}$ that [$_{TP}$ the boat [T [$_{vP}$ v [$_{VP}$ sink the boat]]]]].

vP がフェイズであれば，NP 移動が適用される前に網掛けで示した VP が
解釈部門に転送され，the boat は TP 指定部に移動することができない．し
かし，Chomsky は，v*P をフェイズとする概念的根拠として，述部 – 項構
造を表していることをあげており，Legate (2003) 等は，この基準に従え
ば，vP もフェイズを構成するものとすべきであると論じている．Legate は，
再構築化現象に基づき，Wh 移動が vP のエッジを通過点としうることを示
した上で，(25a) の NP 移動も，(26) のように，vP のエッジを中間着点と
して適用されるとしている．

(26)　[$_{CP}$ that [$_{TP}$ the boat [T [$_{vP}$ the boat [$_{vP}$ v [$_{VP}$ sink the boat]]]]]].

循環的 NP 移動を排除する理由はないものと思われるが，本節の提案に基
づけば，(25a) の場合には循環的移動は不要であり，(25b) の派生も許容さ
れる．v には V が受け継ぐ ϕ 素性がなく，VP はフェイズを形成しない．
したがって，vP をフェイズと仮定しても，vP 完成時に転送は適用されない．
CP フェイズの完成時に，TP が転送されるが，これは the boat の移動を妨
げるものではない．循環的 NP 移動の可否にかかわらず，(25a) は vP が
フェイズではないことを示す根拠とはならない．

　また，(19)，(20) を仮定した場合には，vP がフェイズであるとする
Legate (2003) の提案を積極的に支持する証拠も束縛現象から得られる．
(27) を例にとろう．

(27)　*John prefers [$_{CP}$ for [$_{TP}$ Mary to [$_{vP}$ be introduced Mary to him-
　　　self]]].

(27) の補文は外項を欠き，v*P ではなく，vP を伴う．もし vP がフェイズ

でなければ，例を下位から派生して最初に構成されるフェイズは，補部の CP である．himself を含むこの CP は，主文 v*P の完成時に解釈部門に転送される．しかし，この時点では，v*P の指定部に John があり，himself の先行詞は John であるという情報を同時に送ることができる．よって，(27) が文法的であると誤って予測することになる．一方，vP がフェイズであれば，補部 CP の完成時に，himself を含む vP が解釈部門に転送される．この時点では，John は構造になく，himself の指示対象に関する情報を解釈部門に送ることができない．したがって，vP をフェイズとすることにより，(27) の非文法性が説明される．

(19), (20) の仮説は，(28) に例示する例外的格付与文の分析についても，帰結を有する．

(28)　John believes [her to be the best candidate].

(28) では，believe と her が一致の関係に入り，前者の φ 素性と後者の格素性が与値される．第 4 章で論じたように，さらに，her は主文 VP 指定部に移動し，主文 V は v* に移動して，(29) の構造が形成される．

(29)

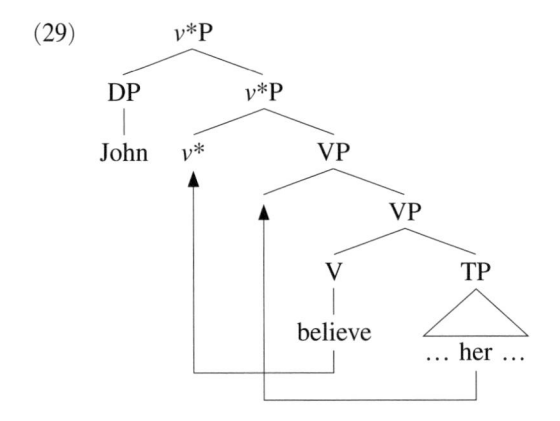

この派生が可能であるためには，believe の補部は TP でなければならないとされてきた．フェイズの補部が解釈部門に転送されるとする仮説の下では，believe の補部が CP であれば，(30) に示すように，her は主文動詞と一致の関係に入る前に，解釈部門に転送され，主文の VP 指定部に移動することができない．

(30) [CP [TP her to be the best candidate]] （網掛け部分が転送領域）

しかし，(19), (20) に示したフェイズと転送の定義に従えば，例外的格付与文の補部を CP とすることに支障はない．補部が CP であることを仮定して，(28) の *v**P の構造を (31) に示す．

(31) [*v**P John [*v**P *v** [VP ___ [VP believe [CP C [TP her [TP to *v*P]]]]]]]

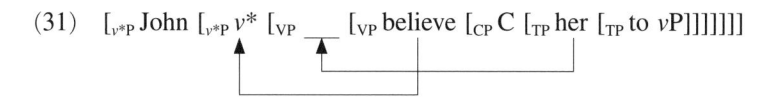

補文の T には φ 素性がないため，補文の TP はフェイズではない．したがって，補部 CP が完成した時点で解釈部門に転送されるのは，TP ではなく，その下位の *v*P である．主文 *v**P が形成される過程でも，her はアクセス可能であり，主文動詞と一致し，その指定部に移動することができる．したがって，例外的格付与文の補部を例外的に TP であるとする理由は消滅する．

　さらに，Bošković (2007) が指摘するように，例外的格付与動詞の補部が CP であることを示す証拠が，McCloskey (2000) が分析したウェストアルスター（West Ulster）英語のデータから得られる．この方言では，(32) に示すように，Wh 句が移動する際に，付随する全称数量詞 all を中間着点の CP 指定部に残すことができる．

(32) a.　What all do you think [CP that [TP he'll say [CP that [TP we should buy ___]]]]?

　　 b.　What do you think [CP all that [TP he'll say [CP that [TP we should buy ___]]]]?

　　 c.　What do you think [CP that [TP he'll say [CP all that [TP we should buy ___]]]]?

(33) は，all が表れうるのは，派生の一段階で Wh 句に後続する位置に限られ，例えば，補文主語に後続する位置には生起し得ないことを示す．

(33) *Who do you arrange [CP for [TP your mother all to meet ___ at the party]]?

　しかし，興味深いことに，例外的格付与文では，all が補文主語に後続する位置に表れうる．

(34)　Who do you expect your mother <u>all</u> to meet at the party?

この事実は，例外的格付与文の補部が CP であると仮定することにより，説明される．(34) の主文 $v*$P の構造を (35) に示す．

(35)　[$_{VP}$ ___ … [$_{CP}$ all C [$_{TP}$ your mother [to [$_{v*P}$ meet at the party]]]]

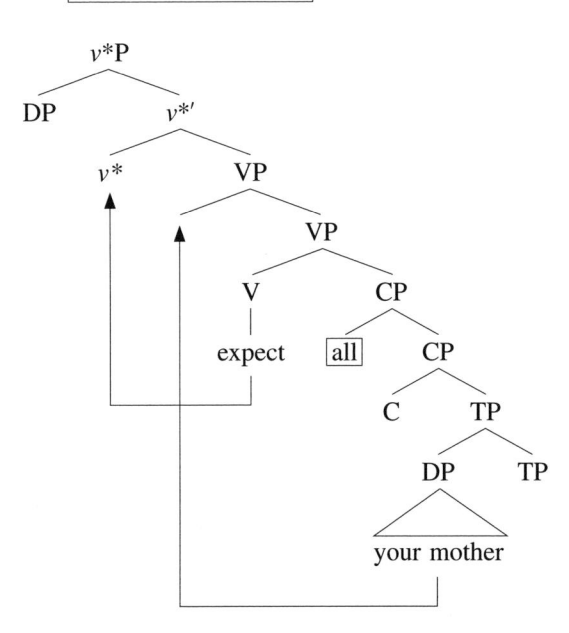

全称数量詞 all は CP 指定部に位置し，補文主語の your mother は CP を越えて，主文 VP の指定部に移動する．この移動は，すでに見たように，(19)，(20) に示したフェイズと転送の定義の下では許容される．

$v*$P のみならず vP もフェイズであり，例外的格付与文の補部は CP であるという結論をふまえ，Quicoli (2008) の分析において問題として残されていた (15) の例に立ち戻ろう．以下に，(15) を (36) として再掲する．

(36)　a. *John expects [$_{TP}$ Mary to be introduced to himself].

　　　b. *Mary believes [$_{TP}$ the guests to have been introduced to her-
　　　　self].

(36) が提示する問題は，*v*P がフェイズを構成せず，例外的格付与文の補部
が TP であると仮定した場合には，最初に形成されるフェイズが主文の *v**P
となることであった．(36a) の主文 *v**P の構造を (37) に示す．

(37)　$[_{v*P}$ John $[v*$ $[_{VP}$ expect $[_{TP}$ Mary to $[_{vP}$ be introduced Mary to himself]]]]]

主文 *v**P が形成された時点で，照応形 himself を含む網掛けで示した VP
が解釈部門に転送される．(37) では，John が himself を c 統御しているた
め，両者の指示対象は同一であるという情報を同時に解釈部門に送ることが
でき，(36a) が文法的であることを誤って予測する．
　しかし，例外的格付与文の補部が CP であれば，(36a) の主文 *v**P の構
造は，(38) になる．

(38)　$[_{v*P}$ John $[v*$ $[_{VP}$ expect $[_{CP}$ $[_{TP}$ Mary to $[_{vP}$ be introduced Mary to himself]]]]]]

さらに，*v*P がフェイズであれば，(20) により，補部 CP が完成した時点で，
網掛けで示した *v*P が解釈部門に転送される．この時点では，John は構造
に含まれておらず，himself の指示対象に関する情報を同時に送ることはで
きない．よって，(36) の非文法性が正しく予測される．
　本節では，フェイズと転送の定義を (19)，(20) とすることにより，フェ
イズ理論に基いて照応形束縛の局所性を説明する Quicoli (2008) の分析を
発展させることを提案した．また，その帰結として，*v**P のみならず *v*P も
フェイズを構成すること，そして例外的格付与文の補部が CP であるとの結
論が得られることを論じた．次節では，(19)，(20) のさらなる帰結と問題
点を，前章で紹介した Hornstein (1999) による制御の移動分析との関係に
おいて見ていくことにしよう．

2.　制御の移動分析と義務的制御の局所性

　Hornstein (1999) が提案し，Hornstein and Polinsky (2010) などでより
詳細に検討されている制御の移動分析は，従来 (39a) に示すように PRO
を仮定して分析されてきた制御文を，(39b) のように移動により派生される

とする.

(39) a. [TP Mary [v*P ___ [VP wants [CP [TP PRO to [v*P ___ [VP win the

prize]]]]]]]

b. [TP Mary [v*P ___ [VP wants [CP [TP ___ to [v*P ___ [VP win the

prize]]]]]]]

Mary は補文内で θ 役割を与えられ,主文の v*P 指定部に移動して want からも外項としての θ 役割を受ける.

Hornstein が指摘するように,この派生は,D 構造の除去に伴って θ 位置への移動が許容されるならば可能なはずである.また,(39a) で仮定される PRO については,その分布と解釈をめぐって様々な仮説が提示されてきたが,いずれも,特に極小主義アプローチの下では維持しがたい.例えば,Chomsky (1981) は,PRO は統率子(語彙範疇および時制)によって統率されないという一般化を提案している.しかし,その後の研究により統率という概念そのものが理論から除去され,この一般化をそのままの形で理論から導くことはできない.制御の移動分析は,PRO そのものの存在を否定し,PRO を仮定することにより生じる問題を解決する.制御現象の解明に向けて,道筋を開く分析であると言えよう.ここでは,2.1 節で制御の移動分析を支持する証拠が,日本語のスクランブリング現象から得られることを示した Takano (2010) の議論を紹介する.2.2 節では,制御の移動分析を前節で提示したフェイズと転送領域の定義との関係において論じる.

2.1. Takano (2010) による A スクランブリングの局所性に基づく議論

Mahajan (1990) は,ヒンディー語のスクランブリングが束縛関係に与える影響を詳細に分析して,文内のスクランブリングが A 移動の性質を持ちうるのに対して,CP を越えるいわゆる長距離のスクランブリングは A′ 移動の性質を持つことを例証した.いわゆる Mahajan の一般化である.しかし,同時に,この一般化には例外があり,制御文の補文からの取り出しを伴う長距離スクランブリングは,A 移動の性質を示すとしている.Takano

(2010) は，Mahajan の一般化に例外はなく，制御文補部からの取り出しを伴うスクランブリングも常に A′ 移動の性質を有し，A 移動の性質を示すように見える例は，制御の移動分析を仮定することにより説明できることを示す．本節では，制御の移動分析に対して明確な経験的証拠を示す Takano (2010) の議論を紹介する．

　日本語のスクランブリングも，Mahajan の一般化に従うことが，Tada (1993)，Nemoto (1993) などにより示されている．まず，Takano (2010) から引用する (40) から，この点を見ていこう．

　(40) a. *そこの社員が 3 つ以上の会社を 調査した．
　　　 b. 　3 つ以上の会社を そこの社員が 調査した．

(40a) では，「3 つ以上の会社」が「そこ」を c 統御していないため，「そこ」を束縛代名詞として解釈することができない．「3 つ以上の会社」をスクランブリングによって「そこ」を c 統御する位置に移動した (40b) では，「そこ」の束縛代名詞としての解釈が可能になる．この移動による効果は，(41)，(42) に挙げた英語の例が示すように，移動が A 移動である場合に限られる．

　(41) a. *It seems to his mother that every boy is smart.
　　　 b. 　Every boy seems to his mother [___ to be smart].
　(42) a.?*Who says that his mother loves who?
　　　 b.?*Who does his mother love ___?

(41a) と (42a) は c 統御条件を満たさず，his は every boy，目的語 who の束縛代名詞となりえない．(41b) では，every boy が補文主語の位置から主文主語の位置に移動しており，この A 移動が his の束縛代名詞としての解釈を可能にする．一方，(42b) では，who が Wh 移動により his を c 統御する位置に A′ 移動しているにもかかわらず，his を束縛代名詞として解釈することができない．したがって，(40b) の文法性は，文内のスクランブリングが A 移動でありうることを示す．

　これに対して，文の境界を越えるスクランブリングの性質は異なる．再び，Takano (2010) の例を以下に示す．

(43) a. *そこの社員がアヤに [CP ケンが <u>3つ以上の会社</u>を調査したと]
　　　 言った.

　　 b. *<u>3つ以上の会社</u>を そこの社員がアヤに [CP ケンが ___ 調査した
　　　 と] 言った.

(43b) では，(40b) と同様に，「3つ以上の会社」がスクランブリングによっ
て「そこ」を c 統御する位置に移動している．しかし，(43b) は，(40b) と
は異なり，「そこ」の束縛代名詞解釈を許容しない．この例の移動は CP か
らの取り出しを伴うことから，文の境界を越えるスクランブリングは A′ 移
動であると考えられる．

　このように，日本語のスクランブリングも，Mahajan (1990) の一般化に
従う．さらに，Nemoto (1993) が詳細に論じているように，日本語におい
ても，ヒンディー語と類似する例外が観察される．(44) や Takano (2010)
から引用する (45) がその典型的な例である．

(44) a. *<u>そこの社員が</u> [PRO <u>3つ以上の会社</u>を訴えようと] 計画した.

　　 b. <u>3つ以上の会社</u>を そこの社員が [PRO ___ 訴えようと] 計画し
　　　 た.

(45) a. *ケンがそこの社員に [PRO <u>3つ以上の会社</u>を調査するように]
　　　 依頼した.

　　 b. <u>3つ以上の会社</u>を ケンがそこの社員に [PRO ___ 調査するよう
　　　 に] 依頼した.

(44b) と (45b) は (43b) と明確な対比をなし，「そこ」の束縛代名詞として
の解釈を許容する．このような例は，制御文においては，補文からの取り出
しを伴うスクランブリングも A 移動の性質を持ちうることを示唆する．

　ここで，なぜ制御文の場合に限り，文の境界を越えるスクランブリングが
A 移動の性質を持ちうるのかという問いが生じ，Nemoto (1993) などで
様々な可能性が論じられてきた．これに対して，Takano (2010) は，(44b)
や (45b) のような例も Mahajan の一般化に対する例外ではなく，制御文の
補部からの取り出しを伴うスクランブリングも A′ 移動であるという極めて
明快な分析を提示する．Takano は，まず，制御文補部からの長距離スクラ
ンブリングであっても，Mahajan の一般化に従って，明確に A′ 移動の性質

を示す例があることを指摘する．(46)，(47) は制御文であるが，束縛代名詞の先行詞を，補文内から束縛代名詞を c 統御する位置に移動しても，文法的に適格な文は得られない．

(46) a. *そこの社員がケンに [PRO 3つ以上の会社を調査するように] 依頼した．
　　 b.?*3つ以上の会社を そこの社員がケンに [PRO 調査するように] 依頼した．

(47) a. *ケンがそこの社員の前でユミに [PRO 3つ以上の会社を調査するように] 依頼した．
　　 b.?*3つ以上の会社を ケンがそこの社員の前で ユミに [PRO 調査するように] 依頼した．

(44)，(45) と (46)，(47) の相違は，前者でのみ，「そこ」を含む名詞句が PRO の先行詞となっている点にある．この事実をふまえ，Takano は，この対比が制御の移動分析を仮定することにより，説明されることを示す．(45b) を例にとって Takano の分析を見よう．「そこの社員」は補文主語の位置から主文の内項の位置に移動する．また，(48) に示すように，QP「3つ以上の会社」は，スクランブリングにより，補文 TP のエッジを経由して，主文文頭に移動することができる．

(48)　QP [... [$_{DP}$ ...そこ...] [$_{CP}$ QP [$_{TP}$ QP [[$_{DP}$ ...そこ...] [...QP...]]]]]

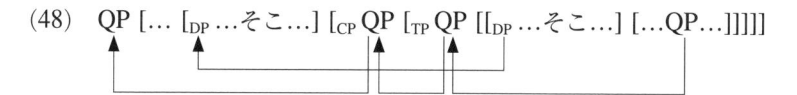

QP の最初の移動は文内のスクランブリングであり，着点で「そこ」を c 統御する．したがって，この時点で，「そこ」の束縛代名詞としての解釈が可能になると考えられる．(49b) に見られるように，束縛代名詞は，派生の中間段階で，A 位置にある先行詞により c 統御されることで認可されうる．

(49) a.　3つ以上の会社がそこの社員を訴えた（こと）
　　 b.　そこの社員を 3つ以上の会社が ___ 訴えた（こと）

一方，(46b) は，(50) に示すように派生される．

(50)　QP [[_{DP}...そこ...] ケンに [_{CP} [_{TP} QP [ケン [...QP...]]]]]

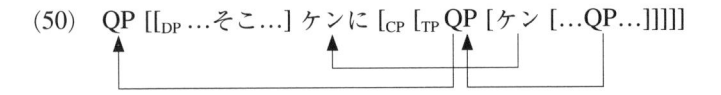

QP は，(48) の場合と同様に，補文 TP のエッジを経由して主文の文頭に移動することができる．しかし，束縛代名詞を含む「そこの社員」は，補文内から主文に移動しているわけではない．補文の主語は「ケン」であり，この名詞句が補文内から主文の内項の位置に移動する．この例では，QP は文の境界を越えるスクランブリングによって，初めて「そこ」を c 統御する位置に到達する．したがって，(46b) の非文法性は，文内のスクランブリングのみが A 移動の性質を持ちうるとする Mahajan の一般化を支持するものである．制御文の移動分析は，Mahajan の一般化に対する例外を除去し，さらに「例外の例外」である (46), (47) に説明を与える．Takano は，この議論をもって，スクランブリング現象から，制御文の移動分析を支持する証拠が得られるとの結論を導く．

2.2.　義務的制御と NP 移動の局所性

前節では，スクランブリング現象からも，制御の移動分析を支持する証拠が得られることを見た．同時に，制御の移動分析は，標準的なフェイズ理論とは相容れない側面を持つ．移動分析の例として挙げた (39b) を (51) に再掲する．

(51)　[_{TP} Mary [_{v*P} ___ [_{VP} wants [_{CP} [_{TP} ___ to [_{v*P} ___ [_{VP} win the prize]]]]]]]

CP と v*P をフェイズとし，フェイズが完成した時点でその補部が解釈部門に転送されるとすると，(51) における Mary の補文 TP 指定部から主文 v*P 指定部への移動は許容されない．一方で，以下に再掲する (19), (20) に示したフェイズと転送の定義を採用すれば，(51) の派生に問題は生じない．

(52) a.　T, V はそれぞれ C, v* から φ 素性とともに，フェイズ主要部としての性質を受け継ぐ．(= (19))

  b.　フェイズは，上位のフェイズが完成した時点で解釈部門に転送
   される．（＝(20)）

(51) の補文 T には ϕ 素性がなく，補文 TP はフェイズではない．したがっ
て，補文 CP が完成した時点で解釈部門に転送されるのは，補文の v*P で
あり，TP 指定部の Mary は主文 v*P の派生時にアクセス可能である．この
ように，(52) は制御の移動分析とフェイズ理論の齟齬を解消し，独立した
証拠に裏付けられた制御の移動分析は，(52) を維持すべきさらなる理由を
提供する．[5]

  しかし，(52) は，(51) の移動を可能にするが故に，制御の移動分析と同
様の問題を孕むことも指摘しておかなければならない．この点について，以
下の対比から議論を始めよう．

 (53) a. Mary is believed [$_{CP}$ [$_{TP}$ ___ to be the best candidate]].

   b. *Mary was decided [$_{CP}$ [$_{TP}$ ___ to go to college]].

前章で紹介したように，(53b) の非文法性は，CP と TP の対が移動の障壁
となることの例であると考えられてきた．フェイズ理論に基づく説明では，
CP フェイズが完成した時点で補部の TP が解釈部門に転送されるとするこ
とによりこの一般化が導かれる．一方で，(53a) の文法性は，believe の補
部が CP ではなく TP であるとの仮定に基づき分析されてきた．これに対し
て，前節の議論に従えば，believe の補部は CP であるが，(53a) では T が
ϕ 素性を欠くため，CP 完成時に転送されるのは vP となることから，この
例の文法性が説明される．この分析は，(54) の移動が可能であることを予
測し，したがって，制御の移動分析と整合性がある．

---

 [5] ここで，特に，この (52) を支持する議論が，Chomsky (2021) のコピー形成分析を仮
定した場合にも維持されることを指摘しておきたい．Chomsky は，コピー形成もフェイズ
理論により制約される操作であるとしている．しかし，標準的なフェイズの定義を仮定し
た場合には，以下に示すように，CP/TP の対がコピー形成を阻む．
 (i) [$_{v*P}$ Mary [$_{VP}$ wants [$_{CP}$ [$_{TP}$ ~~Mary~~ to …]]]]

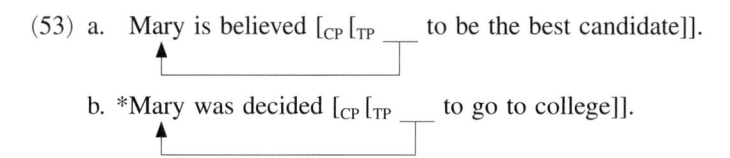 X コピー形成

(52) を仮定した場合には，この問題は生じない．

190

(54) Mary decided [$_{CP}$ [$_{TP}$ ___ to go to college]].

しかし，(53a) において CP と TP の対を越える移動が許容されるのであれ
ば，(53b) の非文法性の要因は明らかではない．

　この問題は，Hornstein (1999) において，フェイズに関する言及はない
が，すでに取り上げられている．具体的には，Hornstein は，(54) の移動
分析を提唱した上で，(53a) と (53b) の対比，特に後者の非文法性に新た
な説明が与えられなければならないことを指摘し，さらに，この対比が，
Stowell (1982) や Martin (2001) が考察した制御文補部と例外的格付与文
補部の間に見られる時制解釈の相違に由来する可能性を示唆している．この
示唆をより具体的に記述するとどのような一般化になるのかを考えて，本節
を締め括ることにしよう．

　Stowell (1982) は，不定詞節の to が，(55a) のように時制解釈を受けな
い場合と，(55b) のように時制解釈を受ける場合があることを指摘してい
る．

(55) a.　John believes [Mary to be a genius].

　　　b.　Mary decided [___ to go to college].

(55a) の例外的格付与文においては，補文の時制は，主文の時制と同時であ
ると解釈される．メリーが天才である時とジョンがそう信じる時は重なる．
したがって，to は時制を表さず，主文の時制が補文にも適用されるものと
考えられる．一方で，制御文である (55b) では，メリーが大学に行く時と
その決断をする時は同時ではない．決断をした後に，大学に行くのであり，
to は未来時制を表していると考えられる．[6] 例外的格付与が可能な believe
タイプの動詞と制御動詞の補文にこのような時制解釈の相違があるのであれ
ば，(53b) と (54) の対比は，以下の一般化に沿ったものである．

---

[6] Martin (2001) は，PRO が to から格を受けるとする Chomsky and Lasnik (1993) の
分析を発展させ，PRO に格を与えるのは未来時制の to に限られるとすることにより，
PRO の分布を説明することを提案している．

(56) A 位置にある DP は，生起するすべての時制領域で解釈を受けな
ければならない.

制御動詞の補部には時制があるため，制御文には，(57) に示すように 2
つの時制領域が存在する.

(57) $[_{TP} \ldots \text{tense} \ldots [_{CP} [_{TP} \ldots \text{tense} \ldots]]]$

$\underbrace{\hspace{3cm}}_{領域 2}$ $\underbrace{\hspace{3cm}}_{領域 1}$

したがって，以下に再掲する (54) と (53b) の文法性は，(56) に合致する.

(58) a. Mary decided $[_{CP} [_{TP} \underline{\hspace{1cm}}$ to go to college]]. （= (54)）

b. *Mary was decided $[_{CP} [_{TP} \underline{\hspace{1cm}}$ to go to college]]. （= (53b)）

(58a) では，Mary は，2 つの時制領域，補文と主文で θ 役割を与えられて
いる．主文が受動文である (58b) では，事情が異なる．Mary は，主文の
時制領域で解釈を受けないため，(58b) は，(56) と相容れない．一方で，
主文動詞が believe タイプである時には，補文に時制がないため，時制領域
は文全体の 1 つだけとなる．したがって，以下に再掲する (53a) と (56)
の間に齟齬はない.

(59) Mary is believed $[_{CP} [_{TP} \underline{\hspace{1cm}}$ to be the best candidate]]. （= (53a)）

Mary は補文でのみ θ 役割を与えられるが，時制領域が単一であることから
問題は生じない.

(56) に示した一般化は，NP 移動だけでなく，スクランブリングでも観
察される．2.1 節で示したように，文内のスクランブリングと異なり，文の
境界を越えるスクランブリングは，A 移動の性質を持ち得ない．この一般
化が照応形束縛のデータからも裏付けられることを，Mahajan (1990) がヒ
ンディー語，Tada (1993) や Nemoto (1993) が日本語のデータに基づいて
論じている．(60) の対比は，照応形が A 位置にある先行詞により c 統御
されなければならないことを示す.

192

(60) a. [彼らが [$_{VP}$ お互いの先生を 批判した]] (こと)
　　b.?*[お互いの先生が [$_{VP}$ 彼らを 批判した]] (こと)

(60b) の目的語「彼ら」を文内のスクランブリングによって文頭に移動した
場合には，文法的に適格な文が得られる．

(61) [彼らを [お互いの先生が [$_{VP}$ ___ 批判した]]] (こと)

しかし，(62) が示すように，文の境界を越えるスクランブリングによって，
照応形を c 統御する位置に先行詞を移動しても，(61) に見るような文法性
の向上は見られない．

(62) a. *[お互いの先生が [$_{VP}$ [$_{CP}$ [田中が彼らを批判した] と] 言った]] こ
　　　と
　　b. *[彼らを [お互いの先生が [$_{VP}$ [$_{CP}$ [田中が ___ 批判した] と] 言っ
　　　た]]] こと

(61) と (62b) の対比は，文内のスクランブリングが A 移動でありうるの
に対して，文の境界を超えるスクランブリングが A′ 移動であることを示す
さらなる証拠である．
　Mahajan は，文内のスクランブリングが A 移動でなければならないわけ
ではなく，A′ 移動でもありうることも論じている．例えば，(63) は文法的
である．

(63) 自分自身を 太郎が ___ 推薦した (こと)

もし，この移動の着点が A 位置であれば，(63) は (64) と同様に，第 2 章
で紹介した束縛原理 (C) に抵触する．

(64) *He seems to John's mother [___ to be smart]. (he = John)

第 2 章の束縛原理 (C) の定式化を (65) に再掲する．

(65) X が Y を c 統御する時，Y は X の先行詞にはなり得ない．

(64) では，he が John を c 統御しており，John はこの代名詞の先行詞とはなり得ない．一方で，(66) は，束縛原理 (C) が，(65) の X が A 位置にある時にのみ適用されることを示す．

(66)　Himself, John believes [＿＿ to be a good candidate].

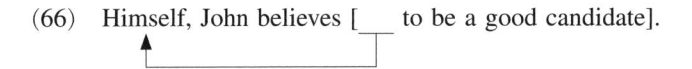

したがって，(63) のスクランブリングが A′ 移動でもありうるとすれば，この例の文法性が正しく予測される．

　以上の文内スクランブリングと長距離スクランブリングの相違に関する標準的な分析は，TP のエッジが A 位置，CP のエッジが A′ 位置であり，いずれもスクランブリングの着点になりうるとする仮定に基づく．この仮定の下では，文内のスクランブリングは，(67) に示すように適用されうる．

(67)　a.　$[\alpha\ [_{TP} \cdots \underline{\quad} \cdots]]$

　　　b.　$[\alpha\ [_{CP} \cdots \underline{\quad} \cdots]]$

(67a) の場合には A 移動，(67b) の場合には A′ 移動となる．(68) が文の境界を越えるスクランブリングの描写である．[7]

(68)　a.　$[\alpha\ [_{CP} \cdots [\ \underline{\quad}\ [_{CP}\ [_{TP} \cdots \underline{\quad} \cdots]]]]]$

　　　b.　$[\alpha\ [_{TP} \cdots [\ \underline{\quad}\ [_{CP}\ [_{TP} \cdots \underline{\quad} \cdots]]]]]$

(68a) は A′ 移動であり，問題はない．一方，(68b) は，A′ 位置である CP のエッジから A 位置である TP のエッジへの移動を伴っており，非適正移動として排除される．したがって，文の境界を越えるスクランブリングは，例外なく A′ 移動となる．

　しかし，この分析は，CP を越える移動は，必ず，CP のエッジを中間着

---

[7] $v^{(*)}$P のエッジも中間着点となるが，分析に直接影響を与えるものではないと思われるため，ここでの議論では省略する．

194

点とすることを前提としている．この前提は，CP がフェイズであり，フェイズの補部が解釈部門に転送されるとする仮定の下では維持しうるが，(69) に再掲する新たなフェイズと転送の定義 (52) とは相容れない．

(69) a. T, V はそれぞれ C, v^* から ϕ 素性とともに，フェイズ主要部としての性質を受け継ぐ．
   b. フェイズは，上位のフェイズが完成した時点で解釈部門に転送される．

日本語は ϕ 素性一致を欠くため，TP がフェイズとはならず，CP が完成した時点で転送されるのは下位の $v^{(*)}$P フェイズである．したがって，(69) は以下の A 移動を排除しない．

(70)　$[_{\alpha}\ [_{TP}\ \dots\ [_{CP}\ [_{TP}\ \underline{\quad}\ [_{TP}\ \dots]]]]]$

　文の境界を越えるスクランブリングが A 移動ではあり得ないことについて新たな説明が必要となるが，ここで，(70) は，本節で問題として提示した (58b) の NP 移動の構造でもあることに注目されたい．(58b) を (71) として再掲する．

(71)　*Mary was decided $[_{CP}\ [_{TP}\ \underline{\quad}$ to go to college]].

長距離スクランブリング文の補文は，制御文の補文と同様に，時制解釈を受ける．また，スクランブリングの着点は，(71) の NP 移動の着点と同じく θ 位置ではない．したがって，文の境界を超えるスクランブリングが A 移動であれば，(72) に再掲する (56) と矛盾する．

(72)　A 位置にある DP は，生起するすべての時制領域で解釈を受けなければならない．(＝(56))

(72) は，NP 移動のみならず，スクランブリングでも観察されることから，現時点では一般化に留まるが，今後説明を追究すべき一般化であると考えられる．

3.　フェイズと転送領域の普遍性

　本章の 1 節では，Chomsky (1981) の束縛領域に関する考察に基づいて，フェイズと転送領域の定義に修正を加えることにより，照応形束縛の局所性をフェイズ理論から導く Quicoli (2008) の試みを発展させることを提案した．特に，ϕ 素性に言及する形にフェイズの定義を修正することにより，Chomsky の洞察を取り入れることができることを論じた．具体的な修正案は，(69) である．議論の過程で紹介した Huang (1982) と Yang (1983) による東アジア言語の分析は，照応形束縛の局所性において，言語間変異はないことを示すものであった．以下の対比は，一見，この点において日英語間に相違があることを示しているようである．

(73) a. *Mary said [$_{CP}$ that [$_{TP}$ herself witnessed it]].
　　b.　花子は [$_{CP}$ [$_{TP}$ 自分自身がそれを目撃した] と] 言った．（= (24)）

しかし，この 2 言語間の相違は，時制文における ϕ 素性一致の有無であり，照応形束縛の局所性を決定するメカニズムに違いはない．(74) が示すように，英語においても，補文が ϕ 素性一致を欠く場合には，(73b) と同じパターンが観察されるのである．

(74)　John prefers [$_{CP}$ for [$_{TP}$ himself to be nominated]．（= (5a)）

照応形束縛の局所性をフェイズ理論によって説明すべきかは，まだ検討を要する問題であるが，その方向性を追究する限りにおいては，フェイズの定義を ϕ 素性一致に言及するようにすべきであろう．1 節では，さらに，新たなフェイズと転送領域の定義の帰結として，v*P のみならず vP もフェイズとすべきであること，また，小節を除き，例外的格付与動詞の補文を含む全ての補文を CP とみなすべきことを示した．

　2 節では，Hornstein (1999) による制御の移動分析を取り上げ，フェイズ理論との関係において論じた．まず，この分析を支持する証拠が，日本語のスクランブリング現象からも得られることを示した Takano (2010) の議論を紹介した．その上で，制御の移動分析と標準的なフェイズと転送領域の定義の間に矛盾があることを指摘し，1 節で提案した修正案 (69) がこの問題を解決することを示した．最後に，この好ましい帰結と表裏一体をなす形

で，(71) の非文法性について新たな説明が必要となることを指摘した．この問題の解決には至らなかったが，(71) に見られる NP 移動の局所性と A 移動としてのスクランブリングの局所性を包括する一般化 (72) を提示して，問題の解決に向けた 1 つの方向性を示唆した．

第 9 章

日本語の分析に対する帰結

前章において, (1) に示すフェイズと転送領域の定義を提案した.

(1) a. T, V はそれぞれ C, v^* から ϕ 素性とともに, フェイズ主要部としての性質を受け継ぐ.

　 b. フェイズは, 上位のフェイズが完成した時点で解釈部門に転送され (または, PIC により) アクセス不可能となる.

本章では, (1) が, 日本語の使役文と VP 前置の分析に関する問題の解決を可能にすることを示す.

1 節では, (2) に例示する使役文を取り上げる.

(2) 　花子が 太郎に 缶を 開けさせた.

日本語の使役文は, 一見単文のように見えるが, Kuroda (1965a) 以降, 使役動詞「させ」が補文を埋め込む複文構造を持つことが広く仮定されている. 例えば, Murasugi and Hashimoto (2004) は, (2) の構造として,「させ」が $v^{(*)}$P を補部とする (3) を提案している.

198

(3)

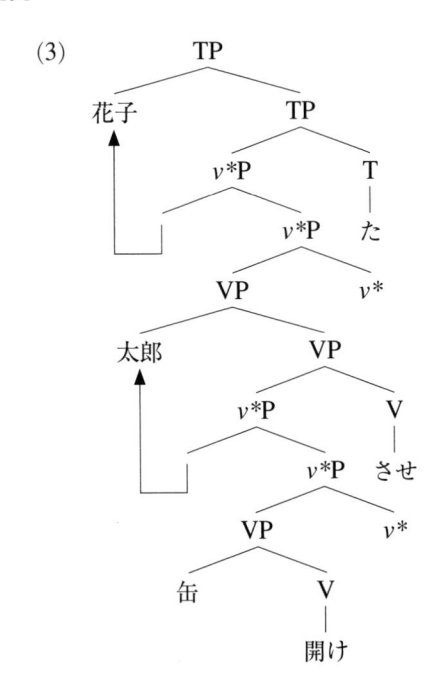

この分析は，(2) が対応する英語の例 (4) と同じ構造を持つことを含意する．

(4) Mary made John open a can.

(3) の構造を支持する証拠が多く挙げられている一方で，日本語使役文の単文構造を示唆する例も指摘されている．特に，移動と束縛の局所性については，複文構造により説明される現象と，単文構造を仮定することで分析できる現象が混在しているように見える．1節では，日本語使役文の性質を概観した上で，単文構造を示唆する例が，(1) に示したフェイズの定義と (3) の構造により説明されることを示す．

2節では，NP 移動と VP スクランブリングの相互作用に関する Hoji, Miyagawa and Tada (1989) の考察をとりあげる．(5b) が，典型的な VP スクランブリングの例である．

(5) a. 花子が [VP 太郎を 殴り] さえ した．
b. [VP 太郎を 殴り] さえ 花子が ___ した．

Hoji, Miyagawa and Tada（1989）は，非対格動詞文では，（6）に見られる
ように，VP スクランブリングが適用しえないことを指摘している．

(6) a.　雨が [$_{VP}$ ___ 降り] さえ した.
　　b. *[$_{VP}$ ___ 降り] さえ 雨が ___ した.

2.1 節では，（6b）に対応する英語の例が文法的に適格であることを示し，
（6b）が興味深い理論的問題を提示することを明らかにする．2.2 節では，
Chomsky（2019）が提案する確定性条件（determinacy）に基づく Kitahara
（2017）の残留部移動現象の分析を紹介し，2.3 節において，（1）のフェイ
ズの定義を仮定した場合には，Kitahara の分析により，（6b）の非文法性と
対応する英語の例の文法性が正しく予測されることを示す．

1.　日本語使役文に見られる各種の局所性

　1.1 節において日本語使役文の基本的性質を概観し，1.2 節では，使役文
で観察される NP 移動と照応形束縛の局所性に関する分析を提示する．

1.1.　複文構造と単文構造を支持する証拠

　上述したように，日本語使役文は，補文を内包すると広く仮定されてい
る．補文を小節とする（3）の構造を以下に再掲する．

200

(7)

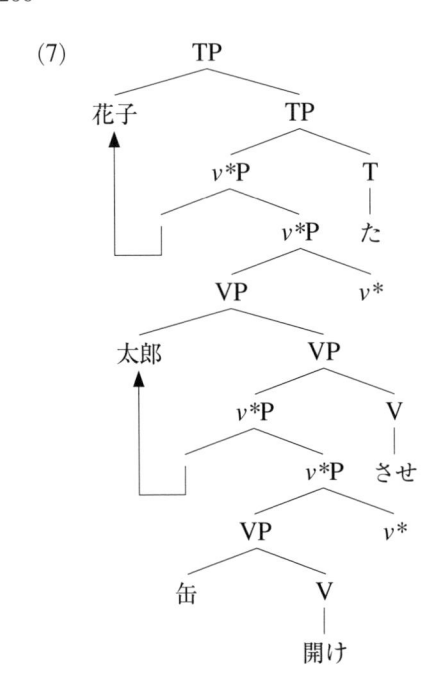

本節では，その証拠となる事実を概観し，また，逆に単文構造を示唆する現象も見ていく．

　使役文の複文構造を支持する議論の中で，もっともよく知られているのは，Kuno (1973) 等が提示した「自分」の解釈に基づくものであろう．まず，(8) の例から，「自分」の主語指向性を確認しておこう．

　(8)　花子が [CP 太郎が 次郎に 自分の写真を見せたと] 言った（こと）
　　　（自分＝太郎または花子，自分≠次郎）

この文で，「自分」は，補文の主語「太郎」と主文の主語「花子」を先行詞とすることができるが，補文の間接目的語「次郎」は，「自分」を c 統御しているにもかかわらず，その先行詞になることはできない．「自分」の主語指向性をふまえて，「自分」を含む使役文を見てみよう．

　(9)　花子が 次郎に 自分の写真を 捨てさせた（こと）

この文においては，「花子」のみならず，与格を伴う被使役者の「次郎」も

「自分」の先行詞になりうる．この事実は，「次郎」も主語であることを示している．(7) の構造を仮定した場合には，「次郎」は，補文の v*P 指定部の位置で「捨て」の主語として解釈されるものと考えられる.

　使役文における副詞の解釈の曖昧性も，複文構造を支持する証拠となることが，Shibatani (1976) 等において論じられている．以下の 2 例では，副詞の解釈について明確な相違が見られる.

(10) a.　花子が 太郎を 急いで ロンドンに派遣した (こと)
　　 b.　花子が 太郎を 急いで ロンドンに向かわせた (こと)

(10a) では，「急いで」は，花子の行為を修飾する．それに対して，(10b)の解釈は曖昧である．「急いで」は，(10a) と同様に花子の行為を修飾することができるが，ロンドンに向かうという太郎の行為を修飾しているとも解釈できる．この曖昧性は，v*P を 2 つ含む (7) の構造から正しく予測される.

　使役文の複文構造を支持する 3 つ目の証拠としては，井上 (1976) が指摘する使役文の受動化に関する現象を挙げることができる．二重他動詞 (ditransitive) 文と使役文は，受動化において異なるパターンを示す．(11) が示すように，二重他動詞文の直接目的語を主語の位置に移動して，受動文を派生することは可能である.[1]

(11) a.　花子が 太郎に その本を 渡した.
　　 b.　その本が 花子によって 太郎に ＿＿ 渡された.

一方，(12a) に再掲する使役文 (2) から，対格目的語を移動して，(12b)の受動文を派生することはできない.

(12) a.　花子が 太郎に 缶を 開けさせた.
　　 b. *缶が 花子によって 太郎に ＿＿ 開けさせられた.

(12b) の分析の詳細については，次節で検討するが，(12a) が二重他動詞文と同様の単文構造を有していれば，(12b) の非文法性が予測されないことは

---

[1] 日本語受動文の分析には諸説あるが，Kuroda (1979) 以降，対応する能動文の主語が「によって」を伴う場合には，受動文が主語の位置への NP 移動により派生されることが広く仮定されている.

明らかであろう.

　最後に，束縛原理（B）に基づく Oshima (1979) の議論を紹介しよう. 束縛原理（B）は，代名詞の指示対象に制約を加えるものであり，その効果として，α と代名詞 β が同節要素であり，α が β を c 統御していれば，α と β は同一指示ではないということがある. したがって，(13) における「太郎」と「彼」の同一指示は排除される.

　　(13)　太郎が 彼を 推薦した（こと）（太郎 ≠ 彼）

使役文 (14) では，「太郎」と「彼」の同一指示が許容される.

　　(14)　太郎が 花子に 彼を 推薦させた（こと）（太郎 = 彼，可）

この事実は，「太郎」と「彼」が同節要素ではないことを示している. (7) の構造を仮定した場合には，「太郎」と「彼」は異なる $v{*}$P の要素であり，この結果が得られる.

　ここまでの議論で，日本語使役文が複文構造を持つことを示すデータを見たが，単文構造を示唆する現象も存在する. 例えば，Kuno (1973) が指摘するように，使役文において，対格を伴う項は 1 つに限られる. (15a) は，「させ」の補部動詞が非能格動詞であり，被使役者「太郎」の格は，与格でも対格でも文法的な文となる.

　　(15) a.　花子が 太郎に／太郎を 踊らせた（こと）
　　　　 b.　花子が 太郎に／*太郎を 薬を飲ませた（こと）

一方，補部動詞が他動詞である (15b) では，被使役者が対格で表れることができない. Harada (1973) が，強度の二重対格制約によるとした現象である. (16) が示すように，英語使役文では対格の項が 2 つ表れることができ，(15) は，日英語使役文の構造上の相違を示唆する.

　　(16)　Mary made him see them.

　また，Kato (2016) は，日本語使役文が，照応形束縛において単文と類似するパターンを示すことを明らかにしている. すでに述べたように，「自分自身」は，局所的な主語を先行詞とする. したがって，(17a) では，「自分自身」の先行詞は，「花子」でなければならない.

(17) a.　太郎が [_CP 花子が 次郎に 自分自身を 推薦したと] 言った（こと）
　　 b.　太郎が 花子に 自分自身を 推薦させた（こと）

しかし，(17b) が示すように，使役文においては，使役者も被使役者も「自分自身」の先行詞になりうる．「花子」が先行詞として認可されることは，被使役者が主語であることの証拠であり，埋め込み構造を示唆する．一方で，「太郎」が先行詞でありうることは，使役文が単文構造を持つことの証拠であるように見える．(18) に示すように，対応する英語の例では，再帰代名詞の先行詞は被使役者に限られる．

(18)　John made Mary nominate herself/*himself.

　次節では，照応形束縛と NP 移動の局所性に焦点を絞って，フェイズ理論に基づく分析を提示する．[2] 小節の埋め込みを伴う日本語使役文の構造を保持しつつ，(17b) と (18) に見られる照応形束縛に関する日英語の相違，および (12b) と (17b) が示唆する日本語における NP 移動と照応形束縛の局所性の相違が，前章で提案したフェイズと転送領域の定義から導かれることを示す．

1.2.　使役文における移動と照応形束縛

まず，照応形束縛に関する以下の日英語の相違を取り上げよう．

(19) a.　太郎が 花子に 自分自身を 推薦させた（こと）
　　　　 （太郎＝自分自身，OK）
　　 b.　*John made Mary nominate himself.

Quicoli (2008) が提案する (20) が照応形束縛の局所性を説明するとすれば，(19a) では，「自分自身」が意味解釈部門に転送される際に，「太郎」と同一指示であるとの情報が合わせて送られなければならない．

(20)　照応形の指示対象に関する情報は，照応形が意味解釈部門に転送される時に，意味解釈部門に送られなければならない．

---

[2] (15b) を例とする二重対格制約については本書では扱わないが，興味をお持ちの方は，M. Takahashi (2011)，Saito (2020) などで提案されている分析の試案を参照されたい．

そして，以下に再掲する（1）のフェイズと転送領域の定義に従えば，これは実際に可能である．

(21) a. T, V はそれぞれ C, v^* からϕ素性とともに，フェイズ主要部としての性質を受け継ぐ．

    b. フェイズは，上位のフェイズが完成した時点で解釈部門に転送され（または，PIC により）アクセス不可能となる．

この点について，(19a) の派生とともに見ていこう．

(22) は，(19a) の主文 v^*P の構造である．

(22) $[_{v^*P}$ 太郎 $[[_{VP}$ 花子に $[[_{v^*P}\underline{\quad} [[_{VP}$ 自分自身を推薦 s$] v^*]]$ させ$]] v^*]]$

ϕ素性一致を欠く日本語では，V が v^* からϕ素性を受け継がない．したがって，(22) の主文 VP も補文 VP もフェイズを形成せず，(22) におけるフェイズは，主文と補文の v^*P のみである．主文 v^*P の完成とともに，(23) に網掛けで示した「自分自身」を含む補文 v^*P が解釈部門に転送される．

(23) $[_{v^*P}$ 太郎 $[[_{VP}$ 花子に $[[_{v^*P}\underline{\quad} [[_{VP}$ 自分自身を推薦 s$] v^*]]$ させ$]] v^*]]$

(23) では，主文主語の「太郎」が「自分自身」を c 統御する位置にあり，「太郎」が「自分自身」の先行詞であるとの情報を，補文 v^*P とともに解釈部門に送ることができる．このように，(19a) の解釈は，(21) および日本語におけるϕ素性一致の欠如から正しく予測される．

(24) に示す (19b) の v^*P の構造は，語順の相違を除き，(19a) とほぼ同様であるが，(19b) の非文法性も，(21) のフェイズと転送領域の定義から導かれる．

(24) $[_{v^*P}$ John $[v^* [_{VP}$ Mary $[$make $[_{v^*P}\underline{\quad} [v^* [_{VP}$ nominate himself$]]]]]]]$

英語では，V が v^* からϕ素性を受け継ぎ，フェイズ主要部となることから，主文と補文の v^*P に加え，主文と補文の VP もフェイズとなる．したがっ

て，(25) に示すように，補文の v*P が形成された時点で，himself を含む
補文の VP が解釈部門に転送される．

(25)　$[_{v*P}$ Mary $[v*$ $[_{VP}$ nominate himself$]]]$

この時点では，John　は構造に併合されておらず，himself の先行詞とはな
り得ない．したがって，himself の指示対象に関する情報を解釈部門に送る
ことができない．(19) の日英語の対比は，(21) の帰結として導かれるので
ある．

　前章では，時制を伴う CP フェイズ完成時の転送領域に，日英語の相違が
あることを見た．英語では ϕ 素性一致があるが故に，TP がフェイズとなり，
転送される．

(26) a.　英語：$[_{CP}$ .. $[_{TP}$ ... $[_{v(*)P}$ ...$]]]$
　　　 b.　日本語：$[_{CP}$ .. $[_{TP}$ ... $[_{v(*)P}$ ...$]]]$

一方，ϕ 素性一致を欠く日本語では，TP はフェイズではなく，より下位の
$v^{(*)}$P が転送される．(19) の対比は，v*P フェイズにおいても，類似する
日英語間の相違があることを示している．(27) は，この相違を表す．

(27) a.　英語：$[_{v*P}$ ... $[_{VP}$ ...$]]$
　　　 b.　日本語：(i)　$[_{v*P}$ ... $[_{VP}$ ...$]]$
　　　　　　　　　 (ii)　$[_{v*P}$ ... $[_{VP}$ ... $[_{v(*)P}$ ...$]]]$

英語では，VP がフェイズとなり，転送の対象となる．日本語では，V が
v* から ϕ 素性を受け継がないため，VP はフェイズとはならず，転送され
ない．しかし，(27bii) に示すように，V の補部に $v^{(*)}$P があれば，これが
転送される．(21) が予測するように，ϕ 素性一致の有無が，CP フェイズ
のみならず，v*P フェイズにおける転送領域にも影響を与えるのである．

　(19a) が，照応形束縛において，日本語の使役文が単文に類似する性質を
示す一方で，以下に再掲する (12) は，使役文が，NP 移動では，複文とし
て振る舞うことを示す．

(28) a.　花子が 太郎に 缶を 開けさせた．
　　　 b. *缶が 花子によって 太郎に 開けさせられた．(= (12))

206

(28a) が単文であれば，(28b) の非文法性は予測されない．(19a) の解釈と
(28b) の非文法性は，日本語の使役文が矛盾する性質を有することを示して
いるように見える．しかし，(28b) の非文法性も，(21) のフェイズと転送
領域の定義から導くことができるものと考えられる．

　日本語受身文の構造については様々な仮説があることに鑑みて，議論の概
要を示すことにしよう．[3] (19a) における照応形束縛の分析では，(29) に示
す構造が鍵となった．

(29)　$[_{v*\mathrm{P}}\ \alpha\ [_{\mathrm{VP}}\ \beta\ [[_{v*\mathrm{P}}\ \underline{\quad}\ [_{\mathrm{VP}} \dots \gamma \dots \mathrm{V}]]$ させ$]]]$

(21) によれば，上位の $v*\mathrm{P}$ が完成した時点で，下位の $v*\mathrm{P}$ が解釈部門に
転送される．したがって，γ が照応形であれば，それが α あるいは β を先
行詞とするとの情報を下位の $v*\mathrm{P}$ とともに解釈部門に送ることができる．
一方，(28b) の移動の着点は TP の指定部であり，この例の非文法性は，
(30) に示す構造に基づいて説明されることになる．

(30)　$[_{\mathrm{TP}}\ \alpha\ [[\dots\ [_{v(*)\mathrm{P}} \dots\ [_{\mathrm{VP}}\ \beta\ [[_{v*\mathrm{P}}\ \underline{\quad}\ [_{\mathrm{VP}} \dots \gamma \dots \mathrm{V}]]$ させ$]]$ られ$]]$ た$]]$

(28b) の非文法性は，γ から α への移動が NP 移動の局所性に従わないこ
とによると考えられるが，これは，(21) が予測するところである．上位の
$v^{(*)}\mathrm{P}$ が完成した時点で，γ を含む下位の $v*\mathrm{P}$ が解釈部門に送られる．した
がって，γ は TP 指定部に移動することができない．(21) は，(19a) の照
応形束縛と (28b) の NP 移動との相違を，前者では先行詞が上位 $v*\mathrm{P}$ 内に
あるのに対して，後者では移動の着点が上位 $v^{(*)}\mathrm{P}$ 外にあることから導くこ
とを可能にする．

　本節では，(21) に示したフェイズと転送領域の定義により，使役文にお
ける照応形束縛の日英語の対比を説明し，また，日本語に見られる照応形束

---

[3] 日本語における受身文の分析については，Kuroda (1979)，Hoshi (1994, 1999)，
Whitman (1999) を参照されたい．日本語受動文が主語位置への移動により派生されるか
否かについても諸説あるが，注 1 に述べたように，Kuroda (1979) 以降，少なくとも動作
主が「によって」を伴う場合には，移動が適用されることが広く仮定されている．

縛と NP 移動の局所性の相違を分析する可能性があることを論じた．本節を締め括る前に，後者が提示する新たな研究課題について触れておこう．(28b) の正確な構造については今後の研究を待たなければならないが，議論を進めるために，ここでは (31) を仮定しよう．

(31)

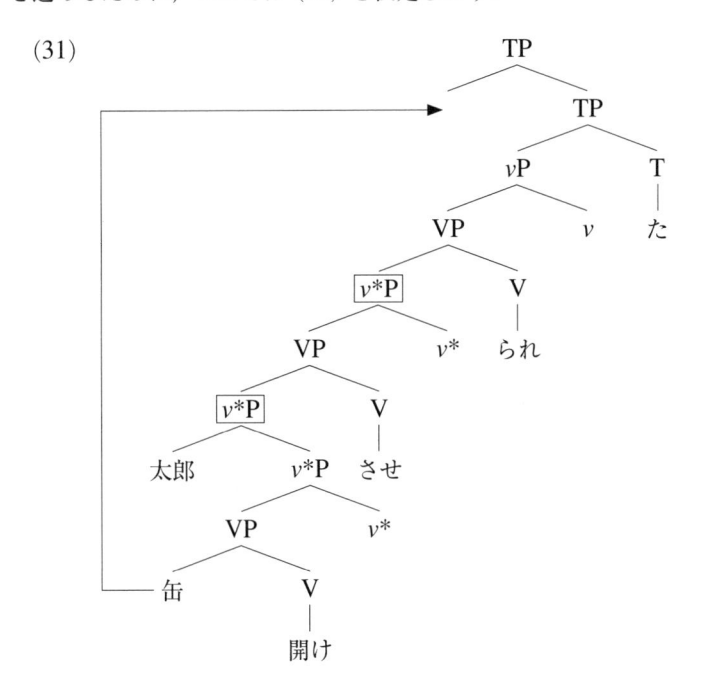

本節で示唆した分析を適用すれば，上位 v*P 完成後に，下位 v*P が解釈部門に転送されるため，「缶」は TP 指定部に移動することができない．この分析は，NP 移動が v*P のエッジを経由して適用されないことを含意する．(31) において，もし「缶」がまず上位 v*P のエッジに移動して，そこから vP 指定部を経由して TP 指定部に移動することができるのであれば，(28b) が文法的であることを誤って予測することになる．では，この派生は，どのように排除されるのだろうか．

　v*P あるいは vP のエッジへの移動は，常に排除されるわけではない．例えば，(21) に示したフェイズと転送領域の定義を仮定した場合には，(32a) の NP 移動は，(32b) に示すように適用される．

208

(32) a. Mary seems to like the chair.

b. [$_{TP}$ Mary [T [$_{vP}$ ___ [v [$_{VP}$ seem [$_{CP}$ [$_{TP}$ ___ [T [$_{v*P}$ …]]]]]]]]]]

主文 vP の完成に伴い，補文 CP が解釈部門に転送されるため，Mary は，補文の TP 指定部から主文の TP 指定部に直接移動することはできない．したがって，Mary は vP のエッジを経由して，TP 指定部に移動しなければならない．また，(33) が示すように，Wh 移動は，v*P 指定部を中間着点とする．

(33) a. What did John buy?

b. [$_{CP}$ What [did [$_{TP}$ John [T [$_{v*P}$ ___ [___ v* [[$_{VP}$ buy ___]]]]]]]]]

V は v* から ϕ 素性を受け継ぎ，フェイズ主要部となる．v*P 完成時に VP が解釈部門に転送されるため，VP に含まれる what はまず v*P のエッジに移動しなければならない．

(33) の Wh 移動は，v*P エッジへの A′ 移動が可能であることを示す．また，(32) の繰り上げの例は，vP エッジへの A 移動も許容されることを示す．この 2 点をふまえると，(31) の派生が不可能である理由は，「缶」の TP 指定部への A 移動が v*P のエッジを中間着点とすることができないことによると考えられる．すなわち，TP 指定部への A 移動について言えば，(34) に示す対比があることになる．

(34) a. *[$_{TP}$ α [… [$_{v*P}$ ___ [… [$_{VP}$ … ___ …]]]]]

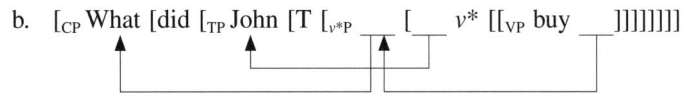

b. [$_{TP}$ α [… [$_{vP}$ ___ [… [$_{VP}$ … ___ …]]]]]

(34a) は，(28b) の非文法性を説明するために排除されなければならない移動を示しており，(34b) は，(32) において観察される移動である．(34a) の中間着点が A′ 位置であれば，この移動は，A 位置から A′ 位置，そして A′ 位置から A 位置という非適正移動として排除される．したがって，ここで説明を要する問題は，v*P のエッジを A 位置とした場合になぜ (34a) の

移動が許容されないかである.

　この問題について考えるにあたり, 単一の θ 役割が複数の項に与えられることを示し, θ 規準の除去を提案した第 6 章の議論を思い起こされたい. (35) は, 外項が二重に表れる例である.

(35) a.??学生が 1 年生が 3 人だけその会議で発言した.
　　 b. [CP 学生がその会議で発言したの] は, 1 年生が 3 人だけだ.

(35) では, 非能格動詞「発言する」は,「学生」と「1 年生」に動作主の θ 役割を与えている. この分析の下では, (34a) の中間着点が A 位置である場合には, θ 位置であることになる. したがって, (31) では,「缶」が上位 v*P のエッジに移動した場合には, 使役者の意味役割を受け, 解釈に齟齬をきたすと考えられる. この分析が正しければ, v*P のエッジを NP 移動の純粋な中間着点とする派生は, θ 理論により排除される.

　本節では, 日本語使役文が, 照応形束縛では英語と異なり単文の性質を示し, NP 移動については複文と同様のパターンを示すという日本語使役文のパラドックスを取り上げて, これをフェイズと転送の理論に基づいて説明することを試みた. 日英語に相違が観察され, 日本語の分析において未解決のもう 1 つの問題として, NP 移動の残留部を A′ 移動することの可否がある. (36) に示すように, 英語では, NP 移動により名詞句が取り出された句を, さらに上位に移動することができる.

(36) a.　How likely to win is Mary?
　　 b.　[CP [CP C [TP [is [AP how likely [CP [TP Mary to win]]]]]]]

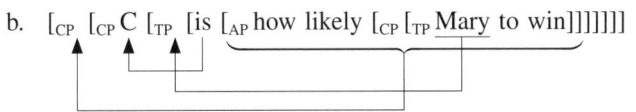

この例では, Mary が主文主語の位置に移動し, 移動の始点を含む AP が Wh 句として主文の CP 指定部に移動している. 一方で, Hoji, Miyagawa and Tada (1989) は, 日本語では, 主語の位置への NP 移動と VP スクランブリングを伴う類似する移動が許容されないことを指摘している. (37) は, その一例である.

(37) a. 雨が 降りさえ した.

    b. *降りさえ 雨が した.

    c. [[$_{TP}$ [$_{TP}$ [$_{vP}$ [$_{VP}$ [$_{VP}$ 雨が降りさえ] し] v] た]]]

「降る」は非対格動詞であり, (37a) では, 「雨」が目的語の位置から TP 指定部に移動する. (37c) に構造を示した (37b) は, (37a) から, 「雨」の始点を含む動詞句をスクランブリングにより文頭に移動することにより派生される. (36) と異なり, (37b) は許容されない. 次節では, この日英語の相違も, 前章で提案したフェイズと転送領域の定義から導かれることを示す.

2. 適正束縛効果における日英語の相違

本節の目的は, (36) と (37) に見られる日英語の相違に説明を与えることにある. 2.1 節では, Hoji, Miyagawa and Tada (1989) による (37) の分析を紹介し, この例が提示する問題をより明確にする. (36) は文法的であるが, 英語においても, 移動の始点を含む残留部の移動が常に許容されるわけではない. 例えば, (38b) に示すように, Wh 移動の始点を含む残留部を Wh 移動することにより派生される (38a) は非文法的である.

(38) a. *Which picture of does John wonder who Mary saw?

    b. [$_{CP}$ [$_{CP}$ [$_{TP}$ John T wonder [$_{CP}$ [$_{TP}$ Mary saw

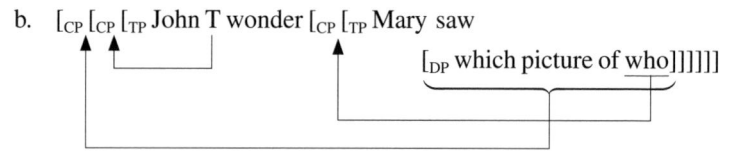

2.2 節では, (36) と (38) の対比を含む残留部移動現象全般について分析を提示した Kitahara (2017) の提案を概観する. 最後に, 2.3 節において, 前章で提示したフェイズと転送領域の定義に従えば, (36) と (37) に見られる日英語の相違も, Kitahara の分析により正しく予測されることを示す.

2.1. VP スクランブリングに見られる制約

スクランブリングは, VP が「さえ, だけ, も, は」のような焦点や話題

の小辞を伴う場合には，VP にも適用しうる．(39b)，(40b) がその典型的
な例である．

(39) a.　花子が [$_{VP}$ 走り回り] さえ した．
　　 b.　[$_{VP}$ 走り回り] さえ 花子が ___ した．
(40) a.　花子が [$_{VP}$ 太郎を 殴り] さえ した．
　　 b.　[$_{VP}$ 太郎を 殴り] さえ 花子が ___ した．

Hoji, Miyagawa and Tada (1989) は，この VP スクランブリングが，適正
束縛条件により制約されることを論じている．

　適正束縛条件は，移動が痕跡 t を始点に残すとの仮定の下で，Fiengo
(1974) が以下のように定式化したものである．

(41)　痕跡は，先行詞により c 統御されなくてはならない．

この条件は，下方移動が許容されないことや，(38a) の非文法性に説明を与
える．(38a) に痕跡を加えて，以下に再掲する．

(42) *[Which picture of t] does John wonder who Mary saw t?

この例は，下線で示した痕跡が先行詞 who に c 統御されておらず，(41)
に抵触する．

　Saito (1985) では，スクランブリングの痕跡も，適正束縛条件に従うこ
とが論じられている．(43) が示すように，2 つの要素をスクランブリング
によって文頭に移動することができる．

(43) a.　[$_{TP}$ 太郎がみんなに [$_{CP}$ 花子がその論文を批判したと] 言った (こ
　　　　 と)
　　 b.　[その論文を [みんなに [$_{TP}$ 太郎が ___ [$_{CP}$ 花子が ___ 批判したと]

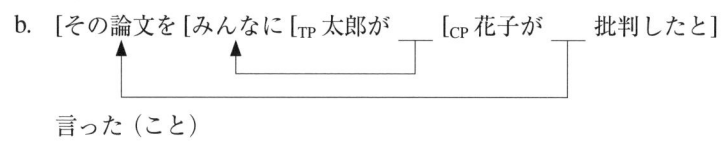

　　　　 言った (こと)

また，文の境界を越える DP のスクランブリングに加えて，CP のスクラン
ブリングも許容される．(44b, c) は，いずれも文法的である．

212

(44) a. [TP 太郎が [CP 花子がその論文を批判したと] 言った](こと)

b. [その論文を [TP 太郎が [CP 花子が ＿＿ 批判したと] 言った]](こと)

c. [[CP 花子がその論文を批判したと] [TP 太郎が ＿＿ 言った]](こと)

一方で，CP 内から DP を取り出し，移動した DP よりもさらに上位に CP を移動することはできない．(44b) から CP を文頭に移動して派生される (45a) は，非文法的である．

(45) a. *[[CP 花子が ＿＿ 批判したと] [その論文を [TP 太郎が ＿＿ 言った]]](こと)

b. *[[CP 花子が _t_ 批判したと] [その論文を [TP 太郎が _t_ 言った]]](こと)

この例は，(45b) に示すように，下線で示した痕跡が先行詞「その論文を」に c 統御されておらず，適正束縛条件に抵触する．

ここで，Hoji, Miyagawa and Tada (1989) の議論に戻ろう．まず，目的語のスクランブリングの後に，VP が文頭に前置された (46c) の非文法性も，(45) と同様に説明されることが確認されている．

(46) a. [TP 花子が [VP 太郎を殴り] さえ した].

b. [太郎を [TP 花子が [VP ＿＿ 殴り] さえ した]].

c. *[[VP ＿＿ 殴り] さえ [太郎を [TP 花子が ＿＿ した]]].

この例においても，(47) に示すように，「太郎を」がその痕跡を c 統御していない．

(47) *[[VP _t_ 殴り] さえ [太郎を [TP 花子が _t_ した]]].

さらに重要な観察として，Hoji, Miyagawa and Tada (1989) は，非対格動詞や受動態の動詞を主要部とする VP のスクランブリングが許容されないことを指摘している．非能格動詞を含む (48b) は文法的に適格であるが，

非対格動詞や受動態動詞を VP の主要部とする（49b），（50b）は非文法的である.

(48) a.　太郎が [ᵥₚ 踊り] さえ した.
　　 b.　[ᵥₚ 踊り] さえ 太郎が ___ した.
(49) a.　雨が [ᵥₚ ___ 降り] さえ した.
　　 b.　*[ᵥₚ ___ 降り] さえ 雨が ___ した.
(50) a.　花火が [ᵥₚ ___ 打ち上げられ] さえ した.
　　 b.　*[ᵥₚ ___ 打ち上げられ] さえ 花火が ___ した.

Hoji, Miyagawa and Tada (1989) は，（49b），（50b）の非文法性も適正束縛条件により説明されるとしている.（49）を例にとってこの分析を見よう. 非対格仮説によれば，（49）の「雨」は，目的語の位置から主語の位置に移動している. したがって，（51）に示すように，（49b）では，「雨」はその痕跡を c 統御していない.

(51)　*[ᵥₚ <u>t</u> 降り] さえ <u>雨が</u> <u>t</u> した.

(48b) と（49b）の対比は，非対格仮説を仮定して初めて捉えうるものであり，（49b）の非文法性は，非対格仮説を支持するさらなる証拠となる.
　Hoji, Miyagawa and Tada (1989) の議論は，非対格文や意味上の目的語を主語とする受動文が，移動を伴って派生されることを示す. しかし，痕跡を仮定しない極小主義アプローチの下では，（49）や（50）の具体的な分析について再考する必要がある. さらに，Saito (2006) は，痕跡を仮定するとしても，（49b）や（50b）の非文法性が興味深い問題を提示することを指摘している.（36a）と（38a）においてすでに見たように，移動の痕跡を含む残留部の移動は，可能である場合と排除される場合がある.（36a）を補文とする例を（52a）に，（38a）を（52b）に，痕跡を加えて示す.

(52) a.　John wonders [꜀ₚ [ₐₚ how likely [*t* to win]] [ₜₚ <u>Mary</u> is *t*]]?
　　 b.　*[Which picture of *t*] does John wonder [<u>who</u> [Mary saw *t*]]?

文法的である（52a）は，Mary を NP 移動により TP 指定部に移動し，Mary の痕跡を含む AP を Wh 移動により CP 指定部に移動して派生される. 一方で，許容されない（52b）では，who を Wh 移動で CP 指定部に移動した後

に，who の痕跡を含む DP を，同じく Wh 移動によりさらに上位の CP 指定部に移動している．Müller (1996)，Takano (1994) は，この種の多様な例を検討して，(53) に示す一般化を提案している．

(53) $[_\beta \ldots t_\alpha \ldots] [\ldots [_\alpha \ldots [\ldots t_\beta \ldots]]]$ が示す派生は，α と β の移動が同種の移動である時に許容されない．

(53) は，Müller-Takano の一般化として知られており，以下に再掲する (47) もその一例として捉えられる．

(54) *[[$_{VP}$ t 殴り] さえ [太郎を [$_{TP}$ 花子が t した]]]．(= (47))

この例では，「太郎を」もその痕跡を含む VP も，スクランブリングにより移動しているため，非文法性が正しく予測される．

　Müller-Takano の一般化，そして特に (52a) の文法性をふまえると，(49b) および (50b) の非文法性は，英語とは異なる日本語の性質を反映していると考えられる．前章において，スクランブリングが A′ 移動の性質を持ちうることを見た．例えば，スクランブリングが必ず A 移動であれば，(55) は束縛原理 (C) に抵触し，非文法的であることを誤って予測する．

(55) 自分自身を 太郎が ＿＿＿ 推薦した（こと）

したがって，(49b)，(50b) は，(52a) と同様に，主語の位置への NP 移動の痕跡を含む句を，A′ 移動によってさらに上位に移動することにより，派生しうる．構造上 (49b)，(50b) に類似する英語の (56a, b) も，Müller-Takano の一般化が予測するように文法的である．

(56) a. They said that [$_{TP}$ the ball might [$_{VP}$ fall t into the ditch], and [$_{VP}$ fall t into the ditch], [$_{TP}$ it did t].

　　 b. Mary said that [$_{TP}$ she would be [$_{VP}$ praised t by the critics]], and [$_{VP}$ praised t by the critics], [$_{TP}$ she was t].

(56a) は非対格動詞 fall，(56b) は受動態動詞 praised を含む．いずれの例においても，等位接続詞 and に後続する文では，日本語の (49b) や (50b) と同様に，目的語が主語の位置に移動し，その痕跡を含む VP が文頭に前

置されている.

　では，(49b)，(50b) と (56) に見られる日英語の相違は，どのように説明されるのだろうか．次節（2.2 節）では，適正束縛効果が，痕跡を仮定することなく，Chomsky (2019) の確定性条件（determinacy）により説明されることを論じた Kitahara (2017) の分析を紹介する．2.3 節では，Kitahara の分析を仮定して，問題の日英語の相違が，前章で提案したフェイズと転送領域の定義から導かれることを示す.

2.2.　Kitahara (2017) による適正束縛効果の分析

　Chomsky (2019) は，併合を最も簡素な操作とすることを目的として，併合に係る制約を検討しており，その 1 つが確定性条件（determinacy）である．Kitahara (2017) の分析は確定性条件に基づくが，Chomsky (2021) において，確定性条件に代わる制約として最小算出条件（Minimal Yield）が提案されているので，ここでは，後者を仮定して，Kitahara の分析を紹介する.

　Kitahara (2017) の分析の紹介に入る前に，まず，最小算出条件について見ておこう．最小算出条件を提案するにあたって，Chomsky は，その前提として，併合がワークスペースに適用される操作であることを仮定している．ワークスペースは，当初，語彙目録（レキシコン，Lexicon）から選択された語彙の集合として構成される．(57a) のワークスペースから，派生が始まるとしよう.

(57) a.　{a, b, c}
　　 b.　{{a, b}, c}
　　 c.　{{a, {a, b}}, c}
　　 d.　{{a, {a, {a, b}}}, c}

併合を適用する対象となるのは，ワークスペースにおいてアクセス可能な要素，すなわち，ワークスペースを構成する要素とそれらの要素内を探索することにより見いだされる要素である．(57a) から，a と b を併合することにより，(57b) が新たなワークスペースとして形成される．(57b) においてアクセス可能な要素は，ワークスペースを構成する {a, b} と c に加えて，{a, b} 内の探索により見いだされる a と b である.

(57c) は, (57b) の {a, b} と a の併合により形成される. この併合は, 樹形図を用いて, (58) のように始点にコピーを残す移動として表すことができる.

(58)   {a, {a, b}}

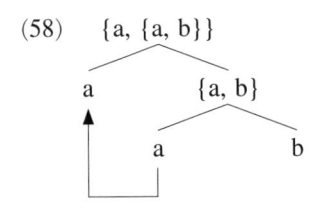

ここで, (57c) においてアクセス可能な要素について考えよう. まず, ワークスペースを構成する {a, {a, b}} と c がある. また, 前者内の探索により, まず, a と {a, b} が得られる. さらに, {a, b} 内の探索により, a と b が見いだされるが, a はすでに上位の探索によりコピーがアクセス可能となっているため, カウントされないと仮定されている. この仮定の意味は, (58) の樹形図からより明確に見ることができる. (58) では, 移動により, a のコピーが 2 つ表れるが, 上位の a が下位の a を c 統御している. (58) の a に併合を適用する場合, すなわち, a をさらに移動する場合には, 併合／移動する a は, 上位／着点の a に限られるということである. 結果として, (57c) においてアクセス可能な要素は, {a, {a, b}}, c, a, {a, b}, b となる. (57d) は, {a, {a, b}} と a に併合を適用することにより形成される. ここでも, a のコピーが 3 つ表れるが, アクセス可能であるのは, 最上位の a のみである.

　(57) のそれぞれのワークスペースにおいて, アクセス可能な要素を (59) に示す.

(59) a.   {a, b, c} … a, b, c

     b.   {{a, b}, c} … {a, b}, a, b, c

     c.   {{a, {a, b}}, c} … {a, {a, b}}, {a, b}, a, b, c

     d.   {{a, {a, {a, b}}}, c}

         … {a, {a, {a, b}}}, {a, {a, b}}, {a, b}, a, b, c

網掛けで示した集合が, 併合の適用により, 新たにアクセス可能となった要素である. Chomsky (2021) は, ここで, (57) に見た典型的な併合の適用

が，アクセス可能な要素を 1 つだけ加えることに注目し，最も簡素な併合の定義を (60) のように示す.

(60) a. 併合は，ワークスペースに適用され，アクセス可能な要素 α, β の集合 $\{\alpha, \beta\}$ をワークスペースに加える.

b. 併合により新たに形成されたワークスペースは，アクセス可能な要素を 1 つだけ加えることができる. … 最小算出条件 (Minimal Yield)

(60b) は，いわゆる「非標準的」な併合を排除する効果がある. Hornstein (1999) が制御の移動分析において提唱した側方移動は，その一例である. 第 6 章および前章において，(61) に例示する制御の移動分析を取り上げた.

(61) [$_{TP}$ Mary [$_{v*P}$Mary [$_{VP}$ wants [$_{CP}$ [$_{TP}$ Mary to [$_{v*P}$ Mary [$_{VP}$ win the prize]]]]]]]

(62a) が示すように，義務的制御は，補文の主語のみならず，修飾節の主語にも適用される.

(62) a. Mary went home [PRO to talk to John].

b. [$_{TP}$ Mary [[$_{v*P}$ Mary [went home]] [$_{CP}$ [$_{TP}$ Mary [to [$_{v*P}$ Mary [talk to John]]]]]]]

Hornstein は，この場合には，(62b) に示すように，Mary が修飾節の TP 指定部から主文の $v*$P 指定部へ移動するとする. この移動は，着点が始点を c 統御しておらず，側方移動である. 修飾節からの取り出しは許容されないため，Hornstein が提示する派生は，より正確には，(63) に示す手順に従う.

(63) a. α = [$_{CP}$ [$_{TP}$ Mary [to [$_{v*P}$ Mary [talk to John]]]]] を形成

b. β = [$_{v*P}$ [$_{VP}$ go home]] を形成

c. α 内の Mary と β を併合して，γ = [$_{v*P}$ Mary [go home]] を形成

d. γ と α を併合して，修飾節 α を含む主文 $v*$P を形成

(63c) では，α と β が独立した要素としてあり，α 内の要素と β を併合している．これが側方移動にあたる．

　また，第 6 章では，Chomsky (2021) が，Hornstein (1999) の洞察を受け継ぎつつ，独立に動機づけられるコピー形成という操作による制御分析の代案を提案したことを紹介した．この分析によれば，(61) は以下のように派生される．

(64) 　[$_{TP}$ Mary [$_{v*p}$M̶a̶r̶y̶ [$_{VP}$ wants [$_{CP}$ [$_{TP}$ M̶a̶r̶y̶ to [$_{v*p}$ M̶a̶r̶y̶ [$_{VP}$ win the

　　　　（コピー形成）　　（コピー形成）　　（コピー形成）

prize]]]]]]]

コピー形成は，任意の要素 α を対象として，その（c 統御）領域内に同じ要素 α がある時に，両者にコピーの関係を付与し，後者の音声素性を削除する．(64) が示すように，コピー形成は，内的併合（移動）によって生じた 2 つの α，外的併合によって独立に構造に加えられた 2 つの α を区別することなく適用される．

　(62a) は，コピー形成により，(65) に示すように分析される．

(65) 　[$_{TP}$ Mary [[$_{v*p}$ M̶a̶r̶y̶ [went home]] [$_{CP}$ [$_{TP}$ M̶a̶r̶y̶ [to [$_{v*p}$ M̶a̶r̶y̶ [talk

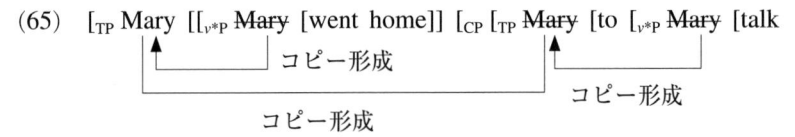

　　　　　　　　　　　コピー形成

　　　　　　　　　　　　　　　　　　　　　　コピー形成

　　　　　　　　　コピー形成

to John]]]]]]]]

主文 TP 指定部の Mary は，修飾節 TP 指定部の Mary を c 統御しており，コピー形成が両者に適用される．コピー形成は，一貫して c 統御の関係の下で適用されるのである．

　制御のコピー形成分析は，2 つの根本的な仮定により動機付けられ，移動分析と区別される．Chomsky (2021) は，θ 位置への併合は外的併合に限られるとしており，これは，θ 位置への移動が可能であることを前提とする制御の移動分析と矛盾する．そして，もう 1 つの仮定が，側方移動を排除する最小算出条件である．最小算出条件がどのように側方移動を排除するかを見るために，具体例として，(66a) に示すように，$\alpha = \{d, e\}$ と β がワークス

ペースを構成するとしよう．側方移動とは，(66b) のように，α 内の要素と
β を併合する操作である．

(66) a.　{{d, e}, β} ... アクセス可能な要素：{d, e}, β, d, e
　　 b.　{{d, e}, {d, β}} ... アクセス可能な要素：{d, β}, {d, e}, d, e,
　　　　 d, β

(66b) で新たにアクセス可能になる要素としては，{d, β} に加え，その内
部の探索により見出される d がある．この d は，{d, e} に含まれる d とは
c 統御の関係がなく，{d, e} とは交わりのない {d, β} に含まれるため，{d,
e} 内の d に加えてアクセス可能となる．例えば，(66b) においてアクセス
可能な d と言った場合に，それが，どちらの d を指すかは不明である．こ
のように，(66b) の派生は最小算出条件に抵触し，併合により (66a) から
(66b) を形成することはできない．

　制御のコピー形成分析は，移動分析と同様に，制御と繰り上げを統一的に
扱うものであり，この 2 つの分析を直接的に区別するデータを得ることは
難しい．[4] しかし，Kitahara (2017) は，残留部移動の可否が，移動分析と
相容れない最小算出条件により説明されることを論じており，間接的にでは
あるが，コピー形成分析を支持する経験的証拠を提示している．Kitahara
は，具体的には，許容されない残留部移動が最小算出条件に抵触することを
指摘する．(67) に再掲する (38a) と (36a) の対比を例にとって，この点を
見よう．

(67) a.　*Which picture of does John wonder who Mary saw?　(= (38a))
　　 b.　How likely to win is Mary?　(= (36a))

(67a) では，who が which picture of who から取り出され，後者がさらに
上位に移動している．したがって，補文の v*P あるいは CP のエッジにお
いて，必然的に (68a) の構造から (68b) が形成される．[5]

---

[4] この点をふまえて，第 6 章と前章では，説明の便宜上，主に移動分析を仮定して議論
を進めた．Saito (2024) では，移動分析とコピー形成分析の経験的予測を詳細に比較して
いるので，興味がおありの方は参照されたい．
[5] (68) および以下の例において，同一要素のコピーを指標により区別しているが，特定
のコピーに言及するためであり，指標そのものに意味はない．

(68) a. $[_{\alpha 2}$ who$_1$ $[_{\alpha 3}$ … [which picture of who$_2$] …]]]

    b. $[_{\alpha 1}$ [which picture of who$_2$] $[_{\alpha 2}$ who$_1$ $[_{\alpha 3}$ …]]]

       ($\alpha = v*$P または CP)

(68a) では，who$_1$ が who$_2$ を c 統御しており，who$_2$ はアクセス可能ではない．(68b) は，[which picture of who$_2$] と $\alpha 2$ を併合することにより形成される．(68b) において，$\alpha 1$ に加えて，$\alpha 2$ と交わりのない [which picture of who$_2$] に含まれる who$_2$ も新たにアクセス可能となる．よって，(68b) の形成は，最小算出条件に抵触する．

　一方，(67b) では，Mary が how likely Mary to win から取り出されているが，両者がフェイズのエッジに共起することはない．この例の派生を具体的に見よう．

(69) a. $[_{TP}$ Mary$_1$ $[_{TP}$ is $[_{AP}$ how likely [Mary$_2$ to win]]]]

    b. $[_{CP}$ $[_{AP}$ how likely [Mary$_3$ to win]] $[_{CP}$ is $[_{TP}$ Mary$_1$ $[_{TP}$ is $[_{AP}$ how likely [Mary$_2$ to win]]]]]]

(69a) に示すように，まず，Mary が TP のエッジに移動する．その後，Mary を含む how likely Mary to win が CP のエッジに移動し，(69b) が形成される．Mary$_1$ と Mary$_3$ の間に c 統御の関係はなく，(69b) では，形成された CP に加えて，Mary$_3$ も新たにアクセス可能になるように見える．しかし，Kitahara (2017) は，(69b) の移動は CP フェイズを完成させるため，移動と同時に補部 TP が PIC によりアクセス不可能となることを指摘する．したがって，(69b) においてアクセス可能な Mary のコピーは Mary$_3$ のみであり，この場合の残留部移動は，最小算出条件に抵触しない．

　Kitahara (2017) は，最小算出条件が (67a) と (67b) を的確に区別するだけでなく，さらに，Saito (2003) が Müller-Takano の一般化に対する反例として提示した (70d) の非文法性にも説明を与えることを論じている．

(70) a. 花子が 太郎に [ソウルまで 行くこと] を命じた．

    b. 花子が ソウルまで 太郎に [＿＿ 行くこと] を命じた．

    c. [ソウルまで行くこと] が（花子によって）太郎に ＿＿ 命じられた．

    d. *[＿＿ 行くこと] が（花子によって）ソウルまで 太郎に ＿＿ 命じられた．

(70b) は，(70a) から目的語内の「ソウルまで」をスクランブリングによっ
て主語に後続する位置に移動することにより派生される．受動文である
(70c) では，主題 (theme) の意味役割を担う目的語が，主語の位置に移動
している．問題となる (70d) は，「ソウルまで」をスクランブリングで移動
した後に，残留部である目的語を主語の位置に移動して派生されるが，非文
法的である．この例で適用される移動は，スクランブリングと NP 移動と
いう異なる種類の移動であるにもかかわらず，残留部移動が許容されない．

(70d) において，「ソウルまで」は vP または VP のエッジに移動してい
ると考えられるが，いずれの場合にも，非文法性が正しく予測される．vP
のエッジを着点とした場合の派生を (71) に示す.

(71) a. [$_{vP}$ ソウルまで [$_{VP}$ 太郎に [$_{DP}$ ソウルまで行くこと] が命じられ]]]

　　 b. [$_{TP}$ [$_{vP}$ ソウルまで [$_{VP}$ 太郎に [$_{DP}$ ソウルまで行くこと] が命じら
れ]]] た]

　　 c. [$_{TP}$ [$_{DP}$ ソウルまで$_3$ 行くこと] が [$_{TP}$ [$_{vP}$ ソウルまで$_1$ [$_{VP}$ 太郎に
[$_{DP}$ ソウルまで$_2$ 行くこと] が命じられ]] た]]

(71c) において，DP が TP のエッジに併合されるが，TP はフェイズでは
ないため，「ソウルまで$_1$」を含め，PIC によりアクセス不可能になる要素は
ない．したがって，併合によって形成された TP に加えて「ソウルまで$_3$」
が新たにアクセス可能となり，(71b) は最小算出条件に抵触する.[6]

Kitahara (2017) による残留部移動の分析は，最小算出条件に対する重要
な経験的証拠を提示するものである．次節では，この分析が，前章で提案し
たフェイズの定義とともに，前節 (2.1 節) で取り上げた日英語の相違も正
しく予測することを示す．

2.3.　フェイズ理論と残留部移動に見られる日英語の相違

2.1 節で示したように，NP 移動の残留部を A′ 移動によりさらに上位に
移動した場合に，日英語間で相違が見られる．それぞれの言語から，代表的
な例を以下に再掲する．

---

[6] 日本語のスクランブリングに伴う適正束縛効果については，Kitahara (2017) の分析に
加えて，線状化理論に基づく Takita (2010) の分析がある．合わせて参照されたい．

(72) *[$_{VP}$ ___ 降り] さえ 雨が ___ した. (= (49b))

(73) They said that [$_{TP}$ the ball might [$_{VP}$ fall ___ into the ditch], and [$_{VP}$ fall ___ into the ditch], [$_{TP}$ it did ___]. (= (56a))

本節では，この日英語間の相違が，前章で提案した以下のフェイズの定義を採用することにより，Kitahara (2017) の分析から導かれることを示す.

(74) a. T, V はそれぞれ C, v^* から ϕ 素性とともに，フェイズ主要部としての性質を受け継ぐ.

b. フェイズは，上位のフェイズが完成した時点で解釈部門に転送され（または，PIC により），アクセス不可能となる.

まず，(73) の VP 前置を伴う文の派生について，考えよう．VP 前置の着点が CP のエッジでありうるとすれば，この例の文法性は，(67b) と同様に説明される．(75a) に示すように，it が，非対格動詞 fall の目的語の位置から TP のエッジに移動する.

(75) a. [$_{TP}$ it$_1$ [T [$_{vP}$ [$_{VP}$ fall it$_2$ into the ditch]]]]

b. [$_{CP}$ [$_{VP}$ fall it$_3$ into the ditch] [$_{TP}$ it$_1$ [T [$_{vP}$ [$_{VP}$ fall it$_2$ into the ditch]]]]]

次に，VP または vP が CP のエッジに移動する．(75b) は，VP が移動した場合の構造である．この併合により，新たに形成された CP と it$_3$ がアクセス可能となり，アクセス可能な要素が 2 つ加えられているように見える．しかし，この移動とともに，CP フェイズが完成し，(74) によれば，下位のフェイズがアクセス不可能となる．ϕ 素性一致がある英語では，T が C から ϕ 素性とともにフェイズ主要部としての性質を受け継ぐため，下位のフェイズとしてアクセス不可能になるのは TP である．したがって，(75b) においてアクセス可能な it のコピーは 1 つだけであり，(75b) を派生する併合は，最小算出条件に抵触しない.

派生に関する限り，(72) と (73) に違いがあるとは考えにくい．(75) と同様に VP が CP のエッジに移動することを仮定して，(72) の派生を (76) に示す.

(76) a. [$_{TP}$ 雨が$_1$ [[$_{vP}$ [$_{VP}$ [$_{VP}$ 雨が$_2$ 降り] さえ し]] た]]

　　　b.　[$_{CP}$ [$_{vP}$ 雨が $_3$ 降り] さえ [$_{TP}$ 雨が $_1$ [[$_{vP}$ [$_{vP}$ [$_{vP}$ 雨が $_2$ 降り] さえ
　　　　　し]] た]]

(76b) において,「雨が $_3$」と「雨が $_1$」の間に c 統御の関係はない. また,
日本語は ϕ 素性一致を欠くため, TP はフェイズを形成しない. CP の完成
時にアクセス不可能となる下位のフェイズは, TP ではなく, より下位の
vP である. したがって, (76b) では,「雨が $_3$」と「雨が $_1$」がいずれもアク
セス可能である. (76b) の併合では, 形成された CP と「雨が $_3$」が新たに
アクセス可能な要素となり, この派生は最小算出条件に抵触する.

　より一般的には, (74) は, 時制文 TP を含む以下の構造において, 日英
語に相違があることを予測する.

　　(77)　[$_{CP}$ [$_\beta$ ... α_3 ...] [$_{TP}$ α_1 [... [$_\beta$ ... α_2 ...] ...]]]

英語では, T が ϕ 素性と共にフェイズ主要部としての性質を C から受け継
ぐ. したがって, CP フェイズが形成された時点で, 下位のフェイズである
TP がアクセス不可能となる. β と TP の併合により新たにアクセス可能と
なる要素は, CP = {β, TP} のみであり, (77) は最小算出条件に抵触しない.
一方で, T による ϕ 素性の受け継ぎがない日本語では, TP はフェイズでは
なく, (77) の CP フェイズ形成に伴ってアクセス不可能となる下位のフェ
イズは, $v^{(*)}$P である. よって, (77) の併合は, CP = {β, TP} に加えて,
α_3 を新たにアクセス可能とし, 最小算出条件に抵触する. (72) と (73) の
対比は, この相違の一例として捉えることができる.

3.　ϕ 素性一致の有無に基づく言語間変異

　前章では, 以下の照応形束縛における日英語の対比を取り上げた.

　(78) a.　*Mary said [$_{CP}$ that [$_{TP}$ herself witnessed it]].
　　　 b.　花子は [$_{CP}$ [$_{TP}$ 自分自身がそれを目撃した] と] 言った.

そこでは, この対比が, ϕ 素性一致の有無によるとする Huang (1982),
Yang (1983) のアプローチを継承して, 以下に再掲する (74) に示すよう
に, ϕ 素性一致の効果をフェイズの定義に反映することにより, 分析を提示

した.

(79) a.　T, V はそれぞれ C, v^* から φ素性とともに，フェイズ主要部
　　　としての性質を受け継ぐ.

　　b.　フェイズは，上位のフェイズが完成した時点で解釈部門に転送
　　　され（または，PIC により），アクセス不可能となる.

　本章では，1 節で，(79) が，日本語使役文の一見矛盾するように見える
性質に加え，Kato (2016) が指摘した (80) の日英語使役文の相違にも説明
を与えることを論じた.

(80) a.　<u>太郎</u>が 花子に <u>自分自身</u>を 推薦させた（こと）（= (19)）
　　　（太郎＝自分自身，OK）

　　b.　*John made Mary nominate himself.

また，2 節では，(79) が残留部移動に関する以下の対比も正しく予測する
ことを示した.

(81) a.　*[$_{VP}$ ___ 降り] さえ 雨が ___ した.（= (72)）

　　b.　They said that [$_{TP}$ the ball might [$_{VP}$ fall ___ into the ditch], and
　　　[$_{VP}$ fall ___ into the ditch], [$_{TP}$ it did ___].（= (73)）

文法理論の普遍性を維持しつつ，日英語間の現象的な相違を，一致の有無あ
るいは一致の形態の相違に基づいて説明しようとする試みは 1980 年代初め
から追究されてきた. Kuroda (1988) は，その典型的な例である. 本論で
は，種々の局所性に統一的かつより根本的な説明を与えるフェイズ理論の下
でも，このアプローチが有効であることを示すことができたのではないかと
思う.

第10章

結　論

　本書では，ラベル付け理論とフェイズ理論を概観した上で，これらの理論に基づいて日本語に特徴的な現象に説明を与えることを提案した．また，その過程で，理論を修正し，発展させることを試みた．本書を締めくくるにあたって，提案をまとめておこう．

　第5章では，日本語の接辞文法格と述部屈折に「反ラベル付け」機能があるとする仮説を提示して，多重主語，自由語順，他動性調和の性質を有する語彙的複合動詞，多様な名詞修飾節，項省略の分析を示した．この仮説は，以下の {XP, YP} 構造において，XP に付随する文法格／述部屈折がラベル付けにおいて XP を不可視的にするというものである．

(1) a.　$\gamma = \{$XP-格，YP$\}$
　　b.　$\gamma = \{$XP-屈折，YP$\}$

その結果として，YP のラベルが γ のラベルとなる．このラベル付けのメカニズムが，多重主語文やスクランブリング文のラベル付けを可能にする．(2) は多重主語文とその構造，(3) はスクランブリングによって目的語を文頭に移動した文とその構造である．

(2) a.　京都が（一番）大学がたくさんある．
　　b.　$\gamma = \{$DP が，$\{$DP が，$\{$T, $v^{(*)}$P$\}\}\}$
(3) a.　花子を　太郎が　尊敬している（こと）

b. $\gamma = \{\text{DP を}, \{\text{DP が}, \{\text{T}, v^{(*)}\text{P}\}\}\}$

時制文 {DP が, {$v^{(*)}$P, T}} では，文法格「が」が DP を不可視的にするた
め，T がラベルとなる．時制文に，さらに主語を併合した (2)，目的語を併
合した (3) も，同様の理由で T によりラベル付けされる．

　語彙的複合動詞 $V_1 + V_2$ については，まず，V_1 と V_2 の間で外項の有無に
齟齬があってならないとする他動性調和の性質（影山 (1993)）が，複合動
詞を併合により統語的に生成することにより導かれることを示した．その上
で，(4) に示すように，V_1 が連用屈折を伴うことが，2 動詞の併合を可能
にしていることを論じた．

(4) a. 　走り回る … hasir-i + mawar + ru
　　 b. 　滑り落ちる … suber-i + oti + ru

2 主要部の併合は，(5a) に示すように，一般的にはラベルが決定できない
ため，許容されない．

(5) a. 　$\gamma = \{\text{H}_1, \text{H}_2\}$
　　 b. 　$\gamma = \{\text{V}_1\text{-屈折}, \text{V}_2\}$

一方で，語彙的複合動詞の構造を示す (5b) では，V_1 が屈折を伴うため，
ラベル付けにおいて不可視的となり，V_2 が γ のラベルとなる．特有な性質
を持つ日本語語彙的複合動詞の生成を，述部屈折が可能にするのである．

　また，以下の日英語の相違に見られるように，多様な名詞修飾節を許容す
ることも，日本語の特徴である．

(6) a. 　[魚が焼ける] 匂い
　　 b. 　*the smell [that fish burns]

(6a) は {TP, NP}，(6b) は {NP, CP} という {XP, YP} 構造を含むと考え
られる．(6b) では，N と C の間に素性の共有はなく，したがって，{NP,
CP} はラベルを与えられない．一方で，(6a) の TP は連体形の屈折を示し，
この例が含む構造は，正確には (7) である．

(7) 　$\gamma = \{\text{TP-屈折}, \text{NP}\}$

述部屈折が TP をラベル付けにおいて不可視的にするため，γ は NP のラベルを受け継ぐ．ここでも，述部屈折の反ラベル付け機能が，日本語の特徴に説明を与える．

第 5 章では，Saito (2016) の提案に沿って，接辞文法格と述部屈折を反ラベル付け素性 λ の具現化であるとした．DP や PP の λ 素性は文法格として，述部の λ 素性は屈折として与値される．この仮定に基づき，(8) に例示する項省略の有無に関する分析も提示した．

(8) a. 太郎はよく自分の博士論文を引用するが，次郎は全然 ___ 引用しない．

　　b. *John cites his dissertation often, but Bill doesn't cite ___.

Oku (1998)，篠原 (2006) の LF コピー分析を仮定した場合には，(8a) では「自分の博士論文を」，(8b) では his dissertation が，下線で示した目的語の位置にコピーされる．また，省略された句は，統語的には主要部とみなされるとする Richards (2003) の仮説の下では，目的語位置への LF コピー後の構造は，以下のようになる．

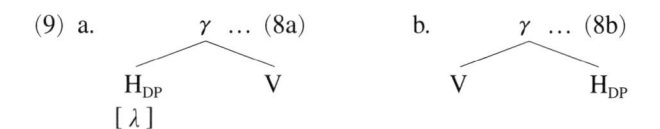

(8b) の構造を示す (9b) は，2 主要部の {X, Y} 構造であり，γ のラベルが決定できない．(8a) に対応する (9a) も 2 主要部により構成されるが，コピーされた H_{DP} が λ 素性を有するため，V が γ のラベルとなる．この分析に従えば，項省略の可否にも，ラベル付けによる説明が与えられる．

第 6 章では，第 5 章の分析を発展させ，その帰結を追究した．第 6 章 1 節では，ラベル付け理論を仮定することにより，θ 規準を完全に除去する可能性が開けることを論じた．英語においては，1 つの θ 役割が 2 つの項に与えられる構造にラベル付けがなされないのに対して，第 5 章の分析に従えば，日本語では，当該の構造にラベルが与えられることを指摘した．その上で，(10) のような例に基づいて，英語とは異なり，日本語では 1 つの θ 役割が 2 つの項に与えられうることを示した Kuroda (1988) の議論を紹介した．

(10) a.??正男が花子を頬を打った.

　　　 b. [正男が花子を打ったの] は，頬（を）だ.

(10) は，θ規準に対する反例であり，Kuroda が指摘した日英語の対比は，ラベル付け理論により説明される.

　第5章の日本語におけるラベル付けに関する提案は，なぜ，接辞文法格と述部屈折が，反ラベル付け要素として機能するのかという新たな問いを提示する. 第6章2節では，この問題を取り上げて，接辞文法格と述部屈折が，ラベルを供給し得ない弱主要部であるがゆえに，反ラベル付け機能を有する可能性を検討した. この分析は，ラベル付けにおける弱主要部の位置付けの変更を伴う. 具体的には，Chomsky (2015) は，$\gamma = \{X, YP\}$ において，X が弱主要部である場合には，γ はラベルを与えられないとしているが，(11) に示すように，弱主要部はラベル付けに関与せず，YP のラベルが γ のラベルとなることを提案した.

(11)　$\gamma = \{\alpha, \beta\}$ のラベルを決定するために，γ 内を探索せよ. α が弱主要部であるか α 内の探索が弱主要部を見出す場合には，β のラベルが γ のラベルとなる.

(11) は，接辞文法格と述部屈折を弱主要部とすることにより，反ラベル付け素性等の新たな概念を仮定せずに，それらの反ラベル付け機能を説明することを可能にする. 例えば，主語と TP の併合により形成される時制文は，(12) に示すように，主格として与値される K が弱主要部であるが故に，適切にラベル付けがなされる.

(12)

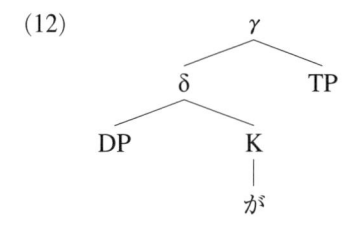

$\delta = \{DP, K\}$ 内の探索は弱主要部 K を見出し，結果として DP のラベルが δ のラベルとなる. また，$\gamma = \{\delta, TP\}$ についても，δ 内の探索が弱主要部 K に至るため，γ は TP によりラベル付けされる.

　第 5 章で提示した日本語の文法的特徴の分析の多くは，接辞文法格と述部屈折の弱主要部仮説の下でも，ほぼそのままの形で維持しうるが，項省略については，分析に修正を加える必要が生じる．第 6 章 2 節では，省略される項は，K の補部であることを示唆した．この提案の下では，(9a) の構造は，(13) となる．

(13)

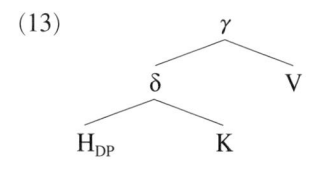

δ は，K が弱主要部であるが故に H_{DP} のラベルを受け継ぎ，γ は，V によりラベル付けされる．このように，日本語では，項省略に伴う LF コピー後の構造にラベル付けの問題は生じない．(13) では K も「省略」されるが，空代名詞 (pro) の例においても，文法格が表れることはない．したがって，DP が音声を欠く場合には，K も音声的に具現化されないと考えられる．

　第 6 章 3 節では，第 5 章で提示した名詞修飾節に関する (14) の対比の分析を，名詞句における {修飾句，被修飾句} のラベル付けというより一般的な視点から検討した．

(14) a. [魚が焼ける] 匂い （= (6)）
　　 b. *the smell [that fish burns]

第 5 章の分析は，(14b) はラベル付けがなされず，(14a) においては，修飾節の連体屈折がラベル付けを可能にするというものであった．この分析は，{修飾句，被修飾句} も通常のアルゴリズムによりラベルを与えられなければならないことを含意する．ここで特に問題となるのが，{AP, NP} 構造であるが，この構造について日英語の相違を論じた論文に Baker (2003) がある．Baker は，日本語においては，形容詞が必ず時制を伴うことに着目し，{AP, NP} と考えられてきた構造は，{関係節, NP} であることを示す．その上で，英語のみにおいて観察される {AP, NP} 構造は，A と N の（抽象的な）φ 素性一致により認可されることを提案する．これは，ラベル付け理論に沿って言い換えれば，{AP, NP} が φ 素性共有によりラベル付けされるということである．Baker は，この提案に基づいて，日本語において {AP,

230

NP} 構造が観察されないことは，φ素性一致の欠如から導かれるとの結論を導く．Baker (2003) は，日本語において，関係節による名詞句修飾構造 $\gamma = \{TP,\ NP\}$ がどのように認可されるかは論じていない．本書の提案は，TP の連体屈折が γ のラベル付けを可能にするというものであり，Baker の分析を完結させる意味を持つ．

　第 8 章の目的は，照応形束縛の局所性をフェイズ理論から導くことを提案した Quicoli (2008) の分析を発展させることにあった．Quicoli は，CP および v^*P をフェイズとし，フェイズ完成時に，フェイズの補部が，解釈部門への転送によりアクセス不可能になるという標準的なフェイズの定義を仮定している．この定義に基づき，照応形束縛の局所性を (15) により説明する．

(15)　照応形の指示対象に関する情報は，照応形が意味解釈部門に転送される時に，意味解釈部門に送られなければならない．

一方で，TP における φ素性一致の有無が，照応形束縛の局所性に影響を与えることが，Chomsky (1981)，Huang (1982)，Yang (1983) 等により指摘されていた．(16) に示す日英語の相違は，その一例である．

(16)　a. *Mary said [$_{CP}$ that [$_{TP}$ herself witnessed it]].
　　　b.　花子は [$_{CP}$ [$_{TP}$ 自分自身がそれを目撃した] と] 言った．

この事実は，標準的なフェイズと転送領域の定義では，捉えることができない．そこで，第 8 章 1 節では，以下の修正案を提示した．

(17)　a.　T，V はそれぞれ C，v^* から φ素性とともに，フェイズ主要部としての性質を受け継ぐ．
　　　b.　フェイズは，上位のフェイズが完成した時点で解釈部門に転送される．

さらに，(17) の帰結として，v^* に加え，v もフェイズ主要部とすべきこと，T を含む補文は一様に CP とみなすべきことを論じた．

　第 8 章 2 節では，Hornstein (1999) による制御の移動分析を (17) との関係において取り上げた．この分析によれば，(18a) は，(18b) に示すように派生される．

(18) a.　Mary wants to win the prize.

　　 b.　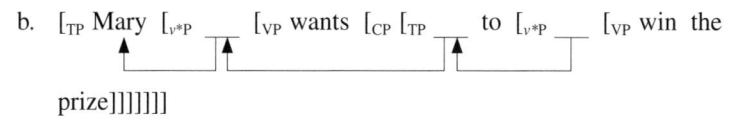

　　　 prize]]]]]]

標準的なフェイズと転送領域の定義の下では，(18b) における補文 TP 指定
部から主文 *v**P 指定部への移動は許容されない．一方で，(17) に基づけば，
この移動は可能であり，したがって，(17) は，フェイズ理論と制御の移動
分析の矛盾を解消する．しかし，同時に，(17) は，(19b) に示す (19a) の
派生も許容する．

(19) a.　*Mary was decided to go to college.

　　 b.　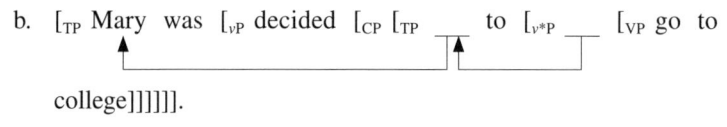

　　　 college]]]]]].

この問題の解決には至らなかったが，その手がかりとして，(18a) と (19a)
の対比は，以下の一般化の一例であることを示唆した．

(20)　A 位置にある DP は，生起するすべての時制領域で解釈を受けな
　　　ければならない．

(17) を支持する第 8 章 2 節の議論は，Chomsky (2021) が，制御の移動分
析に対する代案として提示したコピー形成分析を仮定した場合にも，ほぼそ
のままの形で維持しうるものである．
　第 9 章では，(17) のさらなる帰結を検討して，このフェイズと転送領域
の定義が，日本語の分析において長らく問題とされてきた現象に説明を与え
ることを示した．1 節では，日本語使役文に焦点を当てた．Kuroda (1965a)
以来，日本語使役文は，表層的には単文であるにもかかわらず，被使役者を
主語とする補文を含む複文構造を持つとされてきた．(21) に示すように，
通常の二重他動詞文では，受動化に伴って対格目的語が主語の位置に移動し
うる．

(21) a.　花子が 太郎に その本を 渡した．

　　 b.　その本が 花子によって 太郎に ＿＿ 渡された．

232

一方，井上（1976）が指摘するように，使役文では，この移動は許容されない．

(22) a.　花子が 太郎に 缶を 開けさせた．
　　 b. *缶が 花子によって 太郎に ＿＿ 開けさせられた．

(22b) の非文法性は，使役文の複文分析を支持する証拠となる．
　しかし，日本語使役文の単文構造を示唆する現象も存在する．Kato (2016) が指摘するように，(23b) の多義性は，その一例である．

(23) a.　太郎が [CP 花子が 次郎に 自分自身を 推薦したと] 言った（こと）
　　　　（自分自身＝花子）
　　 b.　太郎が 花子に 自分自身を 推薦させた（こと）
　　　　（自分自身＝花子または太郎）

(23a) は，「自分自身」が自節の主語を先行詞とすることを示す．(23b) において，「太郎」が「自分自身」の先行詞となりうることは，「太郎」が「自分自身」を目的語とする文の主語であることを示唆する．(23b) は，小節の埋め込みを伴う英語の (24) と対比をなす．

(24)　John made Bill nominate himself.　(himself ＝ Bill)

このように，日本語使役文は矛盾する性質を併せ持つように見えるが，1 節では，(17) に提示したフェイズと転送領域の定義を仮定することにより，日本語使役文の複文構造を維持しつつ，(22b) の非文法性と (23b) の多義性を同時に説明しうることを示した．また，(23b) と (24) に見られる日英語の相違も，(17) と Quicoli (2008) の (15) から導かれる．
　第 9 章 2 節では，NP 移動の残留部に A′ 移動を適用しうるか否かについて，日英語間に相違がある事実を取り上げた．(25) と (26) が，この相違を示す典型的な例である．

(25) *[VP ＿＿ 降り] さえ 雨が ＿＿ した．

(Hoji, Miyagawa and Tada (1989))

(26)　They said that [TP the ball might [VP fall ＿＿ into the ditch], and [VP fall ＿＿ into the ditch], [TP it did ＿＿].

(25) では，非対格動詞「降る」の内項である「雨」を主語の位置に移動した後に，残留部である VP を文頭に A′ 移動している．(26) の and に後続する文でも，同様に，fall の内項 it を主語の位置に移動し，残留部 VP を文頭に A′ 移動しているが，(25) と異なり，この例は文法的に適格である．残留部移動の可否については，Kitahara (2017) が，Chomsky (2019) の確定性条件（determinacy）から導かれることを論じている．本論では，確定性条件を発展させた Chomsky (2021) の最小算出条件（Minimal Yield）に基づいて，この分析を紹介した上で，(17) を仮定した場合には，(25) と (26) の対比も，Kitahara の分析によって説明されることを示した．

　本書では，日本語の類型的特徴に注目し，特に日英語の多くの相違に説明を与えることをめざした．生成統語論の研究史において，抽象化を伴う理論の発展は，言語間変異の説明を困難にするものではなく，むしろそれを可能にするものであることが示されてきた．本書において提案した分析は試案に過ぎないが，極小主義アプローチもまた，その例外ではないことを示すことができたのではないかと思う．併合，ラベル付け理論およびフェイズ理論に基づく極小主義理論は，極めて簡素な枠組みであるが，その抽象性が多くの現象の説明を可能にする．

　スクランブリングを例に取ろう．(27b) と (28b) の対比に見られるように，随意的移動としてのスクランブリングは，日本語では観察されるが，英語では許容されない．

(27) a.　[だれが 何を 買ったか] 教えてください．
　　 b.　[$_α$ 何を [だれが ＿＿ 買ったか]] 教えてください．
(28) a.　Tell me [who bought what].
　　 b.　*Tell me [$_β$ what [who bought ＿＿]].

移動は移動する要素にとって必要な時のみ適用しうるとする Chomsky (1986a) の最終手段の原理（the last resort principle）は，(28b) の非文法性を予測する．しかし，この原理の下では，(27b) の文法性は説明し得ない．一方で，最終手段の原理を廃し，名詞句の分布全般に係るラベル付け理論により (28b) の非文法性を説明する場合には，(27b) の文法性を説明する道が開ける．(27b) の α が適切にラベル付けされ，(28b) の β にラベルが与えられなければ，両者の相違が説明されるのである．その具体案とし

て，第 5 章では，接辞文法格と述部屈折が反ラベル付け機能を担うとする仮説を提案した．

　述部屈折が接辞文法格と同様の反ラベル付け機能を有するとした当初の動機は，(29) に示すように，連用屈折を伴う副詞句がスクランブリングの対象となることであった．

> (29) a.　花子は 静かに（連用）部屋を出た．
> b.　静かに（連用）花子は ＿＿ 部屋を出た．

その帰結を追究しつつ，この仮説が，副詞句のスクランブリングのみならず，日本語における語彙的複合動詞の性質や名詞修飾節の多様性を，ラベル付け理論の下で分析することを可能にすることを論じた．ラベル付け理論の抽象度の高さ故に，表面的には関係がないように見える日本語の類型的特徴に統一的な説明を与えることが可能になったのである．

　本書のフェイズ理論に関する議論では，以下の日英語の対比に基づいて，新たなフェイズと転送領域の定義を提案した．

> (30) a. *Mary said [$_{CP}$ that [$_{TP}$ herself witnessed it]]. （= (16)）
> b.　花子は [$_{CP}$ [$_{TP}$ 自分自身がそれを目撃した] と] 言った．

この対比については，すでに Chomsky (1981) の束縛原理 (A) により分析が与えられていた．しかし，束縛原理 (A) は，照応形の分布のみを対象とするものであり，フェイズ理論は，より抽象度の高い局所性全般に関する一般理論である．そうであるが故に，フェイズ理論は，一見無関係に思われる残留部移動に関する (31) の対比と (30) に統一的な説明を与えることを可能にする．

> (31) a. *[$_{VP}$ ＿＿ 降り] さえ 雨が ＿＿ した．
> b.　They said that [$_{TP}$ the ball might [$_{VP}$ fall ＿＿ into the ditch], and [$_{VP}$ fall ＿＿ into the ditch], [$_{TP}$ it did ＿＿]].

(17) に示したフェイズと転送領域の定義の下では，(30) と (31) の対比は，いずれも φ 素性一致の有無に帰せられる．φ 素性一致のある英語では，(30a) が非文法的であり，(31b) は許容される．日本語は φ 素性一致を欠くが故に，(30b) は文法的であり，(31a) は許容されない．

　抽象度を高める理論の発展は，言語間変異のより深い説明を可能にしてい
くが，それは，比較統語論研究が理論の発展に寄与する可能性を拡げること
でもある．言語学を科学として追究しようとする研究者にとって，統語理論
研究と比較統語論研究がともに，以前にも増して，知的刺激に満ち，知的好
奇心を唆るものとなっていることは，誰しもが同意するところであろう．

参考文献

Abney, Steven (1987) *The English Noun Phrase in Its Sentential Aspect*, Doctoral dissertation, MIT.

青柳宏 (2006)『日本語の助詞と機能範疇』ひつじ書房，東京.

Baker, Mark C. (2003) "'Verbal Adjectives' as Adjectives without Phi-features," *The Proceedings of the Fourth Tokyo Conference on Psycholinguistics*, ed. by Yukio Otsu, 1-22, Hituzi Syobo, Tokyo.

Belletti, Adriana and Luigi Rizzi (1981) "The Syntax of *ne*: Some Theoretical Implications," *The Linguistic Review* 1, 117-154.

Bošković, Željko (1997) *The Syntax of Nonfinite Complementation: An Economy Approach*, MIT Press, Cambridge, MA.

Bošković, Željko (2007) "On the Locality and Motivation of Move and Agree: An Even More Minimalist Theory," *Linguistic Inquiry* 38, 589-644.

Bošković, Željko (2016) "What Is Sent to Spell-Out Is Phases, Not Phasal Complements," *Linguistica* 56, 25-66.

Burzio, Luigi (1986) *Italian Syntax: A Government-Binding Approach*, Springer, Dordrecht.

Charnavel, Isabelle and Dominique Sportiche (2016) "Anaphor Binding: What French Inanimate Anaphors Show," *Linguistic Inquiry* 47, 35-87.

Chomsky, Noam (1957) *Syntactic Structures*, Mouton, The Hague.

Chomsky, Noam (1970) "Remarks on Nominalization," *Readings in English Transformational Grammar*, ed. by Roderick A. Jacobs and Peter S. Rosenbaum, 184-221, Ginn and Company, Waltham, MA.

Chomsky, Noam (1977) "On Wh-movement," *Formal Syntax*, ed. by Peter Culicover, Thomas Wasow and Adrian Akmajian, 71-132, Academic Press, New York.

Chomsky, Noam (1980) "On Binding," *Linguistic Inquiry* 11, 1-46.

Chomsky, Noam (1981) *Lectures on Government and Binding*, Foris, Dordrecht.

Chomsky, Noam (1986a) *Knowledge of Language: Its Nature, Origin, and Use*, Praeger, New York.

Chomsky, Noam (1986b) *Barriers*, MIT Press, Cambridge, MA.

Chomsky, Noam (1993) "A Minimalist Program for Linguistic Theory," *The View from Building 20: Essays in Linguistics in Honor of Sylvain Bromberger*, ed. by Ken Hale and Samuel Jay Keyser, 1-52, MIT Press, Cambridge, MA.

Chomsky, Noam (1995a) "Bare Phrase Structure," *Government and Binding Theory and the Minimalist Program*, ed. by Gert Webelhuth, 383–439, Blackwell, Oxford.

Chomsky, Noam (1995b) *The Minimalist Program*, MIT Press, Cambridge, MA.

Chomsky, Noam (2000) "Minimalist Inquiries: The Framework," *Step by Step: Essays on Minimalist Syntax in Honor of Howard Lasnik*, ed. by Roger Martin, David Michaels and Juan Uriagereka, 89–155, MIT Press, Cambridge, MA.

Chomsky, Noam (2001) "Derivation by Phase," *Ken Hale: A Life in Language*, ed. by Michael Kenstowicz, 1–52, MIT Press, Cambridge, MA.

Chomsky, Noam (2008) "On Phases," *Foundational Issues in Linguistic Theory: Essays in Honor of Jean-Roger Vergnaud*, ed. by Robert Freidin, Carlos P. Otero and Maria Luisa Zubizarreta, 291–321, MIT Press, Cambridge, MA.

Chomsky, Noam (2013) "Problems of Projection," *Lingua* 130, 33–49.

Chomsky, Noam (2015) "Problems of Projection: Extensions," *Structures, Strategies and Beyond: Studies in Honour of Adriana Belletti*, ed. by Elisa Di Domenico, Cornelia Hamannand and Simona Matteini, 3–16, John Benjamins, Amsterdam.

Chomsky, Noam (2019) "Some Puzzling Foundational Issues: The Reading Program," *Catalan Journal of Linguistics Special Issue*, 2019, 263–285.

Chomsky, Noam (2021) "Minimalism: Where Are We NOW, and Where Can We Hope to Go," 『言語研究』 160, 1–41.

Chomsky, Noam and Howard Lasnik (1977) "Filters and Control," *Linguistic Inquiry* 8, 425–504.

Chomsky, Noam and Howard Lasnik (1993) "The Theory of Principles and Parameters," *Syntax: An International Handbook of Contemporary Research*, ed. by Joachim Jacobs et al., 506–569, Mouton de Gruyter, Berlin.

Cinque, Guglielmo (1999) *Adverbs and Functional Heads: A Cross-Linguistic Perspective*, Oxford University Press, New York.

Dejima, Mayumi (1999) "A Study on Remnant-Scrambled Sentences in Japanese and Their LF Representations," Master's thesis, Nanzan University.

Fiengo, Robert W. (1974) *Semantic Conditions on Surface Structure*, Doctoral dissertation, MIT.

Fukuda, Minoru (1993) "Head Government and Case Marker Drop in Japanese," *Linguistic Inquiry* 24, 168–172.

Fukui, Naoki (1993) "A Note on Improper Movement," *The Linguistic Review* 10, 111–126.

Fukui, Naoki and Margaret Speas (1986) "Specifiers and Projections," *MIT Working Papers in Linguistics* 8, 128–172.

Harada, Shin-Ichi (1973) "Counter Equi NP Deletion," *Annual Bulletin* 7, 113-147, Research Institute of Logopedics and Phoniatrics, University of Tokyo.

Hoji, Hajime, Shigeru Miyagawa and Hiroaki Tada (1989) "NP-movement in Japanese," presented at WCCFL 8, University of British Columbia.

Hornstein, Norbert (1999) "Movement and Control," *Linguistic Inquiry* 30, 69-96.

Hornstein, Norbert and Maria Polinsky, eds. (2010) *Movement Theory of Control*, John Benjamins, Amsterdam.

Hoshi, Hiroto (1994) *Passive Verbs and Light Verbs: A Study on Theta Role Assignment*, Doctoral dissertation, University of Connecticut.

Hoshi, Hiroto (1999) "Passives," *The Handbook of Japanese Linguistics*, ed. by Natsuko Tsujimura, 191-225, Blackwell, Oxford.

Huang, C.-T. James (1982) *Logical Relations in Chinese and the Theory of Grammar*, Doctoral dissertation, MIT.

Huang, C.-T. James (1992) "Complex Predicates in Control," *Control and Grammar*, ed. by Richard K. Larson, Sabine Iatridou, Utpal Lahiri and James Higginbotham, 109-147, Springer, Dordrecht.

Huang, C.-T. James (2006) "Resultatives and Unaccusatives: A Parametric View," *Bulletin of the Chinese Linguistic Society of Japan* 253, 1-43.

井上和子 (1976)『変形文法と日本語（上）』大修館書店，東京．

影山太郎 (1993)『文法と語形成』ひつじ書房，東京．

Kato, Shizuka (2016) "Condition (A) and Complex Predicates," *Nanzan Linguistics* 11, 15-34.

Kayne, Richard S. (1981) "ECP Extensions," *Linguistic Inquiry* 12, 93-133.

Kayne, Richard S. (1994) *The Antisymmetry of Syntax*, MIT Press, Cambridge, MA.

Kayne, Richard S. (2020) "Notes on Expletive *There*," *The Linguistic Review* 37, 209-230.

Kim, Shin-Sook and Peter Sells (2017) "Noun-Modifying Constructions in Korean," *Noun-Modifying Constructions in Languages of Eurasia: Rethinking Theoretical and Geographical Boundaries*, ed. by Yoshiko Matsumoto, Bernard Comrie and Peter Sells, 59-89, John Benjamins, Amsterdam.

Kim, Soowon (1999) "Sloppy / Strict Identity, Empty Objects, and NP Ellipsis," *Journal of East Asian Linguistics* 8, 255-284.

Kitagawa, Yoshihisa (1986) *Subjects in English and Japanese*, Doctoral dissertation, University of Massachusetts, Amherst.

Kitahara, Hisatsugu (2017) "Some Consequences of MERGE + 3rd Factor Principles," ms., Keio University.

Koopman, Hilda and Dominique Sprtiche (1991) "The Position of Subjects," *Lingua* 85, 211-258.

Kuno, Susumu (1973) *The Structure of the Japanese Language*, MIT Press, Cambridge, MA.

Kuroda, S.-Y. (1965a) "Causative Forms in Japanese," *Foundations of Language* 1, 30–50.

Kuroda, S.-Y. (1965b) *Generative Grammatical Studies in the Japanese Language*, Doctoral dissertation, MIT.

Kuroda, S.-Y (1979) "On Japanese Passives," *Explorations in Linguistics: Papers in Honor of Kazuko Inoue*, ed. by George Bedell, Eichi Kobayashi and Masatake Muraki, 305–347, Kenkyusha, Tokyo.

黒田成幸 (1980)「文構造の比較」『日英語比較講座 2：文法』，國廣哲彌 (編)，25–61，大修館書店，東京．

Kuroda, S.-Y. (1988) "Whether We Agree or Not," *Linguisticae Investigationes* 12, 1–47.

Lasnik, Howard (1976) "Remarks on Coreference," *Linguistic Analysis* 2, 1–22.

Lasnik, Howard and Mamoru Saito (1991) "On the Subject of Infinitives," *CLS* 27, 324–343.

Legate, Julie Anne (2003) "Some Interface Properties of the Phase," *Linguistic Inquiry* 34, 506–516.

Li, Yafei (1993) "Structural Head and Aspectuality," *Language* 69, 480–504.

Mahajan, Anoop K. (1990) *The A/A-Bar Distinction and Movement Theory*, Doctoral dissertation, MIT.

Martin, Roger (2001) "Null Case and the Distribution of PRO," *Linguistic Inquiry* 32, 141–166.

Matsumoto, Yo (1996) *Complex Predicates in Japanese: A Syntactic and Semantic Study of the Notion 'Word'*, Kurosio Publishers, Tokyo.

松本曜 (1998)「日本語の語彙的複合動詞における動詞の組み合わせ」『言語研究』114, 37–83.

Matsumoto, Yoshiko (1997) *Noun-Modifying Constructions in Japanese: A Frame Semantic Approach*, John Benjamins, Amsterdam.

Matsumoto, Yoshiko, Bernard Comrie and Peter Sells, eds. (2017) *Noun-Modifying Constructions in Languages of Eurasia: Rethinking Theoretical and Geographical Boundaries*, John Benjamins, Amsterdam.

May, Robert (1977) *The Grammar of Quantification*, Doctoral dissertation, MIT.

May, Robert (1981) "Movement and Binding," *Linguistic Inquiry* 12, 215–243.

May, Robert (1985) *Logical Form: Its Structure and Derivation*, MIT Press, Cambridge, MA.

McCloskey, James (2000) "Quantifier Float and *Wh*-movement in an Irish English," *Linguistic Inquiry* 31, 57–84.

Miyagawa, Shigeru (1987) "Lexical Categories in Japanese," *Lingua* 73, 29-51.

Miyagawa, Shigeru (1989) *Structure and Case Marking in Japanese*, Academic Press, San Diego.

Müller, Gereon (1996) "A Constraint on Remnant Movement," *Natural Language & Linguistic Theory* 14, 355-407.

Murasugi, Keiko (1990) "Adjectives, Nominal Adjectives and Adjectival Verbs in Japanese: Their Lexical and Syntactic Status," *UConn Working Papers in Linguistics* 3, 55-86.

Murasugi, Keiko (2000) "An Antisymmetry Analysis of Japanese Relative Clauses," *The Syntax of Relative Clauses*, ed. by Artemims Alexiadou, Paul Law, Andre Meinunger and Chris Wilder, 221-234, John Benjamins, Amsterdam.

Murasugi, Keiko and Tomoko Hashimoto (2004) "Three Pieces of Acquisition Evidence for the *v*-VP Frame," *Nanzan Linguistics* 1, 1-19.

中村捷 (1986)『束縛関係：代用表現と移動』ひつじ書房，東京.

Neeleman, Ad and Kriszta Szendrői (2007) "Radical Pro Drop and the Morphology of Pronouns," *Linguistic Inquiry* 38, 671-714.

Nemoto, Naoko (1993) *Chains and Case Positions: A Study from Scrambling in Japanese*, Doctoral dissertation, University of Connecticut.

Oku, Satoshi (1998) *A Theory of Selection and Reconstruction in the Minimalist Perspective*, Doctoral dissertation, University of Connecticut.

Oshima, Shin (1979) "Conditions on Rules: Anaphora in Japanese," *Explorations in Linguistics: Papers in Honor of Kazuko Inoue*, ed. by George Bedell, Eichi Kobayashi and Masatake Muraki, 423-448, Kenkyusha, Tokyo.

Otaki, Koichi (2011) "Argument Ellipsis Arising from Non-fusional Case Morphology," *Online Proceedings of GLOW in Asia Workshop for Young Scholars*, 247-261.

Otaki, Koichi, Koji Sugisaki, Noriaki Yusa and Masatoshi Koizumi (2013) "The Parameter of Argument Ellipsis: The View from Kaqchikel," *MIT Working Papers on Endangered and Less Familiar Languages* 8 (Studies in Kaqchikel Grammar), 153-162.

Otani, Kazuyo and John Whitman (1991) "V-Raising and VP-Ellipsis," *Linguistic Inquiry* 22, 345-358.

Perlmutter, David (1978) "Impersonal Passives and the Unaccusative Hypothesis," *BLS* 4, 157-89.

Pesetsky, David (1982) *Paths and Categories*, Doctoral dissertation, MIT.

Postal, Paul (1974) *On Raising*, MIT Press, Cambridge, MA.

Quicoli, A. Carlos (2008) "Anaphora by Phase," *Syntax* 11, 299-329.

Reinhart, Tanya (1976) *The Syntactic Domain of Anaphora*, Doctoral dissertation,

MIT.

Richards, Norvin (2003) "Why there is an EPP," 『言語研究』123, 221-256.

Rooth, Mats (1992) "A Theory of Focus Interpretation," *Natural Language Semantics* 1, 75-116.

Rothstein, Susan (1983) *The Syntactic Forms of Predication*, Doctoral dissertation, MIT.

Sag, Ivan A. (1976) *Deletion and Logical Form*, Doctoral dissertation, MIT.

Saito, Mamoru (1985) *Some Asymmetries in Japanese and their Theoretical Implications*, Doctoral dissertation, MIT.

Saito, Mamoru (2001) "Movement and θ-roles: A Case Study with Resultatives," *Proceedings of the Second Tokyo Conference on Psycholinguistics*, ed. by Yukio Otsu, 35-60, Hituzi Syobo, Tokyo.

Saito, Mamoru (2003) "Notes on Discourse-based Null Arguments," presented at Japanese/Korean Linguistics Conference 13, Michigan State University.

Saito, Mamoru (2006) "Expletive Replacement Reconsidered: Evidence from Expletive Verbs in Japanese," *Form, Structure, and Grammar: A Festschrift Presented to Günther Grewendorf on Occasion of His 60th Birthday*, 255-273, Akademie Verlag, Berlin.

Saito, Mamoru (2007) "Notes on East Asian Argument Ellipsis," *Language Research* 43, 203-227.

Saito, Mamoru (2012) "Sentence Types and the Japanese Right Periphery," *Discourse and Grammar: From Sentence Types to Lexical Categories*, ed. by Günther Grewendorf and Thomas Ede Zimmermann, 147-175, Mouton de Gruyter, Berlin.

斎藤衛 (2013)「日本語文法を特徴付けるパラメター再考」『言語の普遍性及び多様性を司る生得的制約――日本語獲得に基づく実証的研究：成果報告書 II』，村杉恵子（編），1-30，国立国語研究所／南山大学言語学研究センター．

Saito, Mamoru (2014) "Selection and Incorporation in Complex Predicate Formation," *Chinese Syntax in a Cross-Linguistic Perspective*, ed. by Audrey Li, Andrew Simpson and Wei-Tien Dylan Tsai, 251-269, Oxford University Press, New York.

Saito, Mamoru (2015) "Cartography and Selection: Case Studies in Japanese," *Beyond Functional Sequence*, ed. by Ur Shlonsky, 255-274, Oxford University Press, Oxford.

Saito, Mamoru (2016) "(A) Case for Labeling: Labeling in Languages without ϕ-feature Agreement," *The Linguistic Review* 33, 129-175.

Saito, Mamoru (2017a) "Labeling and Argument Doubling in Japanese," *Tsing Hua Journal of Chinese Studies* 47, 383-405.

Saito, Mamoru (2017b) "Notes on the Locality of Anaphor Binding and A-Movement," *English Linguistics* 34, 1–33.

Saito, Mamoru (2018) "Kase as a Weak Head," *McGill Working Papers in Linguistics* 25 (Special Issue in Honour of Lisa Travis), 382–391.

Saito, Mamoru (2020) "On the Causative Paradoxes: Derivations and Transfer Domains," *Nanzan Linguistics* 15, 25–44.

斎藤衛 (2020)「弱主要部と言語類型論──日本語の文法的特質をめぐって」『日本語研究から生成文法理論へ』、斎藤衛・髙橋大厚・瀧田健介・髙橋真彦・村杉恵子 (編)、2–18、開拓社、東京.

Saito, Mamoru (2024) "On Minimal Yield and Form Copy: Evidence from East Asian Languages," *The Linguistic Review* 41, 59–84.

Saito, Mamoru and Naoki Fukui (1998) "Order in Phrase Structure and Movement," *Linguistic Inquiry* 29, 439–474.

Sakamoto, Yuta (2016) "Phases and Argument Ellipsis in Japanese," *Journal of East Asian Linguistics* 25, 243–274.

Sakamoto, Yuta (2019) "Overtly Empty but Covertly Complex," *Linguistic Inquiry* 50, 105–136.

Sato, Yosuke and Simin Karimi (2016) "Subject-Object Asymmetries in Persian Argument Ellipsis and the Anti-Agreement Theory," *Glossa* 1(1): 8, 1–31.

Şener, Serkan and Daiko Takahashi (2010) "Argument Ellipsis in Japanese and Turkish," *MIT Working Papers in Linguistics* 61, 325–339.

Shibatani, Masayoshi (1976) "Causativization," *Syntax and Semantics 5: Japanese Generative Grammar*, ed. by Masayoshi Shibatani, 239–294, Academic Press, New York.

Simpson, Andrew, Arunima Choudhury and Mythili Menon (2013) "Argument Ellipsis and the Licensing of Covert Nominals in Bangla, Hindi and Malayalam," *Lingua* 134, 103–128.

Simpson, Jane (1983) "Resultatives," *Papers in Lexical-Functional Grammar*, ed. by Lori Levin, 143–157, Indiana University Linguistics Club, Bloomington.

篠原道枝 (2006)「日本語の項削除について」修士論文、南山大学.

Stowell, Tim (1981) *Origins of Phrase Structure*, Doctoral dissertation, MIT.

Stowell, Tim (1982) "The Tense of Infinitives," *Linguistic Inquiry* 13, 561–570.

Tada, Hiroaki (1993) *A/A-bar Partition in Derivation*, Doctoral dissertation, MIT.

Takahashi, Daiko (2008) "Quantificational Null Objects and Argument Ellipsis," *Linguistic Inquiry* 39, 307–326.

Takahashi, Daiko (2014) "Argument Ellipsis, Anti-Agreement, and Scrambling," *Japanese Syntax in Comparative Perspective*, ed. by Mamoru Saito, 88–116, Oxford University Press, New York.

Takahashi, Masahiko (2011) *Some Theoretical Consequences of Case Marking in Japanese*, Doctoral dissertation, University of Connecticut.

Takano, Yuji (1994) "Unbound Traces and Indeterminacy of Derivation," *Current Topics in English and Japanese*, ed. by Masaru Nakamura, 229-253, Hituzi Syobo, Tokyo.

Takano, Yuji (2010) "Scrambling and Control," *Linguistic Inquiry* 41, 83-110.

Takita, Kensuke (2010) *Cyclic Linearization and Constraints on Movement and Ellipsis*, Doctoral dissertation, Nanzan University.

Tang, Sze-Wing (1997) "The Parametric Approach to the Resultative Construction in Chinese and English," *UCI Working Papers in Linguistics* 3, 203-226.

Torrego, Esther (1984) "On Inversion in Spanish and Some of its Effects," *Linguistic Inquiry* 15, 103-129.

Travis, Lisa and Greg Lamontagne (1992) "The Case Filter and the Licensing of Empty K," *Canadian Journal of Linguistics* 37, 157-174.

Whitman, John (1999) "Movement and Control in Passives," 筑波大学東西言語文化の類型論特別プロジェクトワークショップにて発表.

Williams, Edwin (1977) "Discourse and Logical Form," *Linguistic Inquiry* 8, 101-139.

Yang, Dong-Whee (1983) "The Extended Binding Theory of Anaphors," *Language Research* 19, 169-192.

由本陽子 (1996)「語形成と語彙概念構造」『言語と文化の諸相』, 奥田博之教授退官記念論文集刊行会 (編), 105-118, 英宝社, 東京.

索　引

【著者紹介】

斎藤　衛 (さいとう　まもる)

北九州市生まれ．スタンフォード大学哲学科卒業，同大学大学院言語学修士課程および MIT 大学院言語学博士課程修了．南カリフォルニア大学，筑波大学，コネティカット大学，南山大学を経て，現在は，ノートルダム清心女子大学特別招聘教授．専門分野は，統語論．共著書に，*Move-α: Conditions on Its Application and Output* (1992, MIT Press)，*The Free Word Order Phenomenon* (2005, Mouton de Gruyter)，*Japanese Syntax in Comparative Perspective* (2014, Oxford University Press)，『日本語文法ハンドブック ── 言語理論と言語獲得の観点から ──』(2016, 開拓社)，『日本語研究から生成文法理論へ』(2020, 開拓社) などがある．

【監修者紹介】

加賀信広（かが のぶひろ）　　筑波大学 名誉教授

西岡宣明（にしおか のぶあき）　九州大学 教授

野村益寛（のむら ますひろ）　　北海道大学 教授

岡崎正男（おかざき まさお）　　茨城大学 教授

岡田禎之（おかだ さだゆき）　　関西外国語大学 教授

田中智之（たなか ともゆき）　　名古屋大学 教授

最新英語学・言語学シリーズ　第1巻
生成統語論の成果と課題
— 極小主義アプローチと比較統語論 —
(*The Achievements and Challenges of Generative Syntax:*
The Minimalist Approach and Comparative Syntax)

監修者	加賀信広・西岡宣明・野村益寛
	岡崎正男・岡田禎之・田中智之
著作者	斎藤　衞
発行者	武村哲司
印刷所	日之出印刷株式会社

2024 年 12 月 19 日　　第 1 版第 1 刷発行©

発行所　　株式会社　開 拓 社

〒 112-0003 東京都文京区春日 2-13-1
電話　（03）6801-5651（代表）
振替　00160-8-39587
https://www.kaitakusha.co.jp

ISBN978-4-7589-1401-7　C3380